本书系国家社会科学基金教育学西部项目
"项目制支持中国高等教育发展的基本经验与推进策略研究"
（项目编号：XIA190300）的研究成果

项目制
与
中国高等教育发展

Project System and the Development of
Higher Education in China

熊进 著

社会科学文献出版社
SOCIAL SCIENCES ACADEMIC PRESS (CHINA)

探寻超大规模高等教育体系的
有效治理之道

    1999 年我国实行高校扩招，开启了高等教育大众化进程。在国家的强力推动和高校的积极响应之下，我国高等教育实现了史无前例的大发展：高等教育总规模在 2001 年、2004 年、2010 年和 2019 年分别突破了 1000 万人、2000 万人、3000 万人和 4000 万人；高等教育毛入学率在 2002 年、2005 年、2012 年、2015 年和 2019 年分别突破了 15%、20%、30%、40% 和 50%。截至 2022 年，我国高等教育毛入学率已达到 59.6%，在学总规模为 4655 万人，占世界高等教育总规模的 20%。高等教育规模的快速扩大，不仅意味着高等教育治理规模的增大，还意味着高等教育治理复杂性的增加，对高等教育的宏观与微观治理提出了严峻挑战。以粗放式管理和指令性计划为主要治理工具的常规治理陷入有效性困境，引入新的治理工具成为现实需要。

    1994 年分税制的实施，不仅带来财政收入的快速增长，还催生了一种新型治理形式与工具，即公共财政支出的项目化。其由于强调目标的明确性、过程的可控性、技术路线的清晰可行性，受到从中央到地方各级政府的青睐，并作为一种管理模式得到迅速推广，这就是项目制。项目制又称项目责任制，是一种要求项目负责人（包括组织与个人）在规定的时间、给定的经费预算和质量目标范围内完成约定的目标任务的管理模式。

    教育科学领域或许是项目制的先行者。早在 1986 年，在各方面力量的推动下，先后成立了国家自然科学基金委员会和国家社会科学基金委员会，正式在科研领域启动了竞争性项目拨款方式。随后，中央各部委及地方政府纷纷推出自己的科研项目，项目制在科研领域率先落地生根。同期，重点大学建设被列入国家经济与社会发展的五年规划，成为重点项目，高等教育组织建设项目正式面世。1995 年 "211 工程" 和 1998 年 "985 工程" 的推出，标志着由超大项目（尤其是巨额投入和宏伟目标）主导的高等教育组织建设项目正式出台。进入 21 世纪以来，高等教育领域的项目制开始向高等教育治理与发展领域全面铺开，各类科研项目、建设项目、人才项目和教学项目纷纷出台。据估计，仅国家层面的项目类型就达数百种，项目发布部门繁多，项目数量庞大。而地方和高校不仅是国家项目的抓包者，而且是地方和学校项目的发包者。由此，项目已经渗透到高等教育治理与发展的各个方面。与此相伴的是项目经费的急速增长，在部分高校，项目经费远远超过了其他经费。

从本质上说，项目制是为实现特定目标而配置人力、物力、财力资源的一种管理方式，是在常规治理之外兴起的一种政策性工具，最初是一种治理术，后来逐步渗透到整个治理与发展过程，成为一种新型治理框架。高等教育项目制亦然。最初，在高等教育项目的立项、申请、审批、监管、验收和评估的各个环节中，强调的是针对具体目标和业务范围加以临时组织的具体安排，带有浓厚的事本主义色彩，但在具体实施过程中却逐步超出了事本主义，成为国家高等教育治理和发展体制的重要内容，并迅速蔓延至高等教育治理与发展的全领域，形成一个覆盖全面、贯通上下的组织与制度网络，进而扩展为一种新型治理体制。

作为一种新型治理体制，高等教育项目制具有多方面的制度优势，自兴起以来，在我国高等教育治理与发展中发挥了巨大的正面作用，取得了极为显著的治理绩效。首先是有利于推动我国高等教育治理的规范化和专业化，进而推动高等教育治理现代化。项目制基于事本主义原则，强调专款专用，仅针对某一具体项目进行人力、物力和财力资源动员，强调标准化、规范化和数字化治理，力图把行政目标和责任逐步落实到经过专业设计的目标任务指标体系之上，使管理更加规范和可操作，是一种典型的技术治理。从理论上说，它有利于硬化预算约束，可以达成有效引导、约束和控制政府行为的效果，从而提高政府行为的可问责性。进一步说，项目制有助于增强政府的回应能力，推进服务型政府建设，其强调有效政府与有限政府建设的根本旨趣和治理现代化是一致的。在高等教育治理和发展领域，无论是科研项目与教学项目，还是大型组织建设项目、人才项目，都强调目标的清晰性、过程的可控性、技术路线的合理性与可行性、目标达成度的可考核性、经费使用的合规性，以及研究与建设绩效的可评估性。相比以往科层制与单位制相结合的粗放式治理而言，项目制无疑是一种巨大进步，它使中央政府对地方政府、上级政府对下级政府、政府对组织以及组织对个人的激励更加准确有效，使地方、组织与个人的积极性与创造力得到充分激发，使国家、社会、组织及个人之间能够形成良性互动。在这一过程中，高等教育资源也得到更为合理的配置。其次是有助于加快我国高等教育的建设与发展进程，取得所需要的赶超成效。在高等教育基础相对薄弱、区域发展极不均衡、资源相对有限的条件下，推行旨在快速提升绩效的高等教育项目制，通过有选择的重点建设，有可能使一些高校、一些学科和一些研究领域在短时间内迅速崛起，在学校基本条件建设、杰出人才的成长和科学技术的快速突破等方面取得显著成效。我国高等教育的快速发展也证明了这一点。进入 21 世纪以来，在一系列项目的推动下，进入世界大学四大排行榜前 500 名的内地高校数、进入 ESI 前 1% 的学科数、有学科进入 ESI 前 1% 的高校数，都实现了大幅度增加。可以说，正是通过项目制，我国高等教育领域中的地方、组织与个人的积极性与创造力得到了充分激发，科学研究、人才培养和社会服务等领域的学术产出快速增长，缩小了与主要发达国家之间的差距。

在肯定项目制优势的同时，我们也应该看到其局限。它在高等教育治理与发展领域取得了显著成效，也带来了一系列问题。客观而论，作为一种新型治理方式，高等教育项目制并没有实现预期的专业化精准治理和高效率高质量发展，高等教育项目制的具体实践，尤其是组织建设和人才队伍建设领域的项目制实践，往往会背离项目制的初衷。首先，在高等教育治理层面，项目制更强调治理术的优化，相对忽视治理之道的改进，很可能强化基于理想目标的治理，相应地弱化基于规则的治理，在一定程度上会阻碍高等教育秩序与场域的自我进化。我们应该认识到，治理过程与方式的技术化，并不必然意味着治理方式的优化，也不意味着治理绩效的增强，亦即并不意味着国家对公共需求回应能力的增强，更不意味着治理体系与治理能力的现代化。恰恰相反，治理体制的过度技术化，往往会导致新型治理机制在传统治理体制内的空转，甚至形成反向效应。事实也是如此。在高等教育领域，项目体系越完备，审计体系越严格，专项资金的管理和控制越规范，项目的预期目的就越难达到。以各类示范项目为例，进入 21 世纪以来，我国高等教育领域立项建设的示范项目，从综合改革试验区，到转型发展试点院校和示范性高职院校，再到综合改革试点院校，层出不穷，但相关领域的实质性进展却乏善可陈。其次，在高等教育发展的微观层面，项目制过于强调量化的和外在化的学术评价，很有可能扭曲基层学术生态。在高等学校中，如果过分看重项目，在领导和一般教师中就有可能形成唯项目或项目至上的思想，甚至可能出现完全以项目级别和经费来衡量组织与个人的学术实力或学术水平的现象，进而导致学术的项目化及教师的项目化生存。最后，在宏观高等教育体系层面，项目制倾斜性资源配置和制度安排很可能加剧高校之间的两极分化。项目制对预期绩效的关注决定了它更倾向于锦上添花，而不是雪中送炭。这无疑会强化高等教育领域资源和地位分配的马太效应。本来，在我国高等教育系统中，一般高校与重点高校之间在资源和地位上的差距并不大。实施项目制以来，高校之间的差距被快速拉大了。一般高校和重点高校相比，总是处于一种被相对剥夺的劣势地位。资源和地位的分配其实是一种零和博弈，在资源和政策空间有限的前提下，政府选择性建设和倾斜性配置必然会挤压一般高校的生存发展空间，形成不利于多数高校持续健康发展的结构化体系。

归根结底，项目制在本质上是科层制与市场机制的结合，包含了行政逻辑与市场逻辑，很可能导致行政逻辑与市场逻辑的相互强化。高等教育项目制若运作得当，可以放大市场与政府的优势，形成显著正面效应；若运作失当，则可能出现政府扭曲市场竞争而市场竞争扭曲政府调控目标的现象，最终同时放大市场与政府的局限，造成负面效应叠加的后果。我们应该认识到，多样化、复杂化的治理与发展情景，给学术教育领域的项目制安排带来了巨大挑战。我们需要在高等教育治理体系现代化的大框架中，充分发挥项目制的优势，防止项目制的异化，实现高等教育项目制的改进与优化。这是一个值得深入研究的领域。

贾永堂

2023 年 2 月

前　言

众所周知，改革开放以来，中国高等教育取得了巨大的发展成就。在此前提下，如何从理论上解释中国高等教育发展取得的成就成为一个重要的学术命题。而更为重要的是，如何找到一个合适的观察视角，并能反映出中国高等教育发展的独特性。或许，在众多观察视角中，基于某种制度的分析能在一定程度上把握住发展背后的逻辑。因此，制度的视角便成为研究的一个重要切入点。

那么，中国高等教育发展取得巨大成就的背后有着怎样的制度逻辑？从高等教育研究内外两个角度来说，对这一议题的回答至少面临三个疑问：第一，在社会科学界，对于中国经济社会发展逻辑尤其是其中的制度分析呈现出何种状态？第二，在高等教育学界，有关中国高等教育发展逻辑的讨论是否引起足够重视，中国高等教育发展背后是否存在某些制度逻辑？第三，中国高等教育发展的具体制度机制是什么？对于第一个疑问，通过检视现有文献后发现，关于经济发展、社会转型等话题的制度分析已成为社会科学研究的前沿性话题，且政府治理机制及其转型对于经济增长与发展的影响也颇受学界关注。这一研究路径也能为中国高等教育发展研究提供理论启示。对于第二个、第三个疑问，通过文献梳理发现：一是虽有研究系统总结了中国高等教育几十年来取得的辉煌成就，但对于成就背后的逻辑尤其是制度逻辑缺乏足够的关注，即中国高等教育发展的制度逻辑问题还留有研究空间；二是虽有研究关注了中国高等教育发展的动力机制，但其切入点主要是从宏观的角度抽象地展开论述，而缺乏一种具体的制度视角，可能会忽视具体的制度情境在其中所发挥的影响力，即中国高等教育发展的中微观机制问题；三是虽有研究总结了高等教育发展的"中国模式"和"中国特色"，但也缺乏分析某种制度机制对塑造"中国模式"的作用，即制度机制与中国高等教育发展的模式、经验等的关系问题。

因此，讨论中国高等教育发展的制度逻辑，有必要把国家及其制度安排带回分析的中心，这一思路或许更能适切地对其进行诠释。现如今，项目制已是一种普遍性、常规性的制度安排，为经济社会各领域发展提供重要的制度支撑。经过自上而下多方主体的实践推动，项目制成为一种全新的国家治理体制，而高等教育项目制也已成为中国庞大项目体制中的重要组成部分，对高等教育各个方面均产生重大影响。20世纪八九十年代以来，随着项目制的实施，我国高等教育在人才培养、学科与师资队伍建设、科学研究、国际化等方面取得了显著成效，高等教育整体实力和国际竞争力跃升，这从我国高校在四大知名大学排行榜，即 U. S. News 世界大学排名、THE 世界大学排名、QS 世界大学排名和世界大学学术排名（ARWU）中的位次可见一斑。在这个意义上，项目制可为中国高等教育发展提供一定的解释力。

中国高等教育项目制的发展历经探索、形成、发展、强化等阶段。在这个发展进程中，形成不同种类的项目，如有针对不同类型、不同层次高校设置的项目，有依据高校教师年龄阶段设计的项目，也有围绕高等学校组织内部各要素形成的项目；既有有区域之分的项目，也有有重要性之别的项目等多种类型。总体而言，项目制支持中国高等教育发展的模式可大致分为四种：第一种是强制性模式；第二种是诱致性模式或者称激励模式；第三种是弥补性模式；第四种是拯救性模式。多种模式共同发挥作用，推动中国高等教育不断向前发展，在科学研究、人才培养、学科建设、学术队伍建设等多个方面都发挥着积极作用。

国家主导与市场机制的结合可被认为是中国高等教育发展的一个总体性特征，而项目制对此作了很好的诠释。具体来说，项目制支持中国高等教育发展的动力机制至少包括四个方面：第一，项目制将高等教育的诸项事务纳入其制度框架，从而构建了一个完整的高等教育项目制体系，为高等教育发展提供了全方位的保障；第二，项目制借用市场竞争机制激活科层制进而调动地方政府、高等学校、高校教师等各个行动主体的积极性，使其集中精力来实现国家高等教育目标；第三，项目制所蕴含的技术治理特征为高等教育发展提供了一条目标清晰、可供遵循的路线；第四，项目制中既有重点关注又能做到均衡协调，有利于从整体上提升高等教育发展水平。项目制对中国高等教育发展的这种支持作用也构成了高等教育发展的中国逻辑与中国经验。此外，项目制的这种支持作用一方面使"有为政府+有效市场"机制对于高等教育发展的重要性愈加凸显，另一方面也体现出项目制中蕴含着新型举国体制构建的部分要素。

然而，现实中项目制实践因与科层制、单位制以及高等教育场域中的各类约束与激励机制等不断进行关联，从而影响着高等教育的生态运行。一方面需要在历史中总结经验，如坚持国家主导并运用市场机制充分调动一切可调动的资源、力量等来实现高等教育宏观战略目标，统筹考虑高等教育发展全局以实现高等教育的全面发展。另一方面也需要正视、解决实践中存在的问题，如明确项目制的定位、以一种整体性思维促进项目制支持作用的发挥、尽量减少项目制对高等教育事务细枝末节的干预等。高等教育项目制的实践运行与发展目标面临着新的时代使命，需重视新的更多有价值的理论与实践议题。例如，如何让项目制促进高等教育新型举国体制的构建、充分发挥新型举国体制的优势，如何使项目制引导高等教育有组织科研的发生，如何使其更好地面向国家需求、支持中国高等教育发展与高等教育强国建设等，都是在理论和实践中需加以重视的课题。

目 录
CONTENTS

项目制：诠释中国高等教育发展的
制度逻辑

第一章的任务是建立起项目制与中国高等教育发展的理论关联。因此，本章主要阐述两大问题：第一，中国经济与社会发展的制度逻辑日益受到学界重视，而中国高等教育发展的制度逻辑却较少被关注；第二，在多个领域，项目制都发挥了重大作用（如在促进经济增长、公共服务建设等方面），并受到学界广泛关注。因此，在理论上，对于中国高等教育发展的制度逻辑及项目制在中国高等教育发展中的重要作用也有必要予以重要关切。故本章试图把新制度经济学所构建的制度与发展框架（强调制度在国家经济增长与发展中的关键性作用）作为重要的学术启示来源，并综合借鉴社会学、经济学等学科关于项目制与中国经济社会发展的研究成果，构建项目制与中国高等教育发展的理论关联——中国高等教育发展所取得的成就在很大程度上与国家项目的支持有关，项目制可为中国高等教育发展提供解释力。

为此，本章首先从理论上对中国经济发展的制度逻辑、中国高等教育发展的研究状况进行简要的文献梳理，以确定本书研究的部分灵感来源及其与现有研究之间的延续关系和相异之处；其次将制度经济学中关于制度与发展关系的论述等作为理论启示，建立起项目制这一制度与中国高等教育发展间的理论关联，而后再转入后文对项目制与中国高等教育发展动力机制及其他议题的分析。

第一节 中国经济发展的制度逻辑研究：
一个简要的文献检视

新中国成立以来尤其是改革开放 40 余年来，中国经济社会各领域均取得了巨大发展与辉煌成就。2018 年正值改革开放 40 周年，这一年，国家统计局对外发布了改革开放 40 年经济社会发展成就报告。报告指出，改革开放以来，我国经济社会发展走过了 40 年不平凡的光辉历程，取得了举世瞩目的历史性成就，实现了前所未有的历史性变革。[①]

第一，经济发展跃上新台阶。报告显示，40 年来中国经济实现巨变。1978 年，中国国内生产总值只有 3679 亿元，2017 年迈上 80 万亿元的历史新台阶，达到 827122 亿元。一是 40 年来，中国经济总量跃居世界第二位，综合国力和国际影响力实现历史性跨越。1978 年，中国经济总量居世界第十一位，2010 年超过日本，成为世界第二大经济体。2017 年，中国国内生产总值折合 12.3 万亿美元，占世界经济总量的 15% 左右。近年来，中国对世界经济增长的贡献率超过 30%，日益成为世界经济增长的动力之源、稳定之锚。二是经济结构实现重大变革，发展的协调性和可持续性明显提高。2017 年，服务业比重提升至 51.6%，比 1978 年上升 27 个百分点，对经济增长的贡献率为 58.8%，提高 30.4 个百分点。经济增长由主要依靠第二产业带动转向依靠三次产业共同带动。2017 年末，中国常住人口城镇化率为 58.52%，比 1978 年末上升 40.6 个百分点，年均上升 1 个百分点。城乡居民收入差距持续缩小，2010 年以来农村居民收入实际增长连续 8 年快于城镇。三是对外经济发展成绩斐然，全方位开放新格局逐步形成。改革开放初期，中国对外经济活动十分有限，1978 年货物进出口总额仅为 206亿美元，居世界第二十九位。2017 年，货物进出口总额达到 4.1 万亿美元，比 1978 年增长 197.9 倍，年均增长 14.5%，居世界第一位。外商投资

---

① 《国家统计局发布改革开放 40 年经济社会发展成就报告》，中央政府门户网站，2018 年 8月 29 日，https://www.gov.cn/xinwen/2018-08/29/content_5317294.htm。更多中国经济社会发展的成就可参见国家统计局网站（http://www.stats.gov.cn/ztjc/ztfx/ggkf40n/index.html）发布的信息。

规模和领域不断扩大。

第二，基础产业跨越式发展。一是基础产业和基础设施跨越式发展，供给能力实现从短缺匮乏到丰富充裕的巨大转变。统计显示，农业基础地位不断强化。2017年，我国粮食总产量稳定在1.2万亿斤以上，比1978年翻一番。近年来，我国谷物、肉类、花生、茶叶产量稳居世界第一位，油菜籽产量稳居世界第二位，甘蔗产量稳居世界第三位。二是工业生产能力不断提升。2017年，钢材产量10.5亿吨，比1978年增长46.5倍；水泥产量23.4亿吨，比1978年增长34.8倍；汽车产量2902万辆，比1978年增长193.8倍。三是交通运输建设成效显著。2017年末，铁路营业里程达到12.7万千米，比1978年末增长1.5倍，其中高速铁路达到2.5万千米，占世界高铁总量60%以上。2017年末，公路里程达到477万千米，比1978年末增长4.4倍。四是邮电通信业快速发展。2017年末，全国移动电话普及率达到102.5部/百人；建成了全球最大的移动宽带网，移动宽带用户达11.3亿户。五是科技创新成果大量涌现，发展新动能快速崛起，如载人航天、探月工程、量子科学、深海探测、超级计算、卫星导航、高铁、核电、特高压输变电。近年来，战略高技术领域取得重大原创性成果，高端装备大步走向世界。2017年，中国研究与试验发展（R&D）经费支出达17606亿元，比1991年增长122倍，年均增长20.3%。中国研发经费总量在2013年超过日本，成为仅次于美国的世界第二大研发经费投入国家。

第三，人民生活不断改善。一是人民生活发生翻天覆地的巨大变化，占世界1/5的人口从温饱不足迈向全面小康。1978年，全国居民人均可支配收入仅171元，2009年突破万元大关，2014年突破2万元大关，正向3万元大关迈进。2017年，全国居民人均可支配收入达到25974元，扣除价格因素，比1978年实际增长22.8倍，年均增长8.5%。二是1978~2017年，全国就业人员从40152万人增加到77640万人，年均增加961万人。城镇登记失业率长期处于低位，城镇调查失业率低于全球平均水平。按照2010年标准，改革开放之初，全国有7.7亿农村贫困人口，贫困发生率高达97.5%。2017年末，全国农村贫困人口减少为3046万人，累计减少7.4亿人，贫困发生率下降至3.1%。扶贫力度之大、规模之广、成效之好、影响之深，举世罕见。三是社会事业繁荣发展，经济社会发展协调性全面提高。15 岁及以上人口平均受教育年限由 1982 年的 5.3 年提高到 2017 年的 9.6 年，劳动年龄人口平均受教育年限达到 10.5 年。高等教育向普及化阶段快速迈进。2017 年，高等教育毛入学率达到 45.7%，高于中高收入国家平均水平。四是公共卫生事业成就瞩目，"健康中国"建设稳步推进。居民预期寿命由 1981 年的 67.8 岁提高到 2017 年的 76.7 岁，孕产妇死亡率由 1990 年的 88.8/10 万下降到 2017 年的 19.6/10 万。

在成就斐然的背景下，需要思考的现实问题是：这些成就是如何取得的？其背后的理论问题是：中国经济发展的动力机制和逻辑是什么？在实践与理论的双重关注下，如何解释改革开放以来中国经济的高速发展便成为社会科学界最为重要和前沿的课题之一。社会科学界致力于探寻中国发展背后的原因与机制，一方面总结过去几十年的发展经验，另一方面为未来发展提供持续的动力支持。

2018 年 9 月 20 日，中央全面深化改革委员会第四次会议审议通过的《关于推动高质量发展的意见》指出，高质量发展要完善制度环境。制度由此被放在一个显要的位置上。在社会科学界，对于中国经济社会发展的制度分析成为各研究领域的主要着力点。其实，至早从 20 世纪 90 年代开始，对中国经济发展的制度分析就已经引起了学界的关注。只是在改革开放 40 年、中华人民共和国成立 70 年的时代背景下，关于经济发展、社会转型等话题的制度分析再次引发学界的热议。近年来，政府治理机制及其转型对于经济增长与发展的影响也日益受到学界关注。20 世纪 90 年代以来，经济增长和转型的跨国经验研究开始关注政治组织、政府治理、法律秩序等制度因素对于解释国家间经济绩效差异的重要性。在中国学界，对于中国经济发展研究的首要构想就是力图从中给出具有中国特色的理论解释而不是简单套用西方理论的框架，由此产生了系列中国经济发展的理论命题，也在不断促进着相关学科的知识生产。正如有学者所指出的那样，改革开放 40 余年来，在解决国家面临的各种实际问题的过程中，中国式国家治理能力与中国既有政治经济制度、中国既有文化规则相结合，逐步形成中国特色的高速经济增长路径。它的关键点不在于新古典经济学所强调的劳动力、土地、资本、技术或者全要素生产率等经济要素，也不简单地在于资源环境优劣、要素价格变动、文化偏向、全球化生产转移等国家相对优势的变化，而是中国特色的相对制度变迁引发的禀赋比较优势提升和经济增长诸要素的不断扩张。中国经济发展所取得的成就、积累的经验与实践的方案早已超越了西方国家的经验与理论，它们的经验与理论已无法解释中国的经济发展。在此前提下，中国学界提出了解释经济发展的本土理论。当代中国经济长期发展的根基，其实是中国国情的实际与文化组合所形成的中国特色社会主义制度。这是中国推进高质量发展最重大的制度优势。经济发展成败得失无一不与资源配置体制和激励机制的选择相关，从而与资源配置效率和激励有效性有关。① 由此可以看到，在学者眼中，劳动力、土地、资本、技术等要素已不再是分析经济发展与转型的核心，而是不断转向对制度的考量。在此前提下，关于经济发展、社会转型的制度分析，学界的研究至少可以归纳为以下几个方面。

第一，从纵向层面的制度安排讨论中国经济发展。纵向层面主要是指一种自上而下的政府间关系的制度安排，比如说锦标赛制、清单制、行政发包制等，这些制度安排都是从上下级政府间关系的角度而论的。中央政府通过锦标赛制、清单制、行政发包制等制度形式对地方政府进行考核，由此一步步贯彻到基层政府。部分学者在解释中国经济发展的原因时指出，中国经济的高速发展根源于特定的政治—经济制度，即经济分权与政治集权相统一下的锦标赛制。例如，钱颖一等人提出了"M形结构"理论来解释中国经济增长。该理论便是从中央政府与地方政府之间的关系入手，讨论"M形结构"在中国经济增长中的作用的。② 在这个结构中，"分权"是其中的关键词。一个是行政分权，中央政府从20世纪80年代初开始就把很多经济管理的权力下放到地方，使地方政府拥有相对自主的经济决策权。另一个是以财政包干为内容的财政分权改革，中央把很多财权下放到地方，而且实施财政包干合同，使得地方可以与中央分享财政收入。财政收入越高，地方的留存就越多。在中国"M形结构"下，区域间的相互依存经济体不如东欧和欧洲的"U形组织"强大，因为每个地区都相对"自给自足"，中国地方政府（省、县或乡镇）对区域内的协调负有

① 蔡昉：《中国改革成功经验的逻辑》，《中国社会科学》2018年第1期。
② Yingyi Qian, Chenggang Xu, "Why China's Economic Reforms Differ: The M-Form Hierarchy and Entry/Expansion of the Non-State Sector," *The Economics of Transition*, 1993, 1(2): 135-170.

相当大的责任，特别是一大批国有企业，其中包括许多重工业企业就由地方政府管理。在这种环境下，区域试验可以以成本较低的方式进行，因为这对世界其他地区经济造成的破坏性影响是最低的。其后，在 2005 年的一篇文章中，他们还对中国改革期间中央—省级关系中的分权和财政激励进行了实证研究。[①] 研究认为，地方政府收入和支出之间存在很强的相关性。中国的财政契约制度为地方政府提供了强大的（边际）财政激励，同时改善了预算支出在各省之间的横向分布。更强的财政激励意味着非国有企业的更快发展和国有企业的更多改革。

而在《中国地方官员的晋升锦标赛模式研究》一文中，周黎安试图提供一种关于中国经济增长的政治经济学解释，即所谓的增长的政治经济学。[②] 他认为，晋升锦标赛制度作为中国政府官员的激励模式，是中国经济高速发展的重要根源。这种行政治理的模式，是指上级政府对多个下级政府的行政长官设计的一种晋升竞赛，竞赛优胜者将获得晋升，而竞赛标准由上级政府决定，它既可以是 GDP 增长率，也可以是其他可度量的指标。当上级政府提出某个经济发展指标（如 GDP 增长率）时，下级政府就会竞相提出更高的发展指标，出现层层分解、层层加码现象。

第二，从横向层面的制度安排讨论中国经济发展。横向层面主要是指一种同一层级政府间关系的制度安排，如地方政府间的竞争机制等。有学者提出了一个中国经济增长的制度性解释框架，即中央政府主导下的地方政府竞争机制。那么，这种机制是如何促进中国经济增长的？或者说中国经济增长的动力机制是什么？这种机制可以表达为：在强中央的政府主导市场经济中，中央政府通过政治集中和向地方分权，构造有效的政治激励和经济激励来培育地方政府间的竞争机制，以"增长竞争型政府"来推动经济发展的模式。地方政府主导区域经济的竞争机制带来经济总量的持续增长，"增长的代价"也显示出需要补充机制或修正内部制度来平衡增长与成本，并在这一过程中维持增长。[③]

---

① Hehui Jin, Yingyi Qian, Barry Weingast, "Regional Decentralization and Fiscal Incentives: Federalism Chinese Style," *Journal of Public Economics*, 2005, 89 (9-10): 1719-1742.

② 周黎安:《中国地方官员的晋升锦标赛模式研究》,《经济研究》2007 年第 7 期。

③ 朱浩:《财政分权、政府治理与中国经济增长》, 博士学位论文, 重庆大学, 2014, 第 I 页。

第三，从政府与市场关系的角度提出"官场+市场"理论解释经济增长。① 这一理论命题由周黎安提出，意在回答："官场+市场"作为一种政府与市场结合、政企互动的增长模式对于理解中国经济长达40年的高速增长有何特殊之处。其基本的内涵有两方面：一是给定地方官员的晋升竞争高度依赖于辖区的相对经济绩效，官场竞争促使地方官员尽可能调动一切可支配资源，包括产业政策、基础设施投入、行政服务、土地和贷款支持等，以提高辖区企业的市场竞争力，即在更大范围的市场竞争中提升绩效表现，进而推动辖区的经济发展；二是在地方政府的支持和配合下，辖区内所有企业通过市场竞争实现的总体绩效（如 GDP、财税收入、招商引资规模及其增长率）又决定了各地区的经济绩效排名，进而影响地方官员在官场竞争中的结果。这种模式通过实现辖区内政治企业家与民间企业家精神的结合，实现官僚政治传统与市场经济传统的结合，有助于促进经济增长。

第四，项目制与中国经济发展。作为1994年分税制改革的产物，项目制以一种财政资源分配制度的身份出现在国家财政制度的框架中。经过二三十年的发展，项目制早已溢出财政领域而不断与国家治理、社会治理、经济发展等非财政性事务发生关联，这种关联至少在两个层面产生了深刻影响：一是在实践中，项目制逐渐成为国家治理与社会治理转型所凭借的重要工具，也是经济发展的重要助推力；二是在理论上，项目制作为一个新的概念在21世纪以来的政治学、经济学、社会学等多学科研究中留下了浓墨重彩的一笔。自项目制概念引入学界以来，对其作财政学、经济学的解读并未成为研究的主题，而是不断将其与政府治理、社会转型、基层变革与经济发展等诸项事务关联起来。因此，在社会科学界，项目制这一概念往往成为研究者分析政府治理、社会转型、基层变革与经济发展的重要视角。这一研究路径突破了财政学的研究框架，可被归纳提炼为一种财政社会学的进路。在论及项目制与中国经济发展关系时，正如郑世林所指出的，项目制之所以能实现政府的有效经济治理，其理论机制主要体现在五

---

① 周黎安：《"官场+市场"与中国增长故事》，《社会》2018年第2期。

个方面[①]：一是项目体制提高了中央政府财政资金的优化配置；二是项目体制符合中国政府渐进式改革和发展试验的基本逻辑；三是项目体制形成自上而下和自下而上相结合的经济治理模式，有利于实现中央政府经济治理意图；四是项目体制一定程度上克服了中央经济治理目标在层层条条之间的委托代理成本，以及条块分割下的组织交易成本；五是项目体制可以实现要素有效整合以及项目人员的有效激励。在此机制下，政府部门之间、地方政府之间、市场企业之间等均形成激烈的项目竞争运动。中央政府通过发包项目扶植产业发展，利用项目经济的杠杆作用维持宏观经济稳定，通过实施专项项目推动制约国民经济发展的基础性领域发展；地方政府则利用中央项目政策以及发展项目经济做大"GDP 蛋糕"。他在另一篇文章中也指出，进入 21 世纪以来，中国政府央地关系治理从重视"块块主义"的地方分权，逐步向加强中央部委"条条主义"的项目制转型，这对地区经济发展产生了深刻影响。[②] 他从理论上比较了财政资源按照传统科层制与项目制配置对激励地方政府促进经济发展的作用，然后利用地级市面板数据，实证分析了项目制对地区经济发展的影响。研究的结果显示：项目制显著地促进了地区经济增长，专项补助占比每提高 1 个百分点，地级市人均 GDP 增速提高 0.0517 个百分点。项目制主要通过政府引导固定资产投资牵引地区经济增长，这说明项目制有利于中央部委自上而下激励地方政府致力于经济发展，为这一时期中国经济高速增长提供了制度解释。然而，项目制也存在明显的负面效应，不仅增加了地方政府财政支出缺口，还拉大了城乡及地区之间的差距。它所引致的带有附加条件的地方项目竞争，使得地方政府背上了沉重的财政负担，并形成"强者愈强、弱者愈弱"的区域经济发展格局。

总之，关于中国经济增长、发展的研究在学界早已形成一支力量较强的队伍，他们均基于不同的理论视角和现实依据来分析其中的逻辑问题。其中，要素分析法是经济增长研究的传统解释路径，而制度分析在近些年的研究中似乎逐步占据了主流，制度分析的这支队伍主要将分析

---

① 郑世林：《中国政府经济治理的项目体制研究》，《中国软科学》2016 年第 2 期。
② 郑世林、应珊珊：《项目制治理模式与中国地区经济发展》，《中国工业经济》2017 年第 2 期。

的重点放在经济发展的制度逻辑上。只不过，在制度分析内部，对于制度逻辑的分析均会基于现实经验提炼出适合解释经济发展的制度命题，正如前面所提及的几个命题那样。因此，无论是从理论的视角还是从现实的角度，制度分析都有其特定的价值和地位，是理解中国经济发展不可逾越的主题。这样一种分析路径或许对理解中国高等教育发展的动力机制与逻辑有所助益。

第二节　中国高等教育发展的制度逻辑：
一个应予以关注的学术议题

为将中国高等教育发展的制度逻辑引入学术议题，首先需要从理论上掌握中国高等教育研究中制度分析视角的现状，以廓清在中国高等教育发展及其他高等教育相关主题的研究中，制度分析处于何种地位。

一　中国高等教育研究中的制度分析视角：进展与拓展

在学术研究过程中，为研究问题找寻切入视角是一个基本的学术常识与惯用做法。因此，在文献阅读时我们经常看到，对不同研究问题或者同一个研究问题，研究者会采用多种不同的解读视角，这些视角既有可能来自本学科的理论知识，也可能是其他学科的理论所提供的智识灵感，从而使研究呈现出一定的创新性与多样性。在中国高等教育研究中亦是如此。以研究的视角来考察改革开放以来中国高等教育研究的历程，大略可知：如果说，从中国高等教育学学科建立到 20 世纪末，对中国高等教育问题的分析主要是从教育学、高等教育学的角度进行（比如从教育学、高等教育学的角度讨论大学的精神、理念、本质以及大学具体活动中的教学、科研、服务等），那么进入 21 世纪以来，从跨学科的视角进行解读似乎成了中国高等教育研究界较为青睐的一种研究路径。这种研究路径虽然在高等教育学界曾经引发出高等教育学学科自信、理论自信等问题而颇受质疑，但是直到现在也没能让高等教育学学者们抵抗住这种研究路径所具有的学术诱惑力。或许，正如美国学者伯顿·克拉克所说："各门社会科学及其主要的专业所展开的广泛的观点，为我们提供了了解高等教育的基本工具。"① 因此，在当前中国高等教育研究中，社会学、政治学、经济学、政策学等学科及理论知识作为理论基础、分析框架与研究视角而时常见诸不同的高等教育学学术文献中。而在跨学科的高等教育研究中，制度分析往往因其独特的解释力与分析上的优势而成为中国高等教育学学者们广泛采用的一种研究视角。基于此，下文将围绕制度分析视角在中国高等教育研究中的应用情况、缺憾与不足以及未来如何拓展三个方面展开论述。

（一）制度分析及其在中国高等教育研究中的应用

1. 作为研究视角的制度分析

在学界，将制度分析作为研究视角大概可以追溯到 19 世纪的德国历史学派，但是这种分析视角仅仅是当时学界中的一个"个案"，并未形成一种研究传统或者说是研究范式。直到 20 世纪初在美国学界兴起制度主义才慢慢地形成了制度分析的研究传统，并于 20 世纪中后期得以兴盛，直至现在成为社会科学研究领域比较热门的一种分析方法，也成为社会科学理论研究的一个核心课题。② 因此，学界诞生了一个制度学派。当然，这个学派没有非常严格、规范的指称对象，而是早已溢出单一学科，而成为经济学、政治学、社会学等学科的重要研究视角。无论是哪一个学科，制度分析都有一个共同的特征：在批判原有理论强调个体行为的基础上，将制度纳入分析的中心。比如，经济学中的制度分析认为新古典经济学过于狭隘地将人类简化为"经济人"，只强调人的理性，不考虑社会文化环境对人类思想和行为的塑造与影响。③ 因此，经济学的制度分析批判了新古典经济学以个体行为为中心的分析，强调制度的重要性。在经济学的制度分析学派看来，经济发展在根本上并不是由个体以及个体行为组成的完全市场带来的，因为个体、行为、市场等都受制于特定的制度环境，制度才是促

---

① 〔美〕伯顿·克拉克主编《高等教育新论——多学科的研究》，王承绪、徐辉、郑继伟等译，浙江教育出版社，2001，第 2 页。
② 〔美〕邓穗欣：《制度分析与公共治理》，张铁钦、张印琦译，复旦大学出版社，2019，第 1 页。
③ 张林：《新制度主义》，经济日报出版社，2006，第 12 页。

进经济增长的决定性因素。在政治学研究中，制度分析的兴起主要与理性选择理论过于强调组织、个体能动性相关，公共选择理论对此发起挑战，转而关注制度对组织与个体的约束。① 因此，政治学的制度分析主要批判了行为主义政治学的分析范式。行为主义的政治学弱化了对制度本身的关注，主要以政治行为或行为互动为中心，注重个人利益偏好，完全忽视了个人行为、行为互动、个人利益选择背后的制度逻辑。② 在政治学的制度分析看来，政治行为、政治行为效果都发生在一定的制度环境中。因此，政治分析的基础要素应该实现从行为到制度的转换。

在这个批判过程中，形成了制度分析的诸多学术流派，其中历史制度主义、理性选择制度主义和社会学新制度主义作为主要的分析视角成为社会科学研究领域中制度分析的主要范式。一般来讲，这些分析范式所从事的制度研究主要包括两个方面的内容：一个是对制度本身进行研究，如对制度的起源、制度的稳定、制度的变迁等展开讨论；另一个是将制度作为一个变量，研究制度与经济社会发展中其他因素的关系，如制度与国家治理、制度与经济发展、制度与社会变迁等的关系。因此，在当下社会科学界流行的制度研究中，都绕不开上述议题。

总体而言，在政治、经济等与行为关系的分析中，制度分析学派理论家认为，微观行为不能作为分析的基础要素，原因在于这些微观行为难以解释"所有政府现象"等宏观性命题，无法切中问题要害。无论在何种情形下，行为都嵌植在特定的宏观制度背景中，理解行为，必须将制度因素纳入分析。③ 其中有三个特点：第一，组织、个体行为与社会制度模式、结构特征等之间无法进行简单化约；第二，组织、个体行为更不可能通过简单统计而累加成为社会制度与结构；第三，各种行为背后起决定性作用

---

① 孙立平：《社会主义研究中的范式及其转变》，载谢立中主编《结构—制度分析，还是过程—事件分析?》，社会科学文献出版社，2010，第 16 页。

② 〔美〕安东尼·奥罗姆：《政治社会学导论》（第 4 版），张华青、何俊志、孙嘉明等译，倪世雄校，上海人民出版社，2006，第 3 页。

③ Ellen M. Immergut, "The Core of the New Institutionalism," *Politics and Society*, 1998, 26(1): 5-34.

的还是制度，是制度使选择被管制起来。① 因此，新制度主义认为必须用制度透视组织、用制度透视个体、用制度透视行为。② 科斯将排除制度的经济学理论喻为研究脱离人体的血液循环。③

总之，制度分析法将制度作为发展的要素并且强调它的重要性。制度建立的基本规则支配着所有公共的和私人的活动，即从个人财产权到社会处理公共物品的方式，以及影响着收入的分配、资源配置的效率和人力资源的发展。④ 制度自主性的观点是很有必要的，它有助于树立起这样的理念：政治制度不单单是社会力量的简单映射物。经验观察似乎表明，虽然政治制度自身可能由外部事件所触发，但政治制度的内在过程也影响着历史进程。⑤ 波兰尼主张，对人类行为的研究，必须在广泛的社会、政治、文化环境中进行制度分析。⑥ 所以，回到制度、发现制度、把制度带回分析的中心是了解行为、把握问题实质的前提与基础。

2. 制度分析在中国高等教育研究中的应用

在中国高等教育研究中，尤其是在一些学术论文、学位论文写作过程中，我们经常可以看到从制度的角度剖析中国的高等教育问题。可以说，自 21 世纪初开始，制度分析就成为中国高等教育研究惯用的一种视角。总的看来，制度分析作为中国高等教育研究的一种视角主要体现在社会学新制度主义视角下制度与高等教育组织、个体的关系，历史制度主义视角下高等教育政策、法规、制度的变迁，多重制度逻辑框架下的中国高等教育发展问题这几个方面。

---

① 〔美〕罗伯特·H. 贝斯等：《分析性叙述》，熊美娟、李颖译，中国人民大学出版社，2008，第 7 页。

② B. Guy Peters, *Institutional Theory in Political Science*, London and New York：Wellington House, 1999.

③ 〔韩〕河连燮：《制度分析：理论与争议》（第 2 版），李秀峰、柴宝勇译，中国人民大学出版社，2014，第 40 页。

④ V. 奥斯特罗姆、D. 菲尼、H. 皮希特编《制度分析与发展的反思——问题与抉择》，王诚等译，商务印书馆，1992，第 3~9 页。

⑤ 〔美〕詹姆斯·G. 马奇、〔挪〕约翰·P. 奥尔森：《重新发现制度：政治的组织基础》，张伟译，生活·读书·新知三联书店，2011，第 18 页。

⑥ Karl Polanyi, "The Economy as Instituted Process," in Conrad Aresberg, Harry Pearson, *Karl Polanyi Trade and Market in the Early Empires：Economics in History and Theory*, Chicago：Henery Regnery Company, 1957.

第一，社会学新制度主义视角下制度与高等教育组织、个体的关系。这种视角偏向于中微观研究，一般是在社会学新制度主义所提供的分析框架基础上，研究特定制度背景下高等学校组织与高校教师个体的行动逻辑等，如制度为高等学校、高校教师等组织与个体提供生存和发展的合法性。从时间上看，这类研究至少有 20 年的历史，并在当前的高等教育研究中经常看到此类研究成果的呈现，是中国高等教育研究中制度分析的主要视角之一。制度究竟通过什么途径影响组织、个体行为？社会学新制度主义强调制度影响的一个重要层面体现在认知或者说一种观念上：认知模板、符号系统、身份认同等。[1] 也就是说，社会学新制度主义的理论将制度划分为两种类型：一种是正式的制度与规则，另一种是非正式却具有强大约束力的规则，而认知模板、符号系统等即属于这一类型。这种对制度、规则的理论划分很自然地将组织和文化融合在一起，把这些非正式规则（文化）理解成惯例、符号或认知的网络，为行动提供模板，提供一个"意义框架"来指导人类的行为。[2] 制度对组织或个体行为的影响，除了通过利益机制强迫你这么做和有约束力的社会期望让你觉得应该这么做之外，还能通过提供一套正统的、被大家共享的认知范本和行为图式让行为者"理所当然地"去这么做。[3] 因此，在社会学新制度主义的研究框架中，合法性、同形（趋同）、强制、模仿、规范、规制、认知模板、符号系统等成了分析的核心概念。例如，在对高校组织行为的分析上，有研究者采用社会学新制度主义分析了高校中的精英学院是如何在以制度合法性为主导的制度框架下生存、运行与发展的，合法性是其分析的核心概念[4]；也有研究者以规制、规范和文化—认知制度要素等为核心概念及其构成的分析框架来讨论我国大学中跨学科组织的发展困境为何难以破解的问题[5]。

---

① 薛晓源、陈家刚主编《全球化与新制度主义》，社会科学文献出版社，2004，第 5 页。

② Peter Hall，Rosemary Taylor，" Political Science and the Three New Institutionalism," *Political Study*，1996，44（4）：936-957.

③ 柯政：《理解困境：课程改革实施行为的新制度主义分析》，教育科学出版社，2011，第116 页。

④ 刘献君、张晓冬：《"少年班"与"精英学院"：绩效诉求抑或制度合法化——基于组织理论的新制度主义分析》，《现代大学教育》2011 年第 5 期。

⑤ 申超：《供给不足与制度冲突——我国大学中跨学科组织发展的新制度主义解析》，《高等教育研究》2016 年第 10 期。

第二，历史制度主义视角下高等教育政策、法规、制度的变迁。历史制度主义也是当前中国高等教育研究中广泛使用的一种分析视角。总体而言，历史制度主义的分析超越了一般的制度研究框架，从历史长时段发展过程的事件序列来分析制度变迁所受到的动力影响以及制度变迁本身表现出来的复杂特征。历史制度主义摆脱了某个既定假设的限定性，以历史事实为基础，建立在历史事实的详细解读和分析之上，以此来再现历史过程，展现历史演变中多重变量的作用及其关系。① 在中国高等教育研究中，这种范式下的研究往往将视野放置在对高等教育历史的整体把握上，一般会从长时段的历史出发考察某类高等教育政策、法规、制度的变迁历程、变迁路径、变迁动力机制等议题并对其未来调整与变革等加以展望。历史制度主义研究的主题是制度变迁，其所运用的方法是比较历史法和制度分析法等具体方法的综合。运用这些方法来研究制度变迁，其核心问题在于，什么要素推动了制度变迁等。② 因此在这类研究中，制度变迁、路径依赖、深层结构、动力机制、关键节点、自我强化、学习效应、协同效应、适应性预期等是其分析的核心概念。例如，有研究者梳理了改革开放以来我国高等职业教育政策的历史变迁过程，并在深层结构、动力机制、路径依赖等历史制度主义中的三个核心概念构建的分析框架基础上，解读了高职教育政策历史变迁的逻辑，提出了未来高职教育政策创新的建议③；也有研究者把关键节点、自我强化、学习效应、协同效应、适应性预期、路径依赖等作为分析的关键词，讨论了中华人民共和国成立以来我国来华留学生政策的变迁过程及未来创新路径④。

第三，多重制度逻辑框架下的中国高等教育发展问题。以多重制度逻辑框架审视中国经济社会发展的问题，其理论旨趣在于强调这些问题的产

① 刘圣中：《历史制度主义——制度变迁的比较历史研究》，上海人民出版社，2010，第3页。
② 刘圣中：《历史制度主义——制度变迁的比较历史研究》，上海人民出版社，2010，第6页。
③ 潘懋元、朱乐平：《高等职业教育政策变迁逻辑：历史制度主义视角》，《教育研究》2019年第3期。
④ 刘宝存、彭婵娟：《中华人民共和国成立以来我国来华留学政策的变迁研究——基于历史制度主义视角的分析》，《高校教育管理》2019年第6期。

生并非单一因素影响的结果，而是多重制度逻辑相互作用的结果。同样，这一研究视角也是源自其他学科。在社会科学界，惯用的一种研究思路是注重单一机制对现实问题的解释力。单一机制虽然在解释上较为独特，但这种简约化的处理方式往往会忽视现实问题的多样性与复杂性。因此，在制度以及与制度相关问题的研究中，找寻多种机制以及机制之间的相互关系成为社会科学研究的一个重要理论转向。正如周雪光、艾云所指出的，制度的运作实践及大规模的制度变迁涉及多重过程和机制，会受到中央政府、地方政府、社会组织、个人等宏观、微观多重行动者行动逻辑的影响。① 相较于前两种制度分析范式，以多重制度逻辑的视角审视中国高等教育问题，也是近几年才出现的一种研究倾向，是在社会学、政治学中的多重制度逻辑的启发下所产生的一种思路。在这一分析框架下，多重制度逻辑、政府、社会、组织、个人等是分析的关键词。例如，有研究者基于政府、组织、个人三重逻辑的视角，分析了学术评价中"五唯"难以破除的制度根源，认为"五唯"难以破除是因为三重制度逻辑之间存在难以调和的制度矛盾②；也有研究者基于政治、市场、学术三重制度逻辑的视角分析了在"双一流"建设背景下地方高校所面临的发展困境与挑战。③

（二）中国高等教育研究中制度分析视角的缺憾与不足

在对中国高等教育问题进行制度分析时，研究者往往会将注意力集中在对某一层次、某一主体、某一问题等内容的阐述上，而对其他同样比较重要的内容缺乏必要的观照，这就使得中国高等教育研究中的制度分析视角不免存在一些缺憾与不足。当然，这些缺憾与不足的形成既可能与特定宏观政策制度背景所具有的结构性约束能力相关，也可能与高等教育学的人才培养、研究传统与习惯等有关。具体体现在以下几个方面。

---

① 周雪光、艾云：《多重逻辑下的制度变迁：一个分析框架》，《中国社会科学》2010 年第 4 期。
② 孟溦、张群：《科研评价"五唯"何以难破——制度分析的视角》，《中国高教研究》2021 年第 9 期。
③ 胡德鑫：《"双一流"战略下地方高校的发展困境与治理路径研究——基于多重制度逻辑的解析》，《教育科学》2018 年第 3 期。

1. 制度分析主要着眼于中微观高等教育现实问题，缺乏对宏观高等教育问题发生机制的观照

在前述三个分析视角中，关注宏观高等教育较多的是历史制度主义的分析视角。历史制度主义虽然在宏观层面对中国高等教育的政策、法规、制度等进行讨论，但这种讨论的源起与焦点重在对"过去"的梳理，往往不是基于现实中某个具体的问题而呈现的，其"未来展望"中的经验借鉴也只是历史分析的一个延续，并无明确的现实问题指向性。而在完整意义上，历史制度主义的制度理论由两个维度的理论构成，一个维度是将制度看作因变量的制度变迁理论，而另一个维度是将制度视为自变量的制度功能理论，强调制度的效果。① 但是在现有中国高等教育研究的历史制度主义分析中，高等教育政策、法规、制度的变迁往往被置于分析的核心位置，政策、法规、制度的功能与效果往往被忽视。而社会学新制度主义、多重制度逻辑的分析范式往往会聚焦于一个非常具体的高等教育现实问题（如破"五唯"、高校发展同形等），且这类问题主要体现在中微观层面。因此，从总体上看，现有的制度分析视角对中国高等教育宏观现实问题及其发生机制与逻辑的理论观照不够，尤其是在对中国高等教育发展成就背后的逻辑等问题的讨论略显不足。而与此形成对照的是，在经济学、政治学、社会学等领域，对于制度逻辑问题的关注度颇高。这是因为，在改革开放40余年的历史中，中国经济社会各领域均取得了巨大发展与辉煌成就。那么，这些成就是如何取得的？其背后有哪些因素在发挥作用？这些问题值得人们去深思。因此，对中国经济发展的逻辑、社会转型的逻辑进行制度分析成为经济学、政治学、社会学等学科领域最为重要和前沿的课题之一。社会科学界致力于探寻中国发展背后的原因与机制，一方面总结过去几十年的发展经验，另一方面为未来发展提供持续的动力支持。因此，在中国经济发展与增长、社会转型的理论诠释尤其是制度分析不断加强的同时，有关中国高等教育发展逻辑的制度诠释却并未表现出类似的学术热情。

---

① 施远涛：《历史、制度与乡村治理现代化转型：基于中国家户制与印度村社制的比较研究》，中国社会科学出版社，2017，第66页。

那么，为何在高等教育研究的制度分析中研究者们更倾向于关注高等教育的中微观现实问题？一方面在于高等教育研究的制度分析形成对前述三种分析视角尤其是对历史制度主义、社会学新制度主义的路径依赖。经过不少研究者的努力，这些分析视角已经形成清晰明确的研究思路、分析框架等，能够使相关的高等教育研究在操作上更为简便，在学术产出上也稍显容易。另一方面，由于高等教育中微观现实问题的产生与某些宏观政策、制度安排密切相关，因而在解释力上前述三种分析视角似乎也表现得更好。而对于高等教育宏观现实问题尤其是有关高等教育制度效果、高等教育发展的制度逻辑等问题的分析，往往需要借助更加宏观的理论框架才能把握，而前述几种常用的分析视角不足以解释这些问题。类似制度分析的经济学等宏观分析视角没有被提上研究议程，既可能是因为这一分析视角在高等教育研究中无现成的研究路径、分析框架可循，也可能是因为若要真正厘清高等教育宏观现实问题背后的机制、机理与逻辑并非易事。故而，对高等教育宏观现实问题及其发生机制等展开制度分析往往被搁置一旁。

2. 制度分析是在特定理论框架下进行的，基于高等教育现实问题的理论建构不够，容易陷入为理论作"注脚"的局面

充当理论的"注脚"往往是一门学科发展或者是一个研究过程容易引发其他学科质疑和本学科自我怀疑的地方。一方面，如果理论是本学科的理论，那么充当"注脚"会使研究面临创新性等核心学术问题的拷问，即研究能否促进本学科的知识生产与发展；另一方面，如果理论是其他学科的理论，那么充当"注脚"则会使研究面临学科自信、理论自信的问题。以此来审视，可以发现中国高等教育研究中的制度分析视角主要是在社会学新制度主义、历史制度主义等流派所提供的核心概念及构建的分析框架下开展研究的。在这个过程中，无论是高等教育的历史材料还是高等教育的现实问题，在形式上所扮演的角色似乎都是这些理论流派的"证据"，"历史"与"现实"成为佐证这些理论的"案例材料"。基于此，这种视角下的高等教育研究也同样面临两个学术问题的拷问：一是这种研究有没有基于高等教育历史、高等教育现实提炼出一个属于高等教育学科的理论知识并且这个理论知识真正促进了高等教育学科的知识生产与发展；二是制度分析属于跨学科的分析视角，那么基于高等教育历史与现实的分析，有没有提出一个可以促进其他学科知识生产与发展的理论知识或者学术命题等。在很大程度上，当前中国高等教育研究的制度分析视角并未真正做到理论建构，反而使研究呈现得更像是一种循环论证。这种研究的特征是，研究者会根据某些（个）理论抽象出一些核心概念或以核心概念为基础列出分析框架，然后将历史与现实中的案例材料放进核心概念或分析框架中进行论证，最后总结前文的核心概念或分析框架的内容。①

高等教育研究中的制度分析容易陷入为理论作"注脚"的局面，其实也反映出这一问题已是高等教育研究中的一个共识性问题。这种局面的形成很大程度上与我国高等教育研究的定位、发展和高等教育学的人才培养相关。一方面，自 20 世纪 80 年代我国高等教育学学科建立以来，高等教育研究就一直面临学术合法性的质疑，即所谓的学科论和领域论之争。在这个争论过程中，高等教育研究的目标定位也变得较为模糊，是要达到理论上学科的标准还是只为解决高等教育的现实问题，高等教育研究的理论建构在其中也未获得一个清晰明了的身份。另一方面，作为培养学术型研究生的学科，高等教育学的人才培养虽然一直注重研究的理论性，但是这种理论性更多地体现为一种理论思辨或理论诠释，即便在高等教育实证研究过程中，也尤为强调对诸如统计数据、案例材料的理论解读等。理论思辨或者是理论诠释重在运用相关的理论对特定的命题或者资料进行理解、解读，而不是一种真正意义上的理论建构。高等教育研究缺乏理论建构的传统。高等教育学人才培养对理论建构的忽视或多或少地影响了后续研究者对待理论的态度，从而难以跳脱为理论作"注脚"的局面。作为一种研究视角，制度分析在高等教育研究中也仅仅是扮演理论解释的角色，研究者未能借助制度分析促成相关理论建构的发生。

3. 制度分析大多将重点放置于结构制度层面，对制度逻辑下行动者的行动及对结构制度的重构等关注不够

在理论上，制度分析的完整呈现应该包括两个层面：一个是制度，另

---

① 侯志阳、张翔：《公共管理案例研究何以促进知识发展？——基于〈公共管理学报〉创刊以来相关文献的分析》，《公共管理学报》2020 年第 1 期。

一个是行动者。但在中国高等教育研究中，制度分析的重点倾向于制度这一层面，行动者（高校、教师等）往往处于分析的次要位置甚至可能被完全忽视。很显然，这种研究带有浓重的传统结构功能主义的色彩，它习惯性地将制度视作一种结构性实体。[①] 因此，中国高等教育研究领域对制度的关注往往是强调一种稳定结构的强制性作用。一般而言，在研究中我们更强调制度对组织、个体的结构性约束，而忽视了组织与个体的主观能动性及这种主观能动性在制度演变中所扮演的角色。这种研究对行动者的忽视至少可以体现在两个方面：一方面，这种研究忽视了行动者的行为能动性；另一方面，这种研究对制度影响下行动者行动的细节缺乏过程性的考察。实际上，现有研究较少从微观行动者的角度讨论高等教育制度变迁等问题，因而这种研究比较具有静态属性。当下中国高等教育研究的制度分析采取的是一种静态或比较静态的分析方法，缺乏过程分析，将事物之间的因果关系看成不变的，因此这种方法不可能充分把握作为过程和社会整体范畴的制度的起源、变化等问题。[②] 国家高等教育政策的制定、制度的执行与基层的行动者绝对脱离不了关系，这时候作为基层行动者的高校组织、高校教师个体的行为就会对制度产生能动作用。那么，这种行为对于高等教育制度变迁、制度内涵的变迁会产生何种影响？高等教育研究中的制度分析对此并未给予全面考察。例如，在对项目制进行分析时，我们往往只注重分析项目制对高等学校组织、高校教师个体的影响，却较少考察学校、教师等主体的行为对项目制内涵变迁的反作用。

而事实上，如果把解释全部推到结构制度层面，也就是只关注政策制度环境对高等学校、高校教师等行动者的影响，第一个面临的问题便是忽视了结构中主体的能动性（agency），也过度假定了结构的稳定性和决定性。行动者尽管只有有限理性，也极大受制于结构提供的机会，但结构必须由主体来不断重构。无论是组织还是个体都有机会在不同结构中获取资

---

① 胡重明：《资源依赖与医疗服务组织生存的制度逻辑》，人民出版社，2020，第 17 页。
② 张林：《新制度主义》，经济日报出版社，2006，第 12 页。

源，转译并延展到不同的情境，从而获得相当的行动空间。① 对于行动者而言，他们实际的存在方式包含着两种逻辑：一是外部性、总体性安排所施加的支配性逻辑；二是体现行动自主性、能动性的行动者逻辑。② 制度分析学派虽然是在批判以个体及其行为等为中心的基础上诞生的，但在后来的理论转向过程中，制度分析实际上是整合了整体主义的方法论（凸显制度）和个体主义的方法论（凸显行动者），二者皆成为制度分析的中心。而中国高等教育研究中的制度分析在使用社会学新制度主义、历史制度主义等分析范式中的合法性、规范、规制、路径依赖、同形等诸多概念时无一不是在凸显制度的地位，行动者的角色不过是这些制度概念约束下的受动者。由于高等教育相关行动者没有被纳入分析的中心，研究也无法达成对高等教育制度、高等教育问题的完整理解。

既然制度分析的完整呈现包括制度和行动者，为何研究者将更多的精力放在制度层面而秉持一种结构主义的思路？这或许是由于我国高等教育中微观现实问题的背后有着更为宏观的制度性因素的制约。无论是作为中观主体的高等学校组织，还是作为微观主体的高校教师个体，其行动往往深受自上而下制度安排的结构性影响，自身的主观能动性反而不能发挥决定性作用。在此情形下，如果将行动者作为分析的中心，或许难以把握当前高等教育中微观现实问题的实质，故有必要把行为背后的制度逻辑挖掘出来。例如，当我们分析高校更名、高校申报学位授权单位和学位授权点等组织行为时，如果只将高校这一中微观行动者作为分析的中心则可能很难理解这些行为的本质特征，因为这些行为背后往往与宏观高等教育资源分配制度以及高等教育评价制度等密切相关，必须把高等教育资源分配制度、评价制度等纳入分析的中心。此时，社会学新制度主义就能发挥极强的解释力。因此，在对高等教育中微观问题进行研究时，研究者很容易回到宏观政策、制度框架中寻找答案，从而使研究表现出一种结构—制度主义的姿态。

---

① 郦菁：《历史比较视野中的国家建构——找回结构、多元性并兼评〈儒法国家：中国历史的新理论〉》，《开放时代》2016 年第 5 期。
② 刘威：《"行动者"的缺席抑或复归——街区邻里政治研究的日常生活转向与方法论自觉》，《南京社会科学》2010 年第 7 期。

4. 把制度当作自变量和因变量，缺乏对制度内部构成要素的分析

在当前中国高等教育研究的制度分析中，无论是历史制度主义还是社会学新制度主义，制度在其中所扮演的角色往往为两种：一种是制度作为自变量；另一种是制度作为因变量。作为自变量的制度，往往强调制度对高等教育组织、高等教育个体的影响，如社会学新制度主义强调制度通过规制、规范、文化—认知等途径对行动者产生影响。因此，中国高等教育研究中的社会学新制度主义通常注重分析各类宏观的制度、政策与中观的社会规范等对高校、教师等组织与个体的约束作用。作为因变量的制度，往往强调结构制度、行动者等多重因素对制度的产生、发展等变迁历程产生的影响，如历史制度主义的一个重要分析路径是注重从多个角度对制度变迁展开分析。因此，在对中国高等教育某类制度、政策进行历史研究时，历史制度主义的思路就发挥了重大作用。但是，不管是把制度当作自变量还是因变量，其至少面临两个方面的理论质疑：第一，中国高等教育研究中的制度分析只是单纯借鉴这些制度流派中的概念加以分析，有可能会忽视制度及其内涵的本土性；第二，在这种分析中，无论是哪一种制度，基本上都缺乏对制度内部构成要素的分析，制度仅仅是一种抽象化的存在，制度的内容往往被忽视了。例如，在讨论项目制对高校、教师的约束作用时，并未首先对项目制中的各构成要素进行分析，进而讨论这些构成要素对高校、教师的影响，只是借用制度主义中的概念讨论项目制为高校、教师提供一种外部合法性依据等话题。

对制度本身及其内部构成要素缺少分析，往往是由于研究者缺乏一种本土的、本学科的立场。无论是把制度当作自变量还是因变量，都是想当然地直接从制度理论及理论中的概念出发，把制度理论及其概念当成理解我国高等教育制度及相关问题的结构性前提，并不会首先去思考制度本身。实际上，这也就是一种循环论证的表现。例如，不管是对高等教育资源分配制度展开分析，还是对高等教育评价制度进行解读，各类高等教育制度最后都被抽象为"制度"二字，都统一用某个（些）学派制度理论中的既定概念（如合法性）分析高等教育资源分配、高等教育评价等制度问题及对高等教育多重行动者的影响，缺乏对不同制度本身的分解及理解。

（三）中国高等教育研究中制度分析视角的拓展

过去，制度分析在中国高等教育研究中扮演着十分重要的角色，为解释中国高等教育诸多现实问题提供了重要的学理参考。未来，在延续现有研究的基础上，制度分析应不断拓展其解释的视域、范围，以更加全面、完整地把握中国高等教育问题的实质。

1. 观照中国高等教育发展的制度逻辑等宏观现实问题，以回应国家高等教育战略需求

2018 年 9 月 20 日，中央全面深化改革委员会第四次会议审议通过的《关于推动高质量发展的意见》指出，高质量发展要完善制度环境。对于高等教育而言，高质量发展同样是一个核心议题，而高等教育的高质量发展也少不了制度环境的支持。因此，在社会科学界，对于经济社会发展的制度分析成为各研究领域的主要着力点，高等教育学界却对此关注度并不太高。而事实上，改革开放 40 余年来，我国高等教育在人才培养、学科与师资队伍建设、科学研究、国际化等各个方面均取得了显著成效，高等教育整体实力和国际竞争力跃升，这从我国大学在四大知名大学排行榜，即 U. S. News 世界大学排名、THE 世界大学排名、QS 世界大学排名和世界大学学术排名（ARWU）中的位次变化中可见一斑。那么，这些高等教育成就是如何取得的？其背后又有着怎样的制度逻辑？

讨论中国高等教育发展的制度逻辑，在理论上至少有两点提供了必要依据与启发。一是这一话题所存在的理论研究空间；二是其他学科关于发展逻辑等方面的研究所带来的启示，如新制度经济学对制度与发展关系的论述可对此给予一定的启发。相对于历史制度主义、社会学新制度主义等关于制度的分析，新制度经济学不仅强调外部制度环境对绩效的重要作用，还更加关注制度内部要素是如何影响绩效的。在这种分析中，制度是具象化的制度，制度的作用机制是通过制度本身所包含的内容实现的。因此，在未来中国高等教育问题的制度分析中，要改变现有历史制度主义研究对制度功能与效果的忽视，并在借鉴新制度经济学关于制度与发展关系论述的基础上，提出中国高等教育发展的动力机制等宏观意义上的研究命题。基于此，关于这类话题可以探讨的议题包括：中国高等教育发展成就的制度逻辑是什么？什么样的制度变迁促成了中国高等教育的发展？什么样的制度结构安排带来了中国高等教育的蓬勃发展？在促进中国高等教育发展的某一制度安排中，其制度要素包含哪些，这些要素之间呈现怎样的结构关系，它们与中国高等教育发展有着怎样的关联机制？有哪些制度因素或某一制度中的元素有可能会妨碍中国高等教育的发展？中国高等教育的未来发展与高等教育强国建设需要什么样的制度支持？等等。对这些机制性问题的研究有利于从更为根本的层面把握中国高等教育发展的历史、现实与未来。

2. 加强理论建构，以促进高等教育学或跨学科理论的生成

从较为宽泛的意义上讲，在研究中做到理论建构是为了促进知识生产与发展，不论这个理论建构的成果属于本学科还是其他学科。理论建构的形式有很多种，既可以表现为提出一个学术概念或者学术命题，也可以表现为引出一个学术问题等。基于当前中国高等教育研究中制度分析视角理论建构不足的局面，可以参考借鉴其他学科的研究。比如，如前所述的近年来政府治理机制对于转型经济增长与发展的影响日益受到学界的重视。20 世纪 90 年代以来，经济增长和转型的跨国经验研究开始注重政治组织、政府治理、法律秩序等制度因素对于解释国家间经济绩效差异的重要性。在经验材料与理论分析的基础上，众多学者都会试图提出一个解释性的概念或命题。例如，周黎安等人认为，中国经济的高速发展根源于特定的政治—经济制度，即经济分权与政治集权相统一下的锦标赛制[1]；郑永年等人则提出"制内市场"这一命题用以解释中国经济发展的本质[2]。"锦标赛制""经济分权与政治集权""制内市场"都属于研究者所提出来的核心概念与命题，是一种理论建构的直观表现，这些概念与命题的提出在促进经济学、政治学等学科关于经济发展的相关理论建构方面起到了积极作用。因此，未来中国高等教育研究中的制度分析，也可基于中国高等教育的历史与现实生发出相应的学术概念、命题，即便所提炼出的概念、命题

---

[1] 周黎安：《中国地方官员的晋升锦标赛模式研究》，《经济研究》2007 年第 7 期；Yingyi Qian, Chenggang Xu, "The M-form Hierarchy and China's Economic Reform," *European Economic Review*, 1993, 37(2-3): 541-548。

[2] 郑永年、黄彦杰：《制内市场：中国国家主导型政治经济学》，邱道隆译，浙江人民出版社，2021，第 76 页。

不属于高等教育学科的范畴，也可以在促进其他学科的知识生产与发展上发挥作用。

3. 将行动者纳入制度分析的中心，以促成对某项高等教育制度与高等教育问题的整体理解

制度理论的突出特征虽然在于优先强调社会结构的连贯性和制约性，但并不必然排除对个体行动者创造、维持和转换制度的各种行动方式的关注。[1] 或者如诺思所言，"就达致其目标而言，组织乃是促成制度变迁的主角"，"制度对个人选择所施加的约束无处不在，将个人选择与制度对选择集合的约束结合起来，是整合社会科学研究的重要一步"。[2] 因此，在社会学研究中，以组织化或组织过程的解释替代过去的结构性分析也越来越成为组织研究的趋势[3]，即便是在社会学新制度主义的转向中，也越发强调人类能动性的重要性。

之所以会发生这种理论转向，并不是因为研究者的一厢情愿，而是因为在现实社会中，个体和组织可以觉察到不同制度秩序下文化规范、象征与实践的不同之处，并将此多样性融入自己的思想、信念与决策。换言之，能动性及其赖以生存的知识将根据制度秩序的变化而变化。[4] 因此，对于组织、个体而言，既是制度环境的受动者，也是制度环境的一员，其行动能够影响和建构制度环境。因为政策规则的"真正意义取决于诠释的过程及谁来诠释"[5]。

要理解高等教育中的政策制度变迁，不能仅仅依循历史制度主义所提供的分析思路，其内容也并非只是制度变迁，或许制度的内涵也会发生转换，这是当前研究中较少关注的地方。因此，从行动者的角度出发有利于把握制度形态的变迁、制度内涵的变迁等。依据拉坦的定义，制度变迁包

---

① 〔美〕W. 理查德·斯科特：《制度与组织——思想观念与物质利益》（第 3 版），姚伟、王黎芳译，中国人民大学出版社，2010，第 85 页。

② 〔美〕道格拉斯·C. 诺思：《制度、制度变迁与经济绩效》，杭行译，格致出版社、上海三联书店、上海人民出版社，2014，第 5~6 页。

③ 胡重明：《资源依赖与医疗服务组织生存的制度逻辑》，人民出版社，2020，第 17 页。

④ 〔法〕帕特里夏·H. 桑顿、〔加〕威廉·奥卡西奥、〔加〕龙思博：《制度逻辑：制度如何塑造人和组织》，汪少卿等译，浙江大学出版社，2020，第 4 页。

⑤ 〔美〕曼纽尔·卡斯特：《认同的力量》，夏铸九、黄丽玲译，社会科学文献出版社，2003，第 7 页。

括：一种特定组织的行为的变化；这一组织与其环境之间的相互关系的变化；在一种组织的环境中支配行为与相互关系的规则的变化。① 在这种情形下，可以使用的研究方法是过程—事件研究法。过程—事件研究法注重对细节的考察，从行动者行动的过程与发生的事件的角度理解制度，从而达成对制度及相关问题的整体理解。正如桑顿等人所说，制度逻辑视角是一个方法论视角，用于研究个体和组织行动者如何被制度逻辑所影响，又如何创造、修改制度逻辑——而这一过程想必也会改变价值判断。② 制度逻辑包含了一定的理论机制，解释行动者在社会结构中的部分自治性。而正是这种部分自治性帮助我们解释了制度如何既约束又促进个体与组织行动者，从而创造出一种关于制度稳定性与制度变迁的理论。③ 因此，未来高等教育研究的制度分析需要在对制度与行动者的共同分析中把握高等教育制度以及高等教育现实问题的完整性。

4. 将制度的抽象化分析转变为对制度本身具体内容的阐释

在对高等教育问题进行制度分析时，要试图突破规范、规制、合法性等一些学术概念所形成的结构性约束，一方面要分析制度的具体情境、内容等自身的构成要素，另一方面要分析这些构成要素对组织、个体等行动者行为的影响，尔后再将制度的具体内容等构成要素与先前的学术概念进行学术对话。事实上，制度概念并非一成不变，对于同一个制度，在不同的实践情境中，其都会有不同的现实表征，制度的"真正意义取决于诠释的过程及谁来诠释"④。以高等教育中的项目制为例，当我们分析项目制对高等教育的影响这一话题时，首要的步骤并非遵循项目制为高等教育提供一种行动的规制、规范和合法性前提这样一个思路，而应在实践经验的基础上先对项目制本身进行解读，如项目制的制度理念、项目制中的宏观战

---

① V. W. 拉坦：《诱致性制度变迁理论》，载〔美〕R. 科斯、A. 阿尔钦、D. 诺斯等：《财产权利与制度变迁——产权学派与新制度学派译文集》，刘守英译，上海三联书店、上海人民出版社，1994，第327~370页。

② 〔法〕帕特里夏·H. 桑顿、〔加〕威廉·奥卡西奥、〔加〕龙思博：《制度逻辑：制度如何塑造人和组织》，汪少卿等译，浙江大学出版社，2020，第6页。

③ 〔法〕帕特里夏·H. 桑顿、〔加〕威廉·奥卡西奥、〔加〕龙思博：《制度逻辑：制度如何塑造人和组织》，汪少卿等译，浙江大学出版社，2020，第8页。

④ 〔美〕曼纽尔·卡斯特：《认同的力量》，夏铸九、黄丽玲译，社会科学文献出版社，2003，第7页。

略意图、项目制实施中的程序与规则、项目制中的行动者等各种构成要素。而且，项目制的"概念没有固定不变的意思"①，在不同的高等教育组织、教师个体行为等实践情境中，项目制也会遭遇被再次概念化的可能。故在此基础上，首先讨论各构成要素对高等教育的影响，再将影响的广度和深度与既有的学术概念进行对话，进而得出符合项目制本身的政策建议及其他，或许更为贴近对项目制本身的分析。

总而言之，制度分析为从根本上把握中国高等教育问题的实质开辟了不一样的诠释路径，为中国高等教育政策创新与调整、高等教育的实践变革等提供了理论参照。例如，社会学新制度主义的分析视角为实践中高等教育组织、高等教育个体等寻求更广阔的发展空间、更好地契合国家发展战略提供了学理参考；历史制度主义的分析视角有利于从高等教育长时段的发展历程中积累经验，为未来的高等教育变革提供历史借鉴；多重制度逻辑的分析视角有利于在实践中全方位地把握高等教育问题产生的根源，并协调好彼此之间的矛盾。但是，由于现有研究缺乏对宏观高等教育现实问题的关注、高等教育历史与现实材料仅充当相关理论的"注脚"、对基于行动者及其对制度反作用的分析重视程度不够、制度内部各构成要素也未得到深刻分析等问题的存在，中国高等教育研究的制度分析不够彻底以及理论建构性偏弱。在未来的研究中，如何将制度分析分布在中国高等教育现实问题的宏观、中观、微观层面，做到历史与现实的结合，以及如何使制度分析视角既达到理论建构的目的，又具备现实指导的价值，需要高等教育研究者更进一步的探讨。

二　中国高等教育发展研究的学术史梳理

关于中国高等教育发展的历程与现状研究，在国外以阿特巴赫为代表。在《巨人的边缘：印度与中国在世界知识体系的地位》②《巨人的觉

---

① 〔挪〕斯坦因·U. 拉尔森主编《社会科学理论与方法》，任晓等译，上海人民出版社，2002，第 80 页。

② Philip Altbach, "Gigantic Peripheries: India and China in the International Knowledge System," in R. Hayhoe, J. Pan eds, *Knowledge Across Cultures CERC Studies in Comparative Education* 11, Hong Kong: The University of Hong Kong, 2001: 199-214.

醒：中国与印度高等教育系统》①《地球的三分之一：中国与印度高等教育未来》②《中国的玻璃天花板与泥足》③ 等论著中，他跟踪了中国高等教育20多年的发展状况。他认为，中国高等教育的飞速发展很大程度上是由于"985工程""211工程"等系列项目的实施为其提供了巨额的资金支持以及大量的人力支撑。

在国内，关于中国高等教育发展的研究主要集中于以下几个方面。

第一，高等教育发展的理论阐述。例如，房剑森在借鉴经济学等学科理论的基础上，深入分析了什么是高等教育发展、怎样发展、为什么这样发展、应该如何发展、如何保障发展等系列议题。④ 在高等教育发展的理论方面，他在前人研究的基础上将高等教育发展理论概括为四种模式（阶段发展模式、波动发展模式、非均衡发展模式和功能扩展模式），将高等教育增长方式分为外延式和内涵式，并基于阿什比的力学分析法，从政治、经济、技术、文化等角度对高等教育发展的动力进行了探讨。在高等教育发展的实践方面，选择了我国高等教育发展中的主要问题，如高等教育数量、质量、结构、效益间的关系等。在高等教育发展的保障方面，讨论了高等教育的渐进式改革对高等教育发展的促进作用，而未来高等教育发展处于一个知识经济时代，高等教育发展的保障需要制度上的创新。

第二，对中华人民共和国成立以来、改革开放以来的高等教育发展历史、成就与问题进行梳理。例如，高东燕、胡科将中华人民共和国成立70年来的高等教育历史划分为奠基阶段（1949～1977年）、振兴阶段（1978～1998年）和大发展阶段（1999年至今）三个阶段，并认为中国高等教育取得了如下成就：高等教育规模不断扩大；高等教育质量显著提高；高等教育国际化水平大幅提升；高等教育体制机制改革取得突破；高

---

① Philip Altbach, "The Giants Awake: The Present and Future of Higher Education Systems in China and India," in OECD, *In Higher Education to* 2030 (*Vol. 2*): *Globalisation*, Paris: OECD, 2009: 179-203.

② Philip Altbach, "One-third of the Globe: The Future of Higher Education in China and India," *Prospects*, 2009, 18(39): 11-31.

③ Philip Altbach, "Chinese Higher Education: 'Glass Ceiling' and 'Feet of Clay'," *International Higher Education*, 2016(86): 11-13.

④ 房剑森：《高等教育发展论》，广西师范大学出版社，2001，第15～17页。

等教育的公平性、协调性有所增强。同时，中国高等教育依然面临很多问题和挑战：高等教育大而不强，质量有待进一步提升；高等教育公平面临新的挑战；高等教育创新机制还存在很多短板；高等教育现代治理体系的建立任重道远。① 吴愈晓、杜思佳梳理了改革开放 40 年来中国高等教育的发展情况，将我国高等教育改革发展历程划分为高等教育奠基阶段、高等教育改革阶段、高等教育大众化发展阶段、高等教育内涵发展阶段四个阶段，总结了高等教育在规模、质量、公平和国际影响等各个方面取得的巨大成就。同时，他们也发现在高等教育发展中存在区域、学校、入学机会等发展不平衡的问题。② 在改革开放 30 年之际，别敦荣、杨德广编写了《中国高等教育改革与发展 30 年》，从扩招与高等教育大众化、高等教育招生考试制度改革、高等教育管理体制改革、高等教育投资体制改革、高等教育收费制度建设、大学生自主择业制度建设、高等教育评估制度建设、学位制度和研究生教育改革、国际交流合作与高等教育国际化、"211 工程""985 工程"和世界一流大学建设、高等学校教学改革、高等学校文化素质教育的开展、高等学校德育改革、大学外语教学改革、高等学校管理体制改革、高等学校人事制度改革、信息技术与高等学校数字化、高等学校后勤社会化等高等教育的方方面面进行了系统总结。③ 此外，别敦荣、易梦春也梳理了改革开放以来中国高等教育在规模、质量等方面取得的举世瞩目的成就，还分析了中国高等教育发展面临的一些挑战，主要表现在人口变化、经济增长和高等教育大众化等对高等教育发展产生直接而重要的影响。而为了应对相关挑战，国家采取了一些措施，包括改革高考制度、发展高等教育的内涵和特色、完善现代大学制度、促进国际化、运用市场机制以及建立质量保障体系等。这些政策中蕴含的矛盾与冲突，包括规模与质量、人文与功利、计划与市场、集权与放权、本土化与国际化

---

① 高东燕、胡科：《70 年高等教育的发展历程、成就与挑战》，《江苏高教》2019 年第 10 期。
② 吴愈晓、杜思佳：《改革开放四十年来的中国高等教育发展》，《社会发展研究》2018 年第 2 期。
③ 别敦荣、杨德广主编《中国高等教育改革与发展 30 年》，上海教育出版社，2009，第 1~2 页。

等，对当前和今后的高等教育发展有着深刻的影响，应当予以重视。① 毕宪顺、张峰将改革开放以来中国高等教育的发展分为四个阶段：两个以外延发展为主的跨越式发展阶段和两个以内涵发展为主的稳定发展阶段，并认为，高等教育的跨越式发展需要在借鉴世界高等教育发展经验的基础上，顺应社会与群众的根本需求，发挥政府的意志和推动力，调动地方政府办学积极性。②

第三，关于高等教育发展的"中国模式""中国特色""中国自主"的探讨。例如，刘晖立足改革开放以来的中国高等教育实践，以"中国经验""中国特色"等为关键词，从理论上描述了高等教育发展的"中国模式"。③ 他从高等教育管理的中国模式、高等教育地方化的中国模式、普通本科教育发展的中国模式、高等职业教育发展的中国模式、终身教育体系构建的中国模式等多个角度对高等教育的中国模式进行了解析。毛亚庆、吴合文则研究了全球化背景下中国高等教育发展的自主性问题。④ 他们认为，随着高等教育的人、知识、财务等元素的跨境移动，各个国家的高等教育发展开始受到外来意识形态、思想观念和操作模式的影响。尽管我国高等教育面临的大众化、市场化等问题是一个内部机制问题，但这两个内部机制问题却遭受来自全球化的挑战。另外，他们还讨论了我国高等教育发展治理模式的选择机制、学术发展模式与全球化的关系，并在本土化与西方化之间的选择上作出了一定的分析，为思考我国高等教育自主发展提供了参考。

第四，高等教育区域发展状况。例如，张男星等在实证调研的基础上对中国 31 个省（区、市）的高等教育发展状况进行了评价。⑤ 他们总结了 2004~2013 年我国高等教育在总体规模与结构上所取得的成就，比较分析了各省（区、市）教师与科研、办学条件与保障、高等教育综合发展水平

---

① 别敦荣、易梦春：《中国高等教育发展的现实与政策应对》，《清华大学教育研究》2014年第1期。

② 毕宪顺、张峰：《改革开放以来中国高等教育的跨越式发展及其战略意义》，《教育研究》2014年第11期。

③ 刘晖主编《高等教育发展的"中国模式"》，中国社会科学出版社，2013，第20页。

④ 毛亚庆、吴合文：《全球化进程中我国高等教育自主发展模式研究》，北京师范大学出版社，2018，第1页。

⑤ 张男星等：《中国高等教育发展研究》，科学出版社，2018，第79~88页。

等多个方面存在的差异，就地方本科高校转型发展和高校创新创业教育等高等教育改革实践的热点话题进行了讨论，并从高等教育内外部协调发展等角度提出了高等教育发展的未来展望。

第五，提炼出中国高等教育发展的动力机制。关于中国高等教育发展的动力机制问题在高等教育学界较少受到学者们的关注，即便有所论述，也只是将焦点放在一个较为抽象的层面。例如，徐永认为，改革开放之初，通过一系列制度化的建设，"国家行动"形塑了中国教育发展的动力机制。进入 20 世纪 90 年代，由于市场机制的全面介入，中国教育发展的动力机制得到了进一步拓展。但是，"国家行动"机制也有其局限性。对此，他认为可以从三个方面优化我国教育发展的动力机制：优化教育治理结构，改善办学体制；优化教育分权机制，注重统筹和协调；优化教育变革路径，形成合理的发展张力。"国家行动"是中国高等教育发展的动力机制。① 赵岩、谭向阳则认为，进一步推动高等教育高质量发展的突破口是改革和完善教育管理体制，他们从遵循高等教育高质量发展的基本思路、深化高等教育宏观管理体制改革、加大"质量工程"实施力度三个方面论述了高等教育高质量发展的动力机制问题。②

第六，关于中国高等教育发展的研究还存在一种以研究报告的形式对中国高等教育发展状况进行总结与概括的情况。例如，新世纪教学研究所、《中国高等教育教学质量发展报告》编委会从本科教学质量促进高等教育发展的角度，系统地总结了从高等教育扩招至 2006 年我国高等学校教学质量的状况与问题。③ 在改革开放 40 周年的时间节点上，中国高等教育学会组编了《高等教育改革发展专题观察报告》，通过教师队伍、人才培养、学科建设、分类教育、学校发展、学生工作六个专题系统总结了我国

---

① 徐永：《国家行动与中国教育发展的动力机制——基于改革开放以来的实践经验》，《现代教育管理》2018 年第 10 期。
② 赵岩、谭向阳：《中国高等教育高质量发展的动力机制研究》，《中国高等教育》2018 年第 Z3 期。
③ 新世纪教学研究所、《中国高等教育教学质量发展报告》编委会编《中国高等教育教学质量发展报告（2008）高等学校本科教学质量研究》，高等教育出版社，2008，第 5~7 页。

高等教育发展的成就与问题，并总结了取得这些成就所积累的经验。[①] 张男星等依据大量数据和文献资料，分析了 2006 年至 2010 年我国高等教育事业的总体发展和年度改革重点，比较和评价了 31 个省（区、市）高等教育发展的基本概况和综合发展水平，考察了我国高等教育发展与世界高等教育发展之间的关系，进而从中把握我国高等教育的总体状况与特征，明晰我国高等教育的世界地位和水平，为全面认识中国高等教育提供历史比较、世界比较及区域比较的多方位观察视野。[②] 在 2018 年我国高等教育发展的现实基础上，陈万灵、郑春生编写的《中国高等教育发展报告（2019）》对应用型本科、外语院校本科、新建本科、中国高等职业教育以及京津冀、粤港澳大湾区、广东省等区域高等教育状况进行了深入分析。报告认为，中国高等教育改革成效虽然已初步显现，但中国高等教育区域发展不平衡问题依然严峻，高等职业教育产教融合有待深化，政策目标与政策实施背离等诸多问题仍旧存在。未来，高等教育应该如何肩负起建设教育强国的艰巨任务，不同学者也给出了各自的思考。[③] 阎光才等人聚焦于"双一流"建设，对中国高等教育发展情况进行了总结。他们分别从高校"双一流"建设的成效与问题、"双一流"建设高校的规划方案、"双一流"建设高校经费的收入与支出、"双一流"建设高校教师晋升、"双一流"建设高校教师国际化政策与发展、"双一流"建设高校专利转化等多个角度进行了全面总结，并指出了各领域存在的问题，提出了走出困境的对策。[④]

三 制度与中国高等教育发展关联的理论启源

为何要从特定的制度视角讨论中国高等教育发展的制度逻辑与动力机制问题，这主要受制度经济学对制度与发展关系的研究启发。

①　中国高等教育学会组编《高等教育改革发展专题观察报告》，北京理工大学出版社，2019，第 1 页。
②　张男星等：《中国高等教育发展报告 2012》，教育科学出版社，2013，第 1~9 页。
③　陈万灵、郑春生主编《中国高等教育发展报告（2019）》，社会科学文献出版社，2019，第 2~4 页。
④　阎光才、曹妍、李梅等：《中国高等教育发展年度报告（2019）：聚焦高校"双一流"建设》，华东师范大学出版社，2019，第 1~5 页。

（一）制度与发展关系的学术史简述

总体上看，经济学关于发展的理论经历了两个大的阶段。在第一个阶段，经济学家确立了要素在经济发展中不可动摇的地位，即强调资本、劳动力、技术等要素对经济发展的重大贡献。但是，这种以要素为中心的分析范式在实践中却忽视了一个根本性事实：第二次世界大战结束后，绝大多数社会主义背景的国家以及受社会主义经济控制思想影响的国家，如拉美的部分国家，它们与几乎是一片废墟的欧洲国家和日本在差不多的起点上发展，而且在 20 世纪 80 年代后期发达国家对这些国家的援助已经超过了当年"马歇尔计划"对欧洲和亚洲的援助，也就是说这些国家并不缺乏资本和劳动力要素，但是今天这些国家仍然是世界上最贫穷的国家，而日本及欧洲的大多数国家仍然发达。① 这种情形的出现促使经济学家开始认为要素可能并不是经济发展的根本性决定力量，甚至认为要素可能是经济发展的结果。

于是，在要素范式之后，经济学的发展理论发生了根本性转向，经济学家意识到制度在经济发展中起决定性作用。因此，以制度为中心的分析范式构成了发展研究的第二个阶段。从代表人物来看，先后出现了以凡勃伦、康芒斯等为代表的制度经济学家以及以科斯、德姆塞茨等为代表的新制度经济学家，他们以实用主义哲学为基础，提出制度安排及其变迁对经济发展的重大作用。② 新制度经济学的重要代表人物道格拉斯·诺思曾经尖锐地批评之前的一些研究者们"列出的各种因素（如创新、规模经济、教育、资本积累等）并不是经济增长的原因，它们乃是增长（本身）"③。诺思认为在人类发展历程中，制度提供了基本的结构和发展背景。这里所称的制度是规范人们相互交往的所有约束，包括正式约束（如各种成文规则）以及非正式约束（如惯例），它们对人的行为产生限制或激励作用，

---

① Lawrence Harrison, Samuel Huntington, *Culture Matters: How Values Shape Human Progress*, New York: Basic Books, 2000: 348.

② John Commons, *Institutional Economics: Its Place in Political Economy*, New York: Macmillan, 1934: 257.

③ 〔美〕道格拉斯·诺思、罗伯特·托马斯：《西方世界的兴起——新经济史》，厉以平、蔡磊译，华夏出版社，1989，第 7 页。

从而推动社会的变迁，其所提出的制度逻辑包含了制度实施的生产、分配等诸方面。[①] 他关于经济增长与制度关系理论的核心观点就是，一种提供适当的个人刺激的有效制度是促进经济增长的决定性因素。因此，对于经济发展的分析，应基于制度逻辑的立场。

新制度经济学家认为制度变迁和经济增长是相互作用的，而经济增长和技术进步本身就可能是制度变迁的源泉。拉坦认为，"导致技术变迁的新知识的产生是制度发展过程的结果，技术变迁反过来又代表了一个对制度变迁需求的有力来源"。他进一步指出，"制度变迁不仅会影响资源的使用，而且它本身也是一种资源使用性的活动，制度变迁可能是由对与经济增长相联系的更为有效的制度绩效的需求所引致的"。[②] 制度变迁影响着经济增长，也就是说新制度相对于旧制度或者新制度自身的变迁影响着经济绩效。

新制度经济学突出强调制度（包括正式与非正式约束）在国家长期经济发展与经济绩效取得中的关键性作用，总体来看具有相当的解释力与启发作用。改革开放以来是中国各领域取得巨大发展与辉煌成就的时期。如何解释改革开放以来中国经济的高速发展业已成为社会科学界最为重要和前沿的课题之一，其重点在于探寻经济发展背后的原因、机制与逻辑，对于发展的制度分析成为各研究领域的主要切入点，如中国经济的高速发展根源于特定的政治—经济制度，即经济分权与政治集权相统一下的锦标赛制[③]等类似的分析。因此，中国特色的高速经济增长路径，关键点并不在于新古典经济学所强调的劳动力、土地、资本、技术或者全要素生产率等经济要素，也不简单地在于资源环境优劣、要素价格变动、文化偏向、全球化生产转移等国家相对优势的变化，而是中国特色的相对制度变迁引发

---

① 〔美〕道格拉斯·C. 诺思：《制度、制度变迁与经济绩效》，杭行译，格致出版社、上海三联书店、上海人民出版社，2014，第4~8页。

② V. W. 拉坦：《诱致性制度变迁理论》，载〔美〕R. 科斯、A. 阿尔钦、D. 诺斯等《财产权利与制度变迁——产权学派与新制度学派译文集》，刘守英译，上海三联书店、上海人民出版社，1994，第327~333页。

③ 周黎安：《中国地方官员的晋升锦标赛模式研究》，《经济研究》2007年第7期；Yingyi Qian, Chenggang Xu, "The M-form Hierarchy and China's Economic Reform," *European Economic Review*, 1993, 37(2-3): 541-548。

的禀赋比较优势提升和经济增长诸要素的不断扩张。经济发展成败得失无一不与资源配置体制和激励机制的选择相关，从而与资源配置效率和激励的有效性有关。① 或者可以说，制度分析范式能将要素分析范式中的所有要素纳入分析中，因为这些要素能否发挥作用以及发挥多大作用往往取决于特定的制度环境及其被赋予的空间。

（二）制度与中国高等教育发展的理论关联

综上，学界对中国高等教育发展的研究较为丰富和深刻，为我国高等教育改革与发展实践提供了具有重要意义的政策参考，也为本书研究的主题奠定了前期基础。尤其是前人关于新中国成立 70 多年、改革开放 40 多年中国高等教育发展成就的研究为本书研究提供了丰富的现实依据。在此前提下，还有几点值得进一步思考：第一，虽有研究系统总结了中国高等教育几十年来取得的辉煌成就，但对于其成就背后的逻辑尤其是制度逻辑缺乏足够的关注，即中国高等教育发展的制度逻辑问题；第二，虽有研究关注了中国高等教育发展的动力机制，但其切入点主要是从宏观的角度抽象地展开论述，而缺乏一种具体的制度视角，可能会忽视具体的制度情境在其中所发挥的影响力，即中国高等教育发展的中微观机制问题；第三，虽有研究总结了高等教育发展的"中国模式"和"中国特色"，同样也缺乏分析某种制度机制对塑造"中国模式"的作用，即制度机制与中国高等教育发展的模式、经验问题。

在中国高等教育发展取得辉煌成就的背后，究竟有哪些制度逻辑在其中发挥重要作用？基于上述分析，中国高等教育发展的制度逻辑理应成为高等教育学关注的一个重要议题，以便为中国高等教育的未来发展与走向提供学理支撑。受经济学对中国经济高速发展发生的机理是由国家某种特定制度安排而决定的解释启发，本书认为中国高等教育取得巨大发展成就也与国家的某种高等教育制度安排紧密关联。改革开放以来，在对中国高等教育改革与发展重大成就的原因与机理分析上，更多研究集中于经验总结而缺乏一个学理的审视，特别是缺乏一个比较统一的分析视角来进行学

---

① 蔡昉：《中国改革成功经验的逻辑》，《中国社会科学》2018 年第 1 期。

理观照。以诺思等新制度经济学家的制度理论强调制度对经济发展的作用为理论启发，本书试图提供一种中国高等教育发展逻辑的制度解释视角。传统上，当我们在思考中国高等教育发展取得的成就时，相当一部分研究者会认为人力、物力、财力等大量要素的投入在其中发挥了重大作用，即研究在总体上呈现出一种要素论调。表面上看，确实是这些要素的投入给予高等教育发展强大支撑，但从深层次上来思考，这些要素是如何投入的？要素的投入是基于何种制度安排？特定的制度机制如何影响要素的分配？这些要素的投入反映出中国高等教育发展的何种制度运作逻辑？对这些问题进行解答或许更能把握住中国高等教育发展的实质，至少能更好、更充分地将高等教育发展的事实及其背后的逻辑结合在一起。其中的道理如同有研究在论述高校教师收入分配的影响因素时所说的那样，虽然职称、论文、项目、获奖、留学、学位、行政级别、工龄等微观元素影响了高校教师收入分配，但是真正支配这些元素发挥影响力的是背后某种特定的制度安排，是某种制度与规则反映了学术劳动力市场等宏观的要求，而处于中观层次的高校正是通过制定相应的制度规则才确定了教师的薪资与收入，最终形成高校教师收入分配格局。[①] 因此，类似高校教师收入分配等微观话题背后都有着特定的制度逻辑。回到本书的研究主题，对中国高等教育发展作制度逻辑的分析，不仅仅是因为学界现有研究存在一些缺憾与不足，更是因为在现实中中国高等教育发展确实取得了很大的成就，其背后也必定存在影响发展的诸多因素，只是本书将目光聚焦在制度这一要素上。

第三节　项目制可为中国高等教育发展提供解释力

前述内容已从理论上论述了制度与中国高等教育发展间的关联，这一议题有必要受到学界关注。本节在前述铺垫的基础上，进一步将制度锁定在项目制这一常态化的制度安排上，试图建立项目制与中国高等教育发展

---

① 陈丹丹、熊进：《高校教师收入分配的"锦标赛制"：形成及反思》，《当代教育论坛》2021 年第 4 期。

的理论关联，以此为后文提供论证的前提。为此，本节着重厘清两大问题。第一，在实践中，中国高等教育发展取得了哪些成就？这些成就是否与项目制有关联？第二，在理论上，当前学界关于高等教育项目制的研究已进展至何处？是否已将其与中国高等教育发展的制度逻辑关联起来？

一 中国高等教育发展成就扫描

改革开放 40 余年来，我国高等教育在人才培养、学科与师资队伍建设、科学研究、国际化等各个方面均取得了显著成效，高等教育整体实力和国际竞争力跃升，这从我国大学在四大知名大学排行榜，即 U. S. News 世界大学排名、THE 世界大学排名、QS 世界大学排名和世界大学学术排名（ARWU）中的位次可见一斑。[①] 本部分将具体呈现我国高等教育取得的主要成就。[②]

（一）大学与学科

一批高校和学科世界排行榜位次大幅提升，2012~2016 年，进入四大世界大学排行榜前 500 名的内地高校从 31 所增加至 98 所，进入 ESI 前 1% 的学科数从 279 个增加到 770 个，有学科进入 ESI 前 1% 的高校从 91 所增加到 192 所。

（二）人才队伍建设

建设高等教育强国，人才是关键。党的十八大以来，"高素质教育人才培养工程"等一系列重大人才项目，吸引、培养、造就了一批高层次教师人才。例如，2013~2018 年，全国高校聘任长江学者 1681 人。

[①] 王旭初、黄达人：《关于"双一流"建设若干关系的思考》，《高等教育研究》2018 年第 5 期；吴愈晓、杜思佳：《改革开放四十年来的中国高等教育发展》，《社会发展研究》2018 年第 2 期。

[②] 王晓霞、刘嘉欣：《高等教育新变化"三高、三新、两加强"》，中华人民共和国教育部网站，2017 年 9 月 29 日，http://www.moe.gov.cn/jyb_xwfb/xw_fbh/moe_2069/xwfbh_2017n/xwfb_20170928/mtbd/201709/t20170929_315706.html；徐倩、储召生：《昂首阔步迈向高等教育强国——党的十八大以来我国教育改革发展述评·高等教育篇》，中华人民共和国教育部网站，2018 年 9 月 6 日，http://www.moe.gov.cn/jyb_xwfb/xw_zt/moe_357/jyzt_2018n/2018_zt18/zt1818_jgcj/201809/t20180907_347689.html。

（三）教育教学改革

党的十八大以来，我国高校学科专业结构不断优化。高校新增本科专业布点 1.08 万个，增设 82 个新兴战略产业和民生急需的新专业，基本实现共建"一带一路"国家官方语言全覆盖。研究制定 92 个本科专业类教学质量国家标准。投入 45 亿元实施本科教学工程和中央高校教育教学改革专项，建设了 30 个国家级教师教学示范中心，100 个实验教学示范中心，建成 992 门精品视频公开课、2886 门国家级精品资源共享课、近 2000 门慕课课程。超过 700 万人次在校生获得慕课学习学分。

（四）高等教育公平取得重大进展

我国高等教育公平取得新进展。实施了"一省一校"高水平大学建设项目，共有 14 所高校获得 56 亿元中央财政支持。实施了中西部高校基础能力建设工程，共有 24 个中西部省份的 100 所高校获得 100 亿元中央财政支持。实施了"千名中西部大学校长研修计划"，支持了 1012 名中西部高校领导赴世界一流大学专题研修。

向中西部高校伸出援手。近年来，我国持续实施促进中西部高校教师学历提升的优惠政策，每年单独划拨 400 个左右的名额定向培养博士研究生。开展了对口支援西部高校工作，已有 100 所高校对口支援 75 所西部高校。累计支持 73 所医学院校为中西部招收培养 4.2 万余名定向本科全科医学人才。

在脱贫攻坚方面，教育是阻断贫困代际传递的治本之策。高等教育是教育脱贫攻坚的重要一环，是阻断贫困代际传递的关键之举。党的十八大以来，累计 514.05 万建档立卡贫困学生接受高等教育，呈现逐年增长的态势。数以百万计的贫困家庭有了大学生，飞出了"金凤凰"。

高等教育可以帮助拓宽贫困学生纵向流动的通道，一系列支持政策为贫困地区学生创造了更为公平的受教育和就业机会。不断畅通渠道，增加贫困地区学生获得优质高等教育资源的机会。"多亏了好政策，我才能到北京读大学！"谢非是来自宁夏回族自治区固原市西吉县的贫困学生，得益于国家实施的重点高校招收农村和贫困地区学生专项计划，2018 年他考入中国农业大学，成为家里第一个大学生。

像谢非一样受益于招生政策的学生还有很多。近年来，结合农村和贫困地区经济社会发展实际，我国持续实施重点高校招收农村和贫困地区学生专项计划，不断优化完善政策措施，构建起保障农村和贫困地区学生上重点高校的长效机制。据介绍，专项计划招生人数由 2012 年的 1 万人增至 2020 年的 11.7 万人，累计已有 70 万名学子通过专项计划走出贫困地区，走进重点大学。"从'有学上'到'上好学'，专项计划极大增加了贫困地区学生获得优质高等教育资源的机会，有效激发了学生学习动力，帮助一些贫困县实现了重点高校录取人数'零'的突破。"教育部有关负责人说。①

（五）对国家发展的贡献度显著提升

高校社会服务贡献能力能否引领高新技术产业、战略性新兴产业，培育和孵化高成长创新型企业和行业转型升级，能否成为国民经济、区域经济发展的源泉，不仅关系到高校社会服务贡献能力的高低，还关系到高校促进国民经济增长、为区域经济"造血"能力的高低。

"嫦娥"飞天、航母下水、"蛟龙"入海……在这些国家重大项目的背后都有高校的身影，都与高校创造的科研成果密不可分。以中国高校科研创新为基础的"中国制造"见证着中国发展。近年来，在"国家科技三大奖"通用项目中，高校获奖数占全国总数的 70% 以上，产出社科重大成果比例占全国重大成果总数的 80% 以上，专利申请数年均增长 20% 左右。

在科技创新方面，高校牵头承担了 80% 以上的国家自然科学基金项目和一大批国家重点基础研究发展计划（"973"）、国家高技术研究发展计划（"863"）项目，依托高校建设的国家重点实验室占总数的近 60%。5年来，高校服务产业、企业和社会需求获得的科研经费总额超过 1791 亿元。6 所高校研究机构入选首批国家高端智库建设试点单位。高校以全国 9.4% 的研发人员、7% 的研发经费，发表了全国 80% 以上的 SCI 论文。科

① 赵婀娜、吴月：《创造更为公平的受教育机会 党的十八大以来，514 万建档立卡贫困学生接受高等教育》，中央政府门户网站，2021 年 3 月 2 日，https://www.gov.cn/xinwen/2021-03/02/content_5589585.htm。

技成果直接交易额超过 130.9 亿元，发明专利授权量超过全国年发明专利授权总数的 1/5。高校获"国家科技三大奖"占比稳定在 2/3 以上，产出一批具有国际影响力的标志性成果。

高校智库为国家重大政策制定提供决策参考。高校承担各类哲学社会科学研究项目 134 万多项，出版著作约 11 万部，发表论文 131 万篇，提交各类咨政报告 4.3 万篇。大学生参加暑期"三下乡"活动累计高达 2000 余万人次，参加志愿服务累计 1000 余万人次。

（六）国际合作不断深化

截至 2016 年底，我国与 188 个国家和地区建立了教育合作与交流关系，与 46 个重要国际组织开展教育合作，与 47 个国家和地区签署了学历学位互认协议。中外合资办学机构和项目达 2480 个。

我国高校改变"教育输入国"的角色，积极向国外输出教育，促进高等教育国际交流不断深化，为世界文明作贡献。数据是最好的佐证：2017 年，我国出国留学人数首次突破 60 万人，达 60.84 万人，同比增长 11.74%，持续保持世界最大留学生生源国地位。此外，2017 年，共有来自 204 个国家和地区的 48.92 万名留学生在我国高等院校学习，规模增速连续两年保持在 10% 以上。

随着我国综合国力及国际影响力的提升，教育国际化成为发展新趋势。2018 年 3 月，北京大学 120 周年校庆海外庆典暨北京大学汇丰商学院英国校区启动仪式在英国牛津郡举行。该校区是北京大学的首个海外校区，也是中国高等学府第一次以独资、独立经营、独立管理的形式走出国门开办的海外校区。党的十八大以来，我国教育国际合作不断深化，国际竞争力显著增强。高等教育在合作角色上正在由参与者向主导者转变；在交流方向上由"引进来"向"走出去"转变；在合作范围上由部分国家向所有国家转变。

（七）创新创业取得突破

截至 2017 年，举办三届"互联网+"大学生创新创业大赛，吸引 2000 多所高校、数百万学生参与。19 所高校入选国家级双创示范基地，200 所高校被认定为深化创新创业教育改革示范校，近 500 所高校设置了创新创业学院。

初步建成全国万名优秀创新创业导师人才库，创新创业教育专职教师逾 2.6 万名，创新创业兼职导师超过 7.6 万名。开设超过 2.3 万门创业教育课程，组织编写出版创新创业教育教材近 3000 本。建设创新创业教育实践平台近 1.4 万个，成立创新创业社团超过 1 万个，举办创新创业讲座论坛超过 4 万场。安排创新创业教育专项资金约 70.4 亿元，资助学生创新创业项目超过 26 万个。全国创新创业教育改革呈现出多点突破、纵深发展的良好态势。

由此可以看出，无论是人才队伍建设、教育教学改革、科学研究突破还是高等教育公平、高等教育均衡发展，都与国家年复一年提供的项目密切相关。国家提供不同种类的项目，既为人才队伍建设、科学研究发展、教育教学变革等多个方面提供大量的经费支持，也为大量的学生、教师、学校等主体提供了不一样的制度机会和空间。因此，从整体上看，中国高等教育发展取得的成就很大程度上可归因于国家实施的项目制所给予的制度支持与保障，进而有可能在具体机制上塑造高等教育发展的中国逻辑与中国经验。

二 一般意义上的项目制研究与高等教育项目制研究简述

在管理学的意义上，其实也是在项目的原始意义上，项目是一种为创造独特的产品、服务或成果而进行的临时性工作。项目的"临时性"是指项目有明确的起点和终点。当项目目标达成时，或当项目因不会或不能达到目标而中止时，或当项目需求不复存在时，项目就结束了。持续性的工作通常是按组织的现有程序重复进行的。相比之下，由于项目的独特性，其创造的产品、服务或成果可能存在不确定性。项目团队所面临的项目任务很可能是全新的，这就要求其比其他例行工作有更精心的规划。项目也很驳杂，项目的例子包括（但不限于）：开发一种新产品或新服务；改变一个组织的结构、人员配备或风格；开发或购买一套新的或改良后的信息系统；建造一幢大楼或一项基础设施；实施一套新的业务流程或程序。①

---

① 〔美〕项目管理协会：《项目管理知识体系指南（PMBOK®指南）》（第 4 版），王勇、张斌译，电子工业出版社，2009，第 1~5 页。

（一）一般意义上的项目制研究简述

在如今的中国学界，项目制研究已成为一个十分重要的议题，社会学、经济学、政治学等都为此展开了大量研究工作。项目制研究之所以能获得学界的青睐，源于"项目治国"已经在实践中改造了各个学科所关注的领域，因此兼具重大现实意义与理论价值。① 纵观近年来这些学科的项目制研究，在总体特征上可以概括为从财政研究的范式到财政社会学研究的范式转换。项目制已被学界视作分税制改革后国家的一项财政支出制度设计。然而，当项目制在实践中与国家、组织、个体等行动者及其意图和行为发生某种关联时，其便以一种治理体制、机制等财政之外的意义而存在，并迈向一种由政治学、社会学、组织学等学科组成的跨学科语境中，由此产生了一种从财政学内涵向外溢出至其他学科的财政社会学理论效应，可将其概称为"溢出财政学内涵"。这一财政社会学视域可被视作当前项目制研究的一个总体研究进路，相关研究皆可被统揽进此视域中。正如周雪光所指出的，项目制作为一种自上而下的资源配置形式自 20 世纪 90 年代中期分税制改革以来日渐凸显，并溢出财政领域成为国家治理和贯彻政策任务的一个重要机制。②

1. 项目制的财政学：分税制改革与财政项目支出体系的建立

从财政学角度论述项目制，主要是基于分税制改革的背景以及改革后项目支出的总体情况。作为财政学范畴的"财政"，是指"政府从事资源配置和收入分配的收支活动，并通过收支活动调节社会总需求和社会总供给，并使它们相协调，达到资源配置、公平分配以及经济稳定和社会发展的目标"③。概言之，财政学意义上的财政主要关注财政的收入与支出（如财政支出规模等）、资源分配与优化等内涵，关注如何进行收支与分配等技术性程序与要素，如资源向哪些事务拨付与倾斜的财政政策。罗森等人

---

① 于君博、童辉：《项目制：一种新的国家治理模式的文献综述》，《南京农业大学学报》（社会科学版）2016 年第 3 期。

② 周雪光：《项目制：一个"控制权"理论视角》，《开放时代》2015 年第 2 期。

③ 陈共：《财政学》，中国人民大学出版社，1998，第 30 页；高培勇主编《财政学》，中国财政经济出版社，2004，第 15 页；陈共：《财政学》（第 7 版），中国人民大学出版社，2012，第 12 页。

认为，财政学研究的根本问题是实际资源的利用问题。[1] 在财政学框架中，项目制在国家财政收支结构中属于财政支出的问题（项目支出）。作为一种财政资源分配的手段、方式，项目制的诞生与国家财政拨款体制变革直接相关。因此，从最初意义上说，项目制的出场便只具备财政学意义上的内涵，表现为一种财政资源分配的制度形态，即国家通过项目的方式向下输出资源。这构成了项目制研究的起点、基础与关键切入点。

在中国语境下，项目制已被学界视作分税制改革后国家的一项财政支出制度设计，而分税制改革的一个基本背景是财政包干制下中央政府财政能力的弱化。20 世纪 80 年代财政包干制形成"弱中央、强地方"[2] 的财政关系格局，中央财政捉襟见肘，必须依靠地方财政进行弥补，由地方对中央进行转移支付、地方给中央作贡献。[3] 在此情形下，中央无法充分地对地方进行监督，在对全国性事务的宏观调控能力上也显得十分疲乏，如在促进地区公平、抑制通货膨胀等方面的调控能力被大大弱化，国家宏观政策意图的落实难以得到有力的财力保证。财政分权所带来的中央财力困难使中央政府在提供公共物品与服务、在科教文卫事业等领域进行收入再分配、稳定宏观经济等方面都面临诸多困境。[4] 为了解决财政包干制造成的中央财力薄弱及带来的诸多问题，中央政府进行了新一轮的财政体制改革。为此，中央政府于 1994 年推行分税制改革，开创了我国财政体制的新模式。分税制改革，以税制改革、中央和地方财权与事权关系调整为核心，旨在提高中央财政收入分成比例进而保障其具备改善国家治理绩效的财力。[5] 经过系列改革，"两个比重"都发生了由递减到递增的变化，特别是中央财政收入的递增幅度非常大，仅 1994 年中央财政收入的数额就高达

[1] Harvey S. Rosen, Ted Gayer, *Public Finance（Tenth Edition）*, New York：McGraw-Hill International Edition, 2013.

[2] 王绍光、胡鞍钢：《中国国家能力报告》，辽宁人民出版社，1993，第 44~50 页。

[3] 刘克崮、贾康主编《中国财税改革三十年：亲历与回顾》，经济科学出版社，2008，第 322~325 页。

[4] 王绍光：《分权的底限》，中国计划出版社，1997，第 49~61 页。

[5] 鲁建坤、李永友：《超越财税问题：从国家治理的角度看中国财政体制垂直不平衡》，《社会学研究》2018 年第 2 期。

3089.7 亿元，占当年全国财政总收入的 53.6%，而此比例在改革前的 1993 年才为 20% 多一点。[①]

但是，分税制改革后，中央与地方收入"两个比重"极不协调。[②] 分税制改革并没有根据财权与事权相统一的原则对财政包干制下中央和地方的分级负责制度进行调整，亦即财权的上移并没有伴随事权的上移，形成财权与事权不对等的格局：中央层面的财权与事权结构关系是财权大于事权，地方层面的财权与事权结构关系是事权大于财权。此时，地方经济社会发展所需的财政基础要依靠中央财政的大力支持。为了缓解财权与事权不对等的矛盾，解决地方财力薄弱的问题，中央政府开始以"专项"或者"项目"的方式向下分配财政资金，并且在随后的实践中，专项化或项目化已成为财政支出领域的典型特征，全国到处都在申请专项和项目，而大量的财政资金也都以"项目"和"专项"的方式下拨。因此，实行分税制改革以来，中央—地方财政关系巨大变化集中表现在中央对地方建立起的规模巨大的转移支付体系上。[③]

在财权日益上收、财力不断集中（也就是说中央财政收入分成比重越来越大）的体制背景下，中央向地方输入财政资源的专项转移支付项目方式主要凭借的是一种自上而下的"条线"体制，是一种与常规输入方式不同的另行运作、灵活处理，这种新形式的财政资源输入方式也因此成为重塑府际间财政及其他关系的新途径。[④] 陈家建也认为，理解项目制的关键和基础要从财政分配方式入手，分税制改革后，随着财政不断向上集权，大量项目资金下拨至地方，这样在分税制所确立的财政制度支撑下，构建了彰显中央权威的项目制通道。[⑤] 因此，"项目制"的原始含义便是从财政角度出发，被理解为一种府际之间的财政资源分配方式所形成的关系，即在常规财政支出体系之外，国家财政以自上而下的专项资金的形

① 周飞舟：《以利为利——财政关系与地方政府行为》，上海三联书店，2012，第 55 页。
② 王绍光：《分权的底限》，中国计划出版社，1997，第 49~61 页。
③ 周飞舟：《财政资金的专项化及其问题——兼论"项目治国"》，《社会》2012 年第 1 期。
④ 折晓叶、陈婴婴：《项目制的分级运作机制和治理逻辑——对"项目进村"案例的社会学分析》，《中国社会科学》2011 年第 4 期。
⑤ 陈家建：《项目制与基层政府动员——对社会管理项目化运作的社会学考察》，《中国社会科学》2013 年第 2 期。

式进行转移支付,从而重新塑造资源配置的方式。① 现今,一个覆盖社会管理、农业发展、基层管理、文化服务、公共产品供给、农村扶贫、企业创新、粮食生产、义务教育、高等教育等各领域的项目支出体系已全面建立起来。

2. 项目制研究的财政社会学:从国家治理到基层治理等多重命题的确立

财政社会学的引入极大地开阔了项目制研究的视野。随着项目支出规模的扩大及其对社会影响的拓深,项目制在社会各领域的实践早已使其表现出强大的财政溢出效应从而具备多重实践意蕴。在项目资源向下输入进程中,项目制先后与国家治理、基层社会治理发生了紧密关联,国家、组织、个体等不同行动者都携带自身考量,其实践形态已远远超越了资源分配的含义,其理解也发生了由财政学内涵到政治学、社会学等学科意义的嬗变,即一种所谓"溢出财政内涵"的理论与实践效应。学者们以项目制实践为基础,借助政治学、社会学等理论塑造着项目制的财政溢出效应之国家治理与基层社会治理的诸多内涵,这也构成当前项目制研究的总体视域。

第一,项目制作为国家治理体制的构建及其实践机制。

对于国家治理而言,项目制已成为一种新的国家治理体制。渠敬东指出,项目制不仅是一项财政制度安排,还是一种治理体制和一种能够促进体制积极有效运转的机制,同时,它更是一种思维模式以及由项目制思维所决定的国家、社会集团乃至具体的个人如何构建决策和行动的战略和策略。② 或如周雪光所论:项目制不仅集中体现为财政领域中自上而下的资源分配机制与形式,而且已经溢出财政体制,成为自上而下工作部署、任务实施的一个重要形式。③ 因此,项目制问题的关键不在于其中的数字,而在于系列数字背后所隐含的国家治理的制度逻辑和行动策略。④ "项目下

① 曹龙虎:《作为国家治理机制的"项目制":一个文献评述》,《探索》2016 年第 1 期。
② 渠敬东:《项目制:一种新的国家治理体制》,《中国社会科学》2012 年第 5 期。
③ 周雪光:《项目制:一个"控制权"理论视角》,《开放时代》2015 年第 2 期。
④ 折晓叶、陈婴婴:《项目制的分级运作机制和治理逻辑——对"项目进村"案例的社会学分析》,《中国社会科学》2011 年第 4 期。

乡"的进程不仅体现了基层财税体系的变化，还反映出国家治理体制和治理技术的变迁①，从而形成研究者眼中"项目治国"②的理论概括与表述。这一国家治理体制的典型特征是对市场元素的引入。郭琳琳、段钢认为，项目制超越行政科层制，最明显之处体现在在原有科层制内部注入了竞争性的市场因素，从而使得项目制具有行政配置和自由竞争的双重属性。从制度变迁的角度而言，这种新式制度模式既保障了中央集权体制的运行，又在一定程度上克服了官僚科层制的弊病，既运用市场机制提高了地方政府的积极性，又在一些方面防止了市场对公共领域的过度扩张和侵蚀，进而确立了一种新型的"双轨制"增量逻辑。③

在国家治理体制框架下，项目制实践表现出分级、动员、配套等多重治理机制。

一是项目制重新定义了国家和地方的关系，各级政府采取不同的行动策略来实现不同利益追求，演变成一种分级的制度机制和治理模式。④在科层制系统内部，各级政府部门遵循着相异的项目制运作逻辑即发包、打包与抓包。其中，发包是掌握财政项目资金的中央部、委、办通过发布项目指南书等形式向下招标；打包意味着"不完全遵从行为"，从中央获得项目的地方政府根据自身某种发展意图，把各种项目融合或捆绑在一起，服务地方发展规划，简言之就是地方政府不会完全按照中央的项目设定目标转而将其转化为自身利益；而抓包则体现为村庄主动争取项目的过程。⑤

二是项目制的制度优势在于其以灵活性、高效性⑥而具备强大动员能力，它能有效地调动地方各级政府、社会组织都参与到项目制运作中，这

---

① 桂华：《项目制与农村公共品供给体制分析——以农地整治为例》，《政治学研究》2014年第4期。

② 周飞舟：《财政资金的专项化及其问题——兼论"项目治国"》，《社会》2012年第1期。

③ 郭琳琳、段钢：《项目制：一种新的公共治理逻辑》，《学海》2014年第5期。

④ 陈水生：《项目制的执行过程与运作逻辑——对文化惠民工程的政策学考察》，《公共行政评论》2014年第3期。

⑤ 折晓叶、陈婴婴：《项目制的分级运作机制和治理逻辑——对"项目进村"案例的社会学分析》，《中国社会科学》2011年第4期。

⑥ 史普原：《科层为体、项目为用：一个中央项目运作的组织探讨》，《社会》2015年第5期。

也是项目制为什么能以一种新治理体制、机制而连接起社会各行各业的原因。其原因是在项目制体制中，资源控制权、人事管理权以及高效的动员程序等都集中于上级政府手中，从而使得政府内部的动员由"层级动员"转向"多线动员"，当然这种优势是相对于原有的科层制而言的。正是因为项目制有如此强大的动员能力，也就使得行政科层体制内部资源的分配演变为以项目为中心的新模式。① 在国家"土地整理项目"中，夹杂于科层与市场之间的项目制，虽然在其运作中存在局限，但在总体上能契合我国的国家结构形式。至少，在现有制度安排下，项目制的强大动员作用是无可置疑的，也就是说它能有效地调动地方政府的行政积极性，提高国家财政资金的使用效率以及推动政府和社会事业发展等。②

三是资金配套机制亦成为项目运作中分析中央政府与地方政府互动的切入点。③ 有研究指出，在分税制改革之前，中央政府在财政支出上的困境主要是面临财力不足的资源约束（也就是"收入困境"），这种情形下配套政策的运用主要是中央政府希望通过动员地方政府向中央政府转移支付的方式摆脱中央财政的窘境；而分税制改革之后，中央政府财力的提升使其在财政支出上的困境不再是收入不足，而是信息不对称下信息约束困境（即"分配困境"），这一时期配套政策的运用则主要用于弥补项目选择与监管中信息匮乏的不足。很显然，配套机制的演变主要与中央财政能力的变迁密切关联。

第二，项目制的基层运作及其治理意蕴。

项目制的基层运作实践及其所塑造的基层治理秩序已成为研究的聚集地，亦构成"溢出财政学内涵"最主要的指涉。

例如，应付逻辑是项目制中控制与反控制逻辑的鲜明体现，其含义在于为了完成项目任务，下级政府组织会按照项目书中约定的内容履行职责，但它们的目的并非真正实现项目目标，而是为了应付项目发包部门的

---

① 陈家建：《项目制与基层政府动员——对社会管理项目化运作的社会学考察》，《中国社会科学》2013年第2期。
② 尹利民：《也论项目制的运作与效果——兼与黄宗智等先生商榷》，《开放时代》2015年第2期。
③ 狄金华：《项目制中的配套机制及其实践逻辑》，《开放时代》2016年第5期。

检查和监督，以便能够顺利拿到全部项目资助资金。① 于是，在整个向上争取项目的过程中，不同主体间往往会形成一个利益共同体，彼此间通过各种"共谋"行为②，联手应对资源主体对项目的检查、评估和验收工作③。

再如，在县、乡、村三级不同组织的建构下，项目制在基层运作中展现出了一种"分利秩序"的基层社会治理样态，由于"委托—代理"关系中的固有困惑以及激励与约束机制都没有得到很好解决，不但没有形成一种基于项目目标的组织合力，而且带来系列矛盾。项目制的基层实践并没有达到与预期目标相一致的结局，反而因"分利秩序"的主导而使项目制面临异化。④ 这种由"项目进村"过程所形成的"分利秩序"的典型特征是以"权力"为主导、以"去政治化"为主要表现形式、以"去目标化"为基本后果。⑤ 各行动者的行动目标都是追求项目制中的利益，即一种制度性利益，而非真正实现项目制的公共利益与目标。谢小芹、简小鹰认为，"项目进村"前后，乡村治理困境虽然发生了变迁（从外部资源确实与内生资源耗损到村庄寡头政治、村庄公共性消解等），却使村庄陷入多重治理窘境。⑥ 李祖佩通过对涉农项目实践过程的考察，发现了项目制意图在基层被解构的原因。他认为，项目资源向下输入进程中，国家自主性并不能体现出来，彰显的不过是一种项目下乡中的"分利秩序"本质，也就是说各基层政府（组织）在这个过程中完美地展现了其私利性以及不断强化的庇护结构，这是国家项目资源向下进村时无法克服的力量。基层政府、基层精英群体、农民在实践中共同割分国家公共资源，也就是形成一

① 张良：《"项目治国"的成效与限度——以国家公共文化服务体系示范区（项目）为分析对象》，《人文杂志》2013 年第 1 期。

② 周雪光：《基层政府间的"共谋现象"——一个政府行为的制度逻辑》，《社会学研究》2008 年第 6 期。

③ 马良灿：《项目制背景下农村扶贫工作及其限度》，《社会科学战线》2013 年第 4 期。

④ 李祖佩、钟涨宝：《分级处理与资源依赖——项目制基层实践中矛盾调处与秩序维持》，《中国农村观察》2015 年第 2 期。

⑤ 李祖佩：《项目进村与乡村治理重构：一项基于村庄本位的考察》，《中国农村观察》2013 年第 4 期。

⑥ 谢小芹、简小鹰：《从"内向型治理"到"外向型治理"：资源变迁背景下的村庄治理——基于村庄主位视角的考察》，《广东社会科学》2014 年第 3 期。

种"分利秩序"。由此，这些主体所具有的私利性及其营造的"分利秩序"很自然地消解了国家依托项目所希望实现的公共意志。[①] 因此，若想摆脱项目制在基层实践中所面临的这些困境，必须从提升国家自主性能力开始，理顺国家、基层政府（组织）和乡村社会三者之间的关系，最大化地实现项目制所秉持的公共利益。

总而言之，作为新兴研究领域，有关项目制的研究既具有强烈的现实关怀，也不乏深刻的理论诠解。在透析政治学、社会学、组织学等学科经典命题上创新了研究的内容、过程、视角与方法，如在国家社会关系、国家农民关系、政府内部组织关系等经典问题讨论上，以项目制为凭借对象，在具体的项目行动中观察不同行动者的行为方式，找寻国家和农民与国家和社会关系变迁、上下级政府间组织关系的演变等具体而接地气的表达，比结构主义视角下国家农民主体关系的抽象论析更加扣人心弦，也更能切中国家治理体系与治理能力现代化建设中的一些本土性命题。近年来，有关项目制的研究可谓精彩纷呈，俨然构造了一块繁荣的学术领地并不断吸引着不同学科的重大关怀，促使项目制研究领域进一步推进以及相关研究主题进一步深化。诸多精彩、重要的学术概念和学术命题如"分级治理"[②]、"支配—反支配"[③]、"技术理性/治理"[④]、"多线动员"[⑤]、"新双轨制"与"项目嵌套"[⑥]、"基层治理风险"[⑦]、"项目内卷化"[⑧][⑨]、"专有性

① 李祖佩：《项目制基层实践困境及其解释——国家自主性的视角》，《政治学研究》2015年第5期。

② 折晓叶、陈婴婴：《项目制的分级运作机制和治理逻辑——对"项目进村"案例的社会学分析》，《中国社会科学》2011年第4期。

③ 李博：《项目制扶贫的运作逻辑与地方性实践——以精准扶贫视角看A县竞争性扶贫项目》，《北京社会科学》2016年第3期。

④ 桂华：《项目制与农村公共品供给体制分析——以农地整治为例》，《政治学研究》2014年第4期。

⑤ 陈家建：《项目制与基层政府动员——对社会管理项目化运作的社会学考察》，《中国社会科学》2013年第2期。

⑥ 渠敬东：《项目制：一种新的国家治理体制》，《中国社会科学》2012年第5期。

⑦ 陈家建、张琼文、胡俞：《项目制与政府间权责关系演变：机制及其影响》，《社会》2015年第5期。

⑧ 张雪霖：《涉农资金项目供给模式及其内卷化治理》，《湖南农业大学学报》（社会科学版）2015年第1期。

⑨ 田孟：《项目体制与乡村治理的"内卷化"》，《地方财政研究》2015年第6期。

关系"与"参与选择权"①、"协调型政权"②、"分利秩序"③ 等纷纷呈现并在其他项目案例分析中获得精彩演绎。而更为根本的是，这些概念、命题的提出在促进社会学等学科的知识生产与学术进步上发挥了重大作用，并一脉相承，成为后续研究的重要分析工具。

作为项目制研究的一个总体视域，财政社会学不仅仅体现在当前研究所呈现的几个学科内容中。在不同历史时期的语境变迁中，项目治理并非总是始终如一地涵盖上述意蕴的具体内容，并且不同学科、不同领域，项目的遭遇也并不一致。因此，当国家的项目行动面临不同学科、不同领域的"地方性知识"时，它们将会在"地方性知识"的境遇中面临内涵的重新概念化，其运作、影响等内容也必定异样。由于实践的变化以及理论解读视角的不同，项目制的存在样态也会蕴含更加丰富的跨学科意义，也必定会有更多可延展的空间。因此，随着项目制实践中不同主体意图的各自考量，必定会衍生出更多超越财政学的实践逻辑与实践机制，从而使其溢出财政学内涵表现出一种强大建构性的理论特征。

项目制内涵的跨学科性亦即"溢出财政学内涵"虽然是一个不断建构的过程，但这并不影响其成为一种总体性支配的制度设计。政治学、社会学等学科意义的建构将项目制推入将其理解为现代社会结构化的一种方式的境地，也就是项目制成为一种全社会的总体性。因此，必须看到项目逻辑的社会结构化意义。正是由于这种跨学科性的存在，才更凸显其作为一种总体性的存在；也由于跨学科性的存在，其制度能力也越发强大。项目制的国家治理逻辑与项目制的基层实践机制决定了项目制是一个不断结构化的总体，而不是一个已经完成了的总体。这种上下互动造成项目制的结构性运转，谁也无法逃脱这一结构的制约。正是在资本、规则、权力等逻辑的统摄下，项目制才越来越成为一个总体，将一切都吸纳于自身中，推动着其向社会各领域的全方位覆盖。这种建构性的存在便意味着项目制不

---

① 周雪光：《项目制：一个"控制权"理论视角》，《开放时代》2015 年第 2 期。
② 付伟、焦长权：《"协调型"政权：项目制运作下的乡镇政府》，《社会学研究》2015 年第 2 期。
③ 李祖佩：《分利秩序——鸽镇的项目运作与乡村治理（2007—2013）》，社会科学文献出版社，2016，第 279 页。

是一个静态的制度实体，而是在国家、组织、个体等互动下的动态形塑过程，从而说明项目制并非一个一成不变的含义。也正是由于项目制在不断地进行着结构化的运作，使得项目制的治理能力与总体支配能力越来越强大，谁都无法躲避，或者说项目制的结构性会伴随其建构性越来越强大。正如陈家建所指出的，"技术性治理"在中国社会中呈现增长趋势，但"总体性支配"却似乎并没有式微；今天的中国治理，还大量延续着"总体性"的模式。项目制就是总体性与技术性的结合，是一种以专业化、技术化、高效化为特征的治理模式，其大规模深入政治、市场、学术、文化等各个领域，不断激发出各种"项目运动"；总体性支配配备了技术化渠道，多方面影响着中国社会的运作。① "改革以来，总体支配逐渐向技术治理转型，从某种程度上，总体权力在试图将权力转型为技术样态，以技术的面向实现总体支配的目标。"②

当从社会学意义上去分析制度时，制度便是一个具有生成性、建构性的存在。只要行动者存在，必然会打上各自行动的烙印，由此便赋予制度一个动态生成的过程。因此，项目制的影响会随项目制跨学科意义的建构性而不断将其影响面扩大。事实上，只要"溢出财政学内涵"处于一个"未竟"的状态，那么有关项目制的制度逻辑、制度效应、影响机制等都会"待定"，反之亦然。故而"溢出财政学内涵"是一个颇具理论开放性的命题。这样一个具有理论开放性的命题，其作为一种研究框架也必然是开放的，从而相异于一般研究框架中所显现出的静态特性。

因此，从财政社会学角度出发，项目制不仅承载着巨大的资金量，而且承载着一整套经济的、政治的和社会的意图和责任。因此，诠释项目制更为本质的存在或者说对项目制更具穿透力的解释视域是财政社会学。随着项目制实践的发展及其理论诠释，财政社会学视域下的项目制研究会在现有研究基础上呈现出更加丰富的学术样貌。从这个意义上讲，财政社会学是一个颇具理论开放性的解释视角，从而将项目制塑造成一种总体性的

① 陈家建：《项目制与基层政府动员——对社会管理项目化运作的社会学考察》，《中国社会科学》2013年第2期。
② 王雨磊：《村干部与实践权力——精准扶贫中的国家基层治理秩序》，《公共行政评论》2017年第3期。

存在和研究的一个总体性视域。

（二）高等教育项目制研究简述

自高等教育项目制产生以来，其在学界也日渐引发关注。尤其在近 10 年的高等教育学界，关于高等教育项目制治理的一般性讨论以及对不同类型高等教育项目制的研究成为学者们关注的一个重要议题。初步看来，学界关于高等教育项目制的研究呈现出以下几种论调。

第一，在制度变迁中理解高等教育项目制。这是从高等教育项目制治理的一般意义上来理解的，放在制度变迁的视野中，学界一般将项目制的诞生与单位制、科层制等制度关联起来。一般认为，高等教育领域项目制的诞生是制度变迁的结果，是对计划经济时代单位制的一种制度替代，但实践中，项目制实践是否能完全替换单位制，这两者究竟有着何种关联，学界往往有着相异的观点。譬如，李福华就认为，我国高等教育重点建设战略已开始从单位制到项目制的战略转型：新中国成立后，重点高校建设有明显的"单位制"特征；"211 工程""985 工程"具有"项目制"的部分特征；"2011 计划"已具有显著的"项目制"特征。[①] 这也就意味着，自 20 世纪 90 年代以来的高等教育重点建设等宏观战略规划任务已由项目制来承担，并成为一种主导性的战略机制。不过，谢冬平认为，"重点大学"建设采用"单位制"，其对"计划"的强调以及"强政府，弱大学""先大学，后学科"的发展逻辑等成为"一流"建设的掣肘，由此"项目制"被引入。从运作来看，其表征为"单位为体，项目为用"的"混合制"，项目制优势被弱化。[②] 显然，在研究者眼中，项目制已成为一种普遍的高等教育治理机制，并且项目制与单位制等其他制度间有着十分微妙的关系。

第二，分析项目制嵌入高等职业教育后的效应。除了从一般意义上去理解项目制，随着项目制日渐嵌入职业教育，有关高等职业教育治理中的项目制话题也不断引起学界关注，尤其是讨论项目制嵌入高职教育后的效

[①] 李福华：《从单位制到项目制：我国高等教育重点建设的战略转型》，《高等教育研究》2014 年第 2 期。

[②] 谢冬平：《单位制、项目制、混合制：我国高等教育重点建设的制度选择及审思》，《黑龙江高教研究》2017 年第 7 期。

应。比如，王雅静认为，高职院校是实现"中国制造2025"和培养技术技能型人才的重要教育组织。2006年以来，国家对高职院校开展了"示范校"、"骨干校"和"双高计划"等央财专项建设工程，集中体现了国家对高职院校的项目治理逻辑。中央政府通过财政和行政激励对高职院校实施制度体系建设、政策试点和重点专项扶持，形成项目的资源集中优势和竞争择优效应。但是，教育项目制下的政策集中化也带来了一些"意外后果"，如高职院校组织策略的向上聚焦、人才培养目标逐渐偏离市场、高职精英校和一般校的分化及教育资源分配的马太效应等。另外，教育项目制的生成动因、内涵定义、运作逻辑、组织基础和效用限度等方面受到了传统科层制的影响，项目治理实质是在中央和地方政府多层"委托—代理"关系下，处理政策集中化和区域差异化的内在张力。[1] 李政则认为，从2005年启动"国家示范性高等职业院校建设计划"以来，我国高职院校的发展被深深地嵌入项目制治理模式。项目制治理模式通过合法性机制生产和再生产高职院校的同质化，并通过"委托—代理"关系形成的剩余控制权维系高职院校的多样化发展。项目制治理模式下高职院校的同质化发展产生了诸多不利影响：中央资源的低效配置与高职院校的低质量内卷；国家需求、地方需求与行业需求间的紧张关系；成果推广的"水土不服"和实践创新的动力缺失。为破解同质化发展问题，未来我国针对高职院校的项目化治理应注重完善中央项目申报机制，明确央地项目功能定位；试点"必选+自选"项目申报模式，推动高等职业教育分类特色发展；实施"基础绩效+典型成果"评价模式，提升多元主体评价权重；强化项目实施的动态指导，逐步提升政策清晰度。[2] 李妮认为，大型综合性建设项目已然成为国家到地方推行教育政策的重要方式，高职教育治理的"项目制"特征显现。"项目制"的目标导向与科层制的规则导向，项目的临时性与科层业务的常态性，"项目制"的事本导向与科层组织的政绩导向，使得高职教育治理在运作逻辑上充满张力，相互制约。项目制内在的竞争性、激励性、广泛动员性和临时性提高了立项院校的行政效率和内部治理

---

① 王雅静：《教育项目制：高职教育的项目治理逻辑》，《现代教育管理》2020年第2期。

② 李政：《项目制下的高职院校同质化：作用机制、问题表征与改革路径》，《高校教育管理》2022年第2期。

的灵活性，但项目制遵循的择优逻辑，对量化考核的依赖及标准化特征又产生了立项院校优势专业固化、建设目标异化等负效应。项目治理与常规治理相结合，回归建设项目的专项性，加强过程控制等优化策略或可规避高职教育项目制治理的非预期效应。①

第三，项目制与大学微观行为的关联日渐紧密，这里的微观行为包括教学、师生关系等。项目制对大学组织内部的影响构成了一个强大的实践效应，可以说，在大学组织中，无论是学校、学院还是教师，基本上都形成一种"项目情结"或者说是项目的"举校体制"。基于此，学者们都在积极思考如何规避其中的负面效应。例如，在教学项目制上，孙丽芝、陈廷柱认为，当前在高等教育领域采取项目制推动教学改革与发展已成为普遍现象，形成教学项目制治理方式。技术治理所追求的效率至上的技术思维、量化手段的使用，目标管理责任制特点与教学项目的价值追求，实质性目标、效果的迟效性在教学项目制的治理过程中存在逻辑困境。由于价值理性的迷失，教学项目制治理中出现项目目标置换、项目功能异化、项目脱离实践、项目的外源性侵蚀主体的自主性发展等问题。为此，应回归价值治理，进行风险防控，这就需要发挥教学主体能动性，推动内发型教学改革；依据项目特点，把握教学项目制治理限度。② 李函颖、徐蕾认为，师生关系可能会受科研项目的影响。参与科研项目是博士生开展高水平科学研究的重要途径。通过对部分高校工科师生的质性研究发现，工科科研项目主要包括三种类型：纵向项目、横向项目和培育性项目。三类科研项目既有共性也有差异。工科博士生与导师的师生关系会因科研项目的目标、历时、经费使用、评价等类型差异在主体间性、交往内容、交往方式、主观期望匹配度等维度上呈现出不同样态。此外，工科科研项目中的博士生师生关系还受知识生产逻辑、市场逻辑、科层逻辑和伦理逻辑的共同形塑，多重逻辑之间的交互关系在高校中趋向于"微妙的平衡"。③

① 李妮：《高职教育"项目制"治理的非预期效应及其优化策略》，《广东技术师范大学学报》2020 年第 5 期。

② 孙丽芝、陈廷柱：《大学教学项目制治理：逻辑困境、特殊问题及风险防控》，《江苏高教》2022 年第 3 期。

③ 李函颖、徐蕾：《工科师生关系会受科研项目类型的影响吗？——对高水平大学工科博士生与导师基于科研项目交往的质性考察》，《学位与研究生教育》2022 年第 4 期。

三　项目制与中国高等教育发展理论关联的建立

20 世纪 80 年代尤其是 90 年代中期以来，国家在高等教育领域实施了系列项目来支持、推动、促进高等教育发展，既有"211 工程"、"985 工程"、"双一流"建设等这类囊括高校多项事务的综合性大型项目，也有"长江学者奖励计划"、科学基金与教学改革工程等这类指向高校某项具体事务的单一型项目。如今，项目制已成为国家在高等教育领域实施的一项稳定且重要的制度安排，各种项目的实施也取得了重大成就，推动着中国由高等教育大国逐渐迈入高等教育强国。正如李盛兵所指出的，改革开放以来，尤其是"211 工程"和"985 工程"项目实施以来，我国致力于科技强国建设与教育强国建设，无论是科技还是教育都取得了瞩目的成就。早在 2017 年，我国科技论文国际引用数就已上升为世界第二，仅次于美国，材料科学位列世界第一；在美国新闻报道对 1250 所世界知名大学的排名中，我国有 136 所大学上榜，仅次于有 221 所上榜大学的美国。在上海交通大学的世界大学排名中，国内的清华大学与北京大学进入 100 强，在《泰晤士报高等教育副刊》世界大学排名中，清华大学与北京大学进入 50 强，若加上香港的大学，则中国有 5 所大学进入 100 强。[①] 按照阿特巴赫的高等教育"中心—边缘"学术理论的解释，上述统计表明，在项目制的支持与推动下，我国的科学技术和高等教育正在从边缘走向中心。

基于 20 世纪 90 年代以来中国高等教育飞速发展所取得的成就，或许只有从国家的视域中才能找到更多或更为本质性的解释空间。在很大程度上，中国的高等教育改革和发展由国家主导和推动，高等教育的外部治理离不开国家思维这一宏大的制度背景。因此，必须把国家带回分析的中心，而国家的项目行动在此成就中扮演了十分重要的角色。况且，其他社会科学研究领域的成果均显示：无论是在经济领域还是在社会领域，项目制都发挥了重大作用（如促进经济增长、公共服务建设、基层民主等）。因此，对于项目制在高等教育中的作用应予以高度重视。项目制已成为一

---

① 李盛兵：《中国成为世界教育中心八问——与菲利普·阿特巴赫教授的对话》，《教育发展研究》2018 年第 17 期。

种全新的国家治理体制，而高等教育项目也已成为中国庞大项目体制的重要组成部分。虽有研究关注了项目制在中国高等教育发展中的重要作用及所取得的重大成效，却没有阐明项目制与中国高等教育发展的具体关联机制究竟是什么。本书拟延续前述宏观视角，并将宏观视角具象化为一种特定的制度机制——项目制，去思考项目制与中国高等教育发展之间的某种关联机制。我们将项目制放置在改革开放 40 余年高等教育改革与发展的历史脉络中，去窥探项目制在其中所发挥的功效、存在的局限，以及未来该如何服务高等教育改革与发展并促进"双一流"建设这个宏大目标。一来总结高等教育发展的中国逻辑与中国经验；二来厘清其中存在的问题为未来项目制促进高等教育发展提供更多支撑，进而为实现"双一流"建设目标助力。

我们为何要将焦点放置在制度层面上？实际上，就具体的治理实践而言，治理主体对治理绩效的影响远不如治理规则对治理绩效的影响来得重要，这里的治理规则可以看作一种制度安排。如若套用福柯的表达，则可谓"治理主体不外乎是治理规则得以实践的躯体"。是主体在治理吗？不是，是规则、制度在治理，即规则、制度通过主体实现了治理及治理绩效。由此，社会科学界在探讨乡村治理时，分析实践中的治理规则则比分析治理主体更有可能切中乡村治理的本质与内核。[1] 在"怎样治理"的问题域中，研究者将治理规则推到较治理主体更为靠前的位置考察治理实践过程中治理规则的选用、碰撞与博弈，分析不同行为规则运用的情景及后果。当治理规则在"深层结构"研究中占据核心位置时，"解释"便成为规则分析不同于主体研究的核心方法。在"解释"的逻辑下，中国传统农村基层治理领域中不同要素的组合形态，以及诱发治理实践的机制则成为其分析的中心，由此而产生"集权的简约治理""实体治理"这些旨在进行机制解释的概念。[2] 就中国国家转型与发展而言，其所面对和要解决的问题并不是调节国家与社会的关系问题，它首先是在解决一个基本的治理

---

[1] 狄金华：《被困的治理——河镇的复合治理与农户策略（1980—2009）》，生活·读书·新知三联书店，2015，第 79 页。

[2] 狄金华、钟涨宝：《从主体到规则的转向——中国传统农村的基层治理研究》，《社会学研究》2014 年第 5 期。

问题。① 要理解高等教育改革、发展就必须理解国家的高等教育治理机制及其逻辑。项目制治理构成了高等教育发展的制度背景。将高等教育内外部改革、发展放在项目制行动的场域与构架中去理解，或许更能探索出当前中国高等教育改革发展的真切意涵与隐藏的可能突破路径。既然作为一种规则、制度的项目制在中国高等教育发展中发挥着举足轻重的作用，那么在对改革开放以来高等教育改革与发展的成就进行经验总结，以及在高等教育强国建设的时代背景下，归纳与提炼出项目制促进我国高等教育发展的动力机制就成为一个在高等教育理论和实践中需加以重视的议题，进而为其在未来高等教育发展中更好地发挥作用提供学理依据。据此，本书拟从项目制角度出发，对其支持中国高等教育发展的动力机制尝试性地作出制度性解释和分析以为其他相关研究奠定基础，即从项目制视角去分析中国高等教育发展的动力机制。受上述新制度经济学对经济发展的理论解释启发，本书认为，中国高等教育发展所取得的成就很大程度上与国家系列项目的支持密切相关，项目制可为中国高等教育发展提供解释力。

观察附着于项目治理制度之上的多重制度逻辑和动力机制，对于我们理解高等教育发展的时代背景具有重大意义。由于中国当前高等教育宏观治理模式是以国家权力为中心的，权力的触角延伸到高等教育事务的各个方面，关于高等教育改革、发展、治理的状况解释和未来重构的分析工作有必要在项目制这一论域中展开。未来，以高等教育治理范式的转换为前提，提出一种具有替代性的治理方案，也是研究所需要尝试的一项工作。研究项目制治理的制度逻辑及模式的意义就在于：它既有利于厘清当下高等教育治理运行的基本逻辑、制度约束和体制性困局，又有利于明晰未来中国高等教育事务的治理之道应走向何处。该选题的研究不仅为从国家层面思考高等教育发展之路奠定理论基础，还为研究项目制如何支撑地方高等教育发展提供了一种新的思路，同时为研究类似问题提供启示，从而在系列研究中窥探出中国高等教育乃至整个教育发展的经验、模式和特色，为未来教育的更好发展提供参考。

① 狄金华：《被困的治理——河镇的复合治理与农户策略（1980—2009）》，生活·读书·新知三联书店，2015，第311页。

第二章

项目制与中国高等教育发展：
历史、类型、模式与成效

1994 年分税制改革后，财权的上移与事权的下移使地方和基层政府财政压力过大，从而使地方经济社会发展缺乏坚实的物质基础。为缓解地方政府财政压力、解决财权事权不对称的矛盾，中央政府通过专项转移支付项目等方式自上而下进行财政资源的配置，从而重构中央与地方的财政关系，并以此途径实现国家对社会的治理，最终使项目制成了一种具有总体性意义的国家治理机制。在国家的视域中，国家总体性控制的思维惯性倾向于将全部治理问题的执行手段标准化、统一化，从而把社会所有领域都纳入其制度框架内。体制的吸纳、嵌入将项目制带进高等教育的"中心"，成为 20 世纪 90 年代以来高等教育改革、发展的重要制度背景。对高等教育发展来说，项目制究竟意味着什么？项目制与高等教育发展的历史如何？这种制度安排有哪些类型和模式？在实践中会取得哪些成效？这一系列问题蕴含着新制度场景之于高等教育治理的新内涵、新意义与新问题，成为我们审视高等教育发展的新切入点。

第一节　高等教育中的项目制：形成与发展

讨论高等教育中项目制的历史，有必要先从一般意义上了解项目制的产生。一方面，从制度变迁的脉络中把握项目制出场的必要性；另一方面，从国家政策调整、经济社会发展现实等角度理解项目制的应运而生。

一 项目制：一种新的国家宏观治理方式

从起源上看，"项目制"中的"项目"脱胎于管理学领域的"项目"，它是一种临时性组织形式，是为实现特定目标抑或创造独特产品、服务或成果而进行的临时性工作，具有明确的目标和独特的性质。① 在中国语境下，项目特指一种在常规财政支出体系之外，国家财政以自上而下的专项资金的形式进行转移支付，从而重新进行资源配置的方式。② 从国家治理社会的视角来看，项目制主要是国家为履行其政府职能或推动某一地方、某一领域的工作进展而配套专项资金以高效率地实现政府目标的一种制度安排。③ 当前，在社会多数领域都有项目的身影。如渠敬东所论：国家财政若不以转移支付的形式来配置资源，就无法通过规模投资拉动经济增长，各种公共事业也无法得到有效投入和全面覆盖；地方政府若不抓项目、跑项目，便无法利用专项资金弥补财政缺口，无法运行公共事务；以市场经营和竞争为生的众多企业，也多通过申请国家各级政府的专项资金项目来提高自己的收益率；出版、教学和科研等文化活动，似乎一刻也离不开课题或项目资助了。因此，项目制不单指某种项目的运行过程，也非单指项目管理的各类制度，而更是一种能够将国家从中央到地方的各层级关系以及社会各领域统合起来的治理模式。项目制不仅是一种体制，还是一种能够使体制积极运转起来的机制；同时，它更是一种思维模式，决定着国家、社会集团乃至具体的个人如何制定决策和行动的战略与策略。④ 可以说，项目制已成为一种具备总体性功能的制度安排。

把项目制放置在制度变迁的历史中考察，我们发现项目制的出场并非仅仅是财政经济领域改革的结果，它更是一种应对机制，一种应对科层制失灵的处理机制，其产生是为了规避常规科层制体系所呈现出的层级节制、程序僵化等弊端。"当常规多任务模式失败时，打破传统科层结构的

① 〔美〕项目管理协会：《项目管理知识体系指南：PMBOK® 指南》（第 5 版），许江林等译，电子工业出版社，2013，第 3 页。
② 周飞舟：《财政资金的专项化及其问题——兼论"项目治国"》，《社会》2012 年第 1 期。
③ 郭琳琳、段钢：《项目制：一种新的公共治理逻辑》，《学海》2014 年第 5 期。
④ 渠敬东：《项目制：一种新的国家治理体制》，《中国社会科学》2012 年第 5 期。

运动式治理或项目制等非常规任务模式就会被启动以完成特殊任务。"① 其具有的一个非常独特的表现是，它并不归属于常规组织结构的某个层级或位点，而恰恰要暂时突破这种常规组织结构，打破纵向的层级性安排（条条）和横向的区域性安排（块块），为完成一个专门的预期事务目标而将常规组织中的各种要素加以重新组合。② 正是在这一应对过程中，国家宏观治理方式发生了从科层制到项目制的制度转换；也正是在应对科层制失灵的过程中，项目制的制度优势、制度精神与制度价值不断彰显。

作为一种应对机制，项目制并非仅仅具有"完成某一任务"的性质或单纯的"事本主义"逻辑，而是蕴含着调动整个国家运行的制度功能，从而使单个项目或多个项目具备了一种体制的精神性内涵。然而，从"项目"到"项目制"的演化过程却需在具备渠敬东所言的几个结构性要件时才能发生，进而才能实现治理全社会的目标。

第一，分税制改革后国家财政转移支付的增加。分税制改革后，财权上移与事权下移使地方社会发展缺乏经济基础。为改善财权事权不对等的矛盾、解决地方经济社会发展中财力资源不足等问题，中央财政通过专项转移支付项目方式自上而下输出资源。事实上，分税制实施初期，中央对地方的专项转移支付并没有明确的管理制度，一直到 2000 年 8 月才制定了《中央对地方专项拨款管理办法》。在这段时间里，专项转移支付所占整个转移支付的比重从 1994 年的 15.1%增长到 1999 年的 34.8%，资金从 361亿元增长到了 1424 亿元，专项转移支付的分量逐步增大。项目资源的输出，一是给予地方支持；二是以此途径调控、规划地方经济社会发展，从而有效地实现项目治理的全社会覆盖。

第二，具有调动全社会积极运转的制度功能。项目制之所以存在并发挥作用在于其具有强大的制度激励功能，能够调动社会各界的积极性，从而有效地使全社会各领域围绕项目积极运转。一是从政府部门、事业单位到企业等社会各行各业均离不开项目的资助，否则生存将陷入困境。因此，各种项目的实施不单单表现在政府对少数几个领域的"反哺"上，而

---

① 赖诗攀：《中国科层组织如何完成任务：一个研究述评》，《甘肃行政学院学报》2015 年第 2 期。

② 渠敬东：《项目制：一种新的国家治理体制》，《中国社会科学》2012 年第 5 期。

是全面展现于政府对各领域的转移支付上。可以说，这是分税制改革后最为突出的现象之一，即全国上下到处都在申请专项和项目，而大量的财政资金也都以"项目"和"专项"的方式下拨，并伴随层层审批、检查及审计。① 二是社会各行各业通过申报项目将自身多项需求捆绑、"打包"在项目中，使项目异化为一种营利的经济工具。在项目的嵌入下，各部门、各行业不仅表现出了对国家项目的代理特性，还看到了项目的获利功能，开始对项目进行各种变通与解构，实现从代理型角色到谋利型角色的转变。②

二 高等教育中项目制的历史

社会学、政治学、经济学等其他学科虽然对运动式、非常态、常态、典型、专项、项目制等诸多议题都进行了质高量多的研究工作，可以为高等教育领域中类似议题的研究提供诸多理论启发，但研究高等教育中的"运动式治理"抑或"非常态治理"，一定要辨明高等教育领域独特的运作状态及其与其他领域的差异，否则会因缺乏高等教育的特色而成为一种只有普适性内容与结论的研究，最终使研究变得毫无意义。在运用运动式治理、项目制治理等相关理论时，必须进行适当且必要的理论修正，构建一种具有高等教育特色的运动式治理机制或项目制治理机制的分析框架与解读视角。一方面，项目制治理设计、规制了高等教育新的运行规则；另一方面，项目制治理的影响与推进，早已突破其在财政、行政激励领域的内涵并向其他领域溢出从而多次被重新概念化。项目制治理在教育、文化、法律、行政等诸领域的建构下具备多元内涵，成为一种多学科研究的存在。高等教育丰富了项目制治理的表现形式，项目制治理在高等教育中也被赋予了新的内涵，二者共同演绎着新的高等教育情景。

根据前述关于"项目"的定义，我们认为高等教育中的项目是指为实现高等教育中某一特定目标而进行的临时性工作，具有明确的目标和独特

① 周飞舟：《财政资金的专项化及其问题——兼论"项目治国"》，《社会》2012 年第 1 期。
② 杨善华、苏红：《从"代理型政权经营者"到"谋利型政权经营者"——向市场经济转型背景下的乡镇政权》，《社会学研究》2002 年第 1 期；荀丽丽、包智明：《政府动员型环境政策及其地方实践——关于内蒙古 S 旗生态移民的社会学分析》，《中国社会科学》2007 年第 5 期。

的性质，如国家为实现自然科学发展这一特定目标所设立的国家自然科学基金项目，为引进高层次人才或促进高等教育教师队伍建设而设立的学者奖励计划等。而高等教育中的项目制是指为实现高等教育中某一特定目标，在常规高等教育支出体系之外，国家以专项资金的形式进行高等教育资源的重新配置，并以此实现国家对高等教育治理的一种制度模式。其实，随着国家权力支配方式以及治理方式的转变，高等教育存在样态和高等教育治理研究亦应发生根本性转变。专项项目行动作为一个颇具中国特色的治理命题，在某种意义上也在推动着高等教育发展的转型与高等教育研究的转型。

项目是国家对高等教育拨款、资助的一种形式。改革开放后，原有体制开始吸纳绩效、竞争等市场元素，顺应这一时势的项目开始缓慢进入国家视野中。总体来说，经过20世纪80年代至90年代初的萌生与探索后，项目管理思维在20世纪90年代中后期获得体制认可，并自进入21世纪以来逐渐被强化。如今，项目已成为一种有效的制度设计与高等教育治理模式，并伴有扩大化趋势，似乎要力图建构一种"项目化大学"的"高等教育形态"。

第一，"项目"的萌生与探索阶段（20世纪80年代至90年代初）："专项补助"的事业费、科学基金制与选择性重点学科建设（见表2-1）。

改革开放前，计划统一控制的"基数加发展"模式成为国家高等教育拨款的唯一分配方式，即当年各校的经费分配额以其前一年所得份额为基础，考虑当年事业发展与变化的情况而确定。改革开放后，自由竞争、市场调节和经济价值等市场经济基本原则不仅促进高等教育投资体制多元化的改革，还推动政府拨款体制和政策的转变。[①] 拨款开始由"基数加发展"模式向"综合定额加专项补助"模式转变，如重点学科、专业和实验室建设等专项。这种为了实现某种特定目标所遵循的专项逻辑、"事本主义"逻辑开始显现。

同时，对科研拨款逐渐探索试行科学基金制。从1987年起，国家教委改变了"科学事业费"简单切块由学校补贴给各课题组科研选题的使用办

---

① 　王莉华：《中英高等教育绩效拨款研究》，浙江大学出版社，2008，第75页。

法，加强了对科研经费拨款的审核。同时改变"新产品试制"、"中间试验"和"重大项目补助"这三项经费由国家教委切块给所属院校自行安排的办法，将经费按合同制集中用于支持有重大效益的研究试验课题，对各校不保基数，统一申报，经同行专家评审论证，通过竞争性择优支持，签订合同检查验收。①

对于重点学科，国家以项目的方式实行有选择性的扶持，1987～1988年，国家在文、理、工、农、医等主要学科领域，评选出了 416 个反映中国高等学校在相应领域中最高水平的重点学科点，涉及 107 所高等学校。②

表 2-1 萌生与探索阶段的高等教育项目（20 世纪 80 年代至 90 年代初）

项目阶段	萌生与探索
表　现	"专项补助"的事业费、科学基金制与选择性重点学科建设等
项目种类	国家科技攻关计划（1982）、高等学校博士学科点专项科研基金（1982）、国家高技术研究发展计划（1986）、国家自然科学基金（1986）、火炬计划（1988）、国家社会科学基金（1991）
代表性政策文件	《高等学校财务管理改革实施方法》《中共中央关于科学技术体制改革的决定》《中共中央关于教育体制改革的决定》

第二，"项目"的形成阶段（20 世纪 90 年代中后期）：以"211 工程""985 工程"为代表的项目管理（见表 2-2）。

总的来看，在整个 20 世纪 90 年代，高等教育项目制发生了根本性的变化，其中的表现就是项目资金增长迅速以及项目所代表的身份地位的变化。除"211 工程"、"985 工程"、重点学科建设等项目外，还有其他不同种类的高等教育建设项目，涉及资金总量非常大。20 世纪 90 年代中后期，国家逐步加大了高等教育专项资金投入力度，并开始运用项目思维不断完善专项资金的管理办法。为了切实发挥教育专项资金的宏观调控功能，保证其效益，国家教委和教育部对专项资金开始实行项目管理。通过项目的

---

① 国家教委办公厅编《改革中的中国教育——中国教育发展改革的实践与经验》（2），高等教育出版社，1993，第 81 页。
② 范文曜、马陆亭编《国际视角下的高等教育质量评估与财政拨款》，教育科学出版社，2004，第 243 页。

选择和立项、论证与评估、执行与监督、总结与评估的全过程跟踪与管理，充分发挥了专项资金的导向作用，有力地促进了资金效益目标的实现。[①] 这一时期，"211 工程""985 工程"的启动是高等教育项目制管理的最大成就。《"211 工程"建设实施管理办法》明确规定："211 工程"建设项目实行项目法人制、招投标制和工程监理制。这不仅标志着项目管理思维的确立，而且奠定了整个高等教育发展的格局与态势及此后高等教育项目资源的分配状态。

表 2-2　形成阶段的高等教育项目（20 世纪 90 年代中后期）

项目阶段	形成
表　　现	"211 工程""985 工程"等开始采用项目管理思维
项目种类	"211 工程"（1995）、国家重点基础研究发展计划（1997）、国家杰出青年科学基金（1994）、"985 工程"（1998）、长江学者奖励计划（1998）
代表性政策文件	《国务院关于〈中国教育改革和发展纲要〉的实施意见》《"211 工程"总体建设规划》《"211 工程"建设实施管理办法》《面向 21 世纪教育振兴行动计划》

第三，"项目"的发展与强化阶段（进入 21 世纪以来）："基本支出预算+项目支出预算"拨款模式与更加具体化、精细化、多元化的项目（见表 2-3）。

从 2002 年开始，教育部根据国家部委财政预算体制改革的规定开始试行"基本支出预算+项目支出预算"拨款模式。"基本支出预算是部门支出预算的组成部分，是行政事业单位为保障其机构正常运转、完成日常工作任务而编制的年度基本支出计划，其内容包括人员经费和日常公用经费两部分。"[②] "项目支出预算是部门支出预算的组成部分，是中央部门为完成其特定的行政工作任务或事业发展目标，在基本支出预算之外编制的年度

[①]　中华人民共和国教育部办公厅直属机关党委编《邓小平理论指引下的中国教育二十年》，福建教育出版社，1998，第 72 页。

[②]　《财政部关于印发〈中央本级基本支出预算管理办法〉（试行）的通知》，中华人民共和国财政部网站，2008 年 5 月 19 日，http://www.mof.gov.cn/gkml/caizhengwengao/caizhengbuwengao2002/caizhengbuwengao200212/200805/t20080519_21183.htm。

项目支出计划。包括基本建设、有关事业发展专项计划、专项业务费、大型修缮、大型购置、大型会议等项目支出。"①

如果说，20 世纪 90 年代高等教育项目的特征彰显的是以 "211 工程" "985 工程" 为代表的高等教育的宏观架构，那么，进入 21 世纪以来的项目特征可以概括为对高等教育进行细枝末节的微观建设，涉及高等学校的教学质量与教学改革、社会科学研究、不同年龄阶段与不同学科等领域的人才、研究生教育创新等多个方面。这一时期，国家政策文件的共同点是都明确提出要强化项目管理。

表 2-3　发展与强化阶段的高等教育项目（进入 21 世纪以来）

项目阶段	发展与强化
表　　现	"基本支出预算+项目支出预算" 拨款模式与更加具体化、精细化、多元化的项目
代表性政策文件	《全国教育事业第十个五年计划》《2003—2007 年教育振兴行动计划》《国家教育事业发展 "十一五" 规划纲要》《国家教育事业发展第十二个五年规划》《国家中长期教育改革和发展规划纲要（2010—2020 年）》《国家中长期人才发展规划纲要（2010—2020 年）》《国家中长期科学和技术发展规划纲要（2006—2020 年）》

"教育工程" 这一政策工具的频繁使用，必将导致一种新的教育治理体制的出现。② 随着高等教育专项治理行动越来越多、越来越密集、越来越常规化与常态化，一种建基于专项项目行动的高等教育治理体制构建起来了。国家也由此产生了以专项、项目、工程的方式推动高等教育改革、发展的 "制度路径" 与 "路径依赖"。项目为何具有强大力量调动高等学校在项目框架下运转，最终成为一种治理高等教育的制度模式？于高等教育而言，项目并不仅仅意味着国家对高等教育的扶持，也并非只是国家为回应高等教育对大学自治、学术自由的诉求，更是暗含 "国家逻辑中的高

---

① 《财政部关于印发〈中央本级项目支出预算管理办法〉（试行）的通知》，中华人民共和国财政部网站，2005 年 5 月 17 日，http://www.mof.gov.cn/zhengwuxinxi/zhengcefabu/2004zcfb/200805/t20080519_20826.htm。

② 李津石：《"教育工程" 研究：基于政策工具理论视角》，北京大学出版社，2015，第 2 页。

等教育"与"高等教育组织、个人逻辑中的国家"的策略互动，从而实现国家、高等教育组织、个人（教师）的三方共赢。一方面，国家通过对高等教育进行项目资源的输入与产出获取高等教育的绩效从而累积起高等教育项目制治理的合法性，并通过项目实现国家逻辑的理论、规则向高等教育的全面渗透和延伸；另一方面，作为理性行动者，高等教育组织、个人希望能在与项目的互动、认同中获得体制性支持与认可。在项目理念中，它所强调的不是强制，而是一种对"服从规则"的正面鼓励，其核心观念是：对于规则、制度的遵从是会得到回报的。"回报的形式包括职业机会、特殊分配的物品以及其他好处。这可以被看作一种结构性刺激。……它在对社会进行动员的时候，施行的是一种事本主义的行为标准，但这种事本主义的标准却要求，效忠以及对意识形态的支持应给予带倾向性的回报……在这种关系中，个人利用正式的规则来赢得官方的表扬。"① 因此，我们当前的高等教育治理，其实并不是治理高等教育本身，而是治理作为一种工具属性的高等教育，亦即对高等教育没有达成其他行为主体目标的行为进行治理，如高等教育没有实现国家、社会所期望的目标，必须通过某种方式对此进行治理，从而使高等教育发展进入预定轨道并达成预期目标。项目制在此过程中便扮演着治理高等教育和实现高等教育目标的角色。

第二节　高等教育项目的类型

按照不同的维度，我国高等教育项目可以划分为不同的类型。

第一，按照高等学校类型、层次等进行划分，高等教育项目有普通高等教育项目、高等职业教育项目、地方高校发展项目等。

关于普通高等教育项目，并不是说项目的设立原本就指向普通高等教育，而是从项目立项结果来看，一些项目基本上只有普通高等学校获得。比如，"211 工程"、"985 工程"、"2011 计划"、"双一流"建设项目的入选高校基本是普通高等学校。

---

① 孙立平：《社会主义研究中的范式及其转变》，载谢立中主编《结构—制度分析，还是过程—事件分析？》，社会科学文献出版社，2010，第 12~13 页。

在高等职业教育项目方面，为贯彻《国务院关于大力发展职业教育的决定》精神，在2002~2003年国家发展和改革委员会、财政部以专项经费方式支持67所学校建设示范性职业技术学院的基础上，2006年，教育部和财政部联合推出"国家示范性高等职业院校建设计划"，决定在未来几年国家专门拿出一定数量的资金支持示范性高等职业院校建设，也称"高职211工程"。除此之外，在"双一流"已成国内普通高校标杆的背景下，高职院校也迎来了自己的"双高计划"。2019年3月，教育部、财政部发布《关于实施中国特色高水平高职学校和专业建设计划的意见》（以下简称"双高计划"）。"双高计划"提出，要集中力量建设50所左右高水平高职学校和150个左右高水平专业群，打造技术技能人才培养高地和技术技能创新服务平台。"双高计划"每5年为一个支持周期，对入选学校给予重点经费支持。"双高计划"勾勒了总体目标，到2022年，列入计划的高职学校和专业群办学水平、服务能力、国际影响显著提升，为职业教育改革发展和培养千万计的高素质技术技能人才发挥示范引领作用，使职业教育成为支撑国家战略和地方经济社会发展的重要力量，形成一批有效支撑职业教育高质量发展的政策、制度、标准；到2035年，一批高职学校和专业群达到国际先进水平，引领职业教育实现现代化，为促进经济社会发展和提高国家竞争力提供优质人才资源支撑。职业教育高质量发展的政策、制度、标准体系更加成熟完善，形成中国特色职业教育发展模式。

在地方高校发展项目上，中央对地方实施的资金规模较大的高等教育专项资助项目主要包括四个：一是按比例分担地方高校国家励志奖学金和国家助学金；二是省部共建地方高校；三是设置支持地方高校发展的专项资金，2010年，中央财政支持地方高校发展专项资金约40亿元，有653所地方高校申请到了资金支持；四是设置"以奖代补"专项资金，为了促进地区间高等教育协调发展，激励各省加大对地方普通高校的资金投入，中央财政从2010年起设置"以奖代补"专项资金。

第二，按照项目所涉及的高等学校内部要素进行划分，高等教育项目可分为科学研究项目，教学、专业与课程项目，教师发展项目，学科建设项目，学生发展项目等，详见表2-4。

表 2-4　高等教育项目类型（按内部要素划分）

项目类型	项目名称
科学研究	国家高技术研究发展计划
	国家自然科学基金
	国家社会科学基金
	国家重点基础研究发展计划
	国家重点研发计划
	教育部人文社会科学研究一般项目
	高等学校哲学社会科学繁荣计划
	哲学社会科学基础研究中长期重大专项项目
	高等学校人文社会科学重点研究基地建设计划
	国家科技攻关计划
	火炬计划
教学、专业与课程	高等学校本科教学质量与教学改革工程
	中央高校教育教学改革专项
教师发展	跨世纪优秀人才培养计划
	国家杰出青年科学基金
	长江学者奖励计划
	长江学者奖励计划青年项目
	高等学校"高层次创造性人才计划"
	新世纪优秀人才支持计划
学科建设	特色重点学科项目
学生发展	高等学校博士学科点专项科研基金
	研究生教育创新计划

　　第三，按照项目的建设层面，可分为宏观层面与微观层面的项目。宏观层面的项目是对高等教育建设的总体安排，建设的目标指向高等教育综合实力的提升；微观层面的项目是对高等教育各构成要素进行建设，是希望各要素的建设任务完成后能支撑总体目标的实现。宏观项目与微观项目的结合，基本将高等学校的主体事务都纳入项目制的框架中（见表 2-5）。

表 2-5　高等教育项目类型（按建设层面划分）

项目类型	项目名称
学校	"211 工程"
	"985 工程"
	"2011 计划"
	"双一流"建设
	对口支援西部地区高等学校计划
	国家示范性高等职业院校建设计划
学校内部事务	国家高技术研究发展计划
	国家自然科学基金
	国家社会科学基金
	国家重点基础研究发展计划
	国家重点研发计划
	教育部人文社会科学研究一般项目
	高等学校哲学社会科学繁荣计划
	哲学社会科学基础研究中长期重大专项项目
	高等学校人文社会科学重点研究基地建设计划
	国家科技攻关计划
	火炬计划
	高等学校本科教学质量与教学改革工程
	中央高校教育教学改革专项
	跨世纪优秀人才培养计划
	国家杰出青年科学基金
	长江学者奖励计划
学校内部事务	长江学者奖励计划青年项目
	高等学校"高层次创造性人才计划"
	新世纪优秀人才支持计划
	特色重点学科项目
	高等学校博士学科点专项科研基金
	研究生教育创新计划

此外，还可以根据其他要素进行划分，如按照区域划分可分为西部项目和非西部项目、地区项目和非地区项目。进入 21 世纪以来，在国家的项目设置中开始考虑为西部高等教育发展提供支持。教育部 2001 年公布的

《全国教育事业第十个五年计划》规定：中央设立专项经费支持西部每省（自治区、直辖市）重点办好一批中等职业学校和一所较高水平的大学。《国家中长期教育改革和发展规划纲要（2010—2020年）》规定：实施中西部高等教育振兴计划，加强中西部地方高校优势学科和师资队伍建设。实施东部高校对口支援西部高校计划。《国家教育事业发展第十二个五年规划》规定：实施中西部高等学校基础能力建设工程、教育扶贫工程；启动实施中西部高等教育振兴计划、民族教育发展工程；制定并严格执行教育重大工程项目规划制度，严格按照规划安排教育项目，避免重复建设和浪费现象。国家对西部的支持除上述"工程"外，还体现在一些"人才项目"与"科研项目"等的倾斜与扶持上，如《中西部高等教育振兴计划（2012—2020年）》规定：发挥高层次人才引领作用，建立优先支持政策机制。在"长江学者奖励计划""创新团队发展计划""新世纪优秀人才支持计划"等各项人才计划实施中，优先支持中西部高校。在推荐"国家高层次人才特殊支持计划""青年拔尖人才支持计划"人选时向中西部高校倾斜。在"海外名师项目"中，重点支持中西部高校聘请一批具有国际一流水平的海外名师来校任教和合作科研。加强科研经费和项目支持——积极承担国家科研任务，有条件的中西部地区要逐步设立高校基本科研业务费专项资金。加大对中西部高校自然科学、哲学社会科学研究项目支持力度，重点支持中西部高校服务区域发展的基础研究和特色研究项目，继续实施西部和边疆地区项目以及新疆、西藏项目，逐步扩大中西部高校受益范围。"十二五"期间，重点支持100所左右有特色、高水平的地方普通本科高校加快发展。在没有教育部直属高校的省份，"十二五"期间重点支持每个省份建设1所地方高水平大学。扩大对口支援规模，使受援高校增加到100所。《中西部高等教育振兴计划（2012—2020年）》还规定：实施"西部之光"等访问学者项目；支持中西部高校骨干教师到东部高水平大学研修访学；在对口支援西部高校工作中，支持1万名西部受援高校教师和管理干部到支援高校进修锻炼。在科研项目上，国家社会科学基金、教育部人文社会科学基金、国家自然科学基金分别设立了西部项目和地区项目。在项目经费的支持额度上，国家社会科学基金西部项目的单项经费额度和一般项目的经费额度持平。

按照年龄可将项目分为青年项目和非青年项目，国家社会科学基金、国家自然科学基金、教育部人文社会科学基金都设立了青年项目，长江学者奖励计划等也设立了青年人才项目。不过，这些项目对于年龄的划分标准并不一致，如国家社会科学基金青年项目的年龄要求为 35 周岁以下，国家自然科学基金青年项目的年龄要求为男性 35 周岁以下、女性 40 周岁以下，而教育部人文社会科学基金青年项目的年龄要求为 40 周岁以下。在经费资助额度上，不同项目也有所差异，如国家社会科学基金青年项目的单项资助额度与一般项目的经费额度等同，均为 20 万元，国家自然科学基金青年项目是固定的 30 万元（2022 年），教育部人文社会科学基金青年项目资助经费为 8 万元，比规划项目的 10 万元少 2 万元。

按照项目的重要性可分为重大、重点与一般项目，国家社会科学基金、国家自然科学基金都有此区分，这种区分的标准直观上表现为经费资助额度的大小。以国家社会科学基金为例，重点项目与一般项目的单项经费额度是固定的，分别为 35 万元、20 万元；国家社会科学基金的单列学科教育学的重大、重点与一般项目的单项经费额度分别为 60 万元、35 万元、20 万元。由经费的差异也可见重大、重点、一般项目所关涉的主题对于国家发展重要性的差异。

第三节　项目制支持中国高等教育发展的基本模式

关于项目制治理的基本模式，在更多意义上是从委托方与承包方之间的关系角度而论的，也就是根据政府与政府、政府与其他组织、政府与个体等委托与承包关系的不同而形成的不同模式。周雪光根据"专有性关系"和"参与选择权"的不同组合确定了四个不同模式。[①] 专有性关系指委托方和承包方之间围绕项目而产生的特定关联，体现出项目所导致的组织间的差异性。不同项目提供了委托方与承包方之间专有性关系的不同强度。专有性关系这一特点隐含了项目制的不确定性，即专有性关系的高强度降低了项目的不确定性。参与选择权指下级单位参与或退出

①　周雪光：《项目制：一个"控制权"理论视角》，《开放时代》2015 年第 2 期。

（不参与）某一项目的选择权。与自上而下的选择性介入机制相对的是下级部门参与项目与否的主动权。正是在这个意义上，人们通常说项目制引入了"竞争"机制，诱发了同类下级组织间争取项目的主动性和由此产生的行为差异。在这一点上项目制有别于通常意义上的科层制关系，在后者中下级政府只能被动地接受和执行自上而下的指令，没有选择的余地。但下级部门的参与选择权不是一个恒量，会因不同项目和委托方压力的变化而变化。项目制的参与选择权隐含了配套激励的机制。参与选择权程度与配套激励的强度有着密切关系。如果一个项目有着超出常规的资金注入，为下级部门提供了"跑项目""争指标"的强大激励，从而具有"强激励"的特点，就会诱发下级部门的参与积极性和竞争的努力，而无须通过限制参与选择权迫使后者参与。这里说的激励强度，是指可为承包方追求自身目标利益所用的那些资源。有着严格专款专用制度限制的项目资金，如果与下级部门各类任务的轻重缓急安排不兼容，则并不会受到承包方欢迎，因此委托方不得不通过限制参与选择权迫使承包方参与其中。各个项目因其专有性关系和参与选择权要素的不同而呈现出不同的组织形态或混合形态。

史普原基于地方激励性和社会嵌入性双重维度，构建了四种项目制的运作模式。[①] 地方激励性指的是中央赋予地方一定的决策和管理、资金统筹与配套等权责，调动其积极参与配合，以较好地实现项目目标。社会嵌入性是指国家项目渗入社会，进行服务、调动、改造乃至干预，反过来意味着其最终目标的实现依赖和受制于社会的反应、配合意愿及能力。在此前提下，他对项目制的异质性展开分析，构建了压力推动—全面动员、层级分包—抓大放小、层级卸责—以点带面以及目标技术—重点铺开四种运作模式。

在高等教育项目制场域中，委托方和承包方中牵涉的主体及其关系并不像社会领域中表现得那么复杂。高等教育项目制中的委托方即政府，承包方即高校组织和高校教师。因此，其中的模式也是从政府与高校组织、

① 史普原：《项目制治理的边界变迁与异质性——四个农业农村项目的多案例比较》，《社会学研究》2019 年第 5 期。

高校教师等主体间的关系而论的。结合高等教育项目制的实践以及其中的竞争、平衡等要素，可以将项目制支持高等教育发展的模式分为以下几种。

第一种是强制性模式。强制性模式在整个高等教育项目制体系中只占了极小部分。强制性意味着项目对象的遴选不经过公开竞争，由国家指定项目资助对象。例如，对口支援西部地区高等学校计划就是这种形式。在这种情形下，支援高校与受援高校的选择无须经过自由竞争，而是由国家指定。

第二种是诱致性模式，或者称激励模式。这种模式在整个高等教育项目制体系中占绝大部分。正如有研究指出，为纠正一些偏向，在新的计划项目中，中央重点支持的经费拨付机制陆续出现竞争性模式，而不是指定性模式。在"十二五"教育规划期间，这已经成为中央推动或倡导某项改革的基本模式。① 从人们熟知的"双一流"建设到各类科研、教学、人才等项目，基本上都以竞争的形式展开。这些项目并不具有强制性，但其本身携带的经费及其符号效应又富有很强的激励性，因此，这种模式的项目制可称为诱致性模式，即诱使地方政府、高校组织、教师个体等主体参与到项目竞争的全过程。

第三种是弥补性模式。从项目制支持中国高等教育发展的整个历程来看，在项目制实施前期，其中的理念与思路更多地呈现出一种重点建设的情形。进入 21 世纪以来，为了平衡那些非重点建设的对象，国家项目开始了新的布局。有学者指出，主管部门提出要完善中央部属高校和重点建设高校战略布局，加大对地方高校的政策倾斜力度，根据区域经济社会发展需要，重点支持一批有特色、高水平的地方高校；推进国家示范性高等职业院校建设计划，重点建设一批特色高职学校；加强民办高校内涵建设，办好一批高水平民办高校；实施中西部高等教育振兴计划，推进对口支援西部地区高等学校计划。这些措施都可以看作对"985 工程"以外学校建

① 康宁、张其龙、苏慧斌：《"985 工程"转型与"双一流方案"诞生的历史逻辑》，《清华大学教育研究》2016 年第 5 期。

设的积极补充。①

第四种是拯救性模式。这种模式主要针对那些发展已进入瓶颈期的高等学校，通过项目资助的方式实现其转型变革。这种模式在整个高等教育项目体系中并不多见，主要以地方院校的转型发展项目为代表。2015 年 10 月，教育部、国家发展改革委、财政部三部门联合发布《关于引导部分地方普通本科高校向应用型转变的指导意见》，其中提及"中央财政根据改革试点进展和相关评估评价结果，通过中央财政支持地方高校发展等专项资金，适时对改革成效显著的省（区、市）给予奖励"②。

第四节　项目制支持下高等教育发展的成效

项目制在资金、人力、学科等方面提供了大量支持，中国高等教育发展也因此取得显著成效。

一　项目制为高等教育科学研究提供雄厚的资金支持

改革开放以前，我国高校的科学研究总体上处于弱势，国家对高校的科研资助寥寥无几，高校自身的科研实力也比较弱小。新中国成立之初，国家仿照苏联的高等教育模式进行了全国范围内高等学校的大调整，同时随着国家建立一批独立的科学研究机构，高等学校在国家创新体系中处于边缘地位。可以说，直到改革开放以前，我国高等学校基本上被排除在科学技术研究之外。当时，我国的科学研究都是与重工业、军事工业等密切相关的，中国科学院等研究单位成为这种科研的主体，高校在科研中的作用在这一时期还没有受到足够的重视。③ 改革开放以后，随着国家对教育特别是高等教育的重视，陆续出台了多种措施加强对高校的资助，其中之一便是通过基金项目的形式加强对高校的科研资助，这便是我国"项目

---

① 康宁、张其龙、苏慧斌：《"985 工程"转型与"双一流方案"诞生的历史逻辑》，《清华大学教育研究》2016 年第 5 期。

② 《教育部 国家发展改革委 财政部关于引导部分地方普通本科高校向应用型转变的指导意见》，中华人民共和国教育部网站，2015 年 10 月 23 日，http://www.moe.gov.cn/srcsite/A03/moe_1892/moe_630/201511/t20151113_218942.html。

③ 张应强主编《精英与大众——中国高等教育 60 年》，浙江大学出版社，2009，第 85 页。

制"措施的发端。基金资助是国家科研经费投入的重要方式之一。

改革开放以来，我国高校科研经费来源实现了多元化。高校科研经费来自政府、企业和其他社会力量，而政府是高校科研资助的主体。① 《中国科技统计年鉴-2011》数据显示，2010 年我国高等学校的研究与实验发展经费总支出为 597.3 亿元，其中来源于政府的资金为 358.8 亿元（包括中央政府和地方政府在内的所有政府部门），占高校所有科研经费来源的 60.07%。② 另外，高校获得的国家科研资助经费已超过其他科研院所等机构。以国家社会科学基金为例，有学者统计了 1993~2009 年国家社会科学基金立项的数据。这期间，各种立项课题（包括重大项目与委托项目、重点项目、一般项目、青年项目、自筹项目等）共计 4947 项。其中，高校（包括"985"大学、"211"大学、普通本科、高职高专）合计 3615 项，占总数的 73.1%。③ 改革开放以来，高校科研实力和承担重大科研任务的能力不断增强，获得了更多的科研资金。以"十五"和"十一五"期间为例："十五"期间，高校作为第一承担单位承担"973 计划"项目，其中 89 项由高校教师和研究人员担任首席科学家，占立项总数的 57.05%；承担国家自然科学基金面上项目 23000 余项，接近立项总数的 80%；承担国家自然科学基金重点项目近 600 项，占立项总数的 55% 以上。"十一五"以来，高校承担国家科技攻关计划项目占全国总数的三分之一左右；承担"863 计划"项目占三分之一以上，承担"973 计划"项目占三分之二以上。2013 年、2014 年，高校牵头承担"973 计划"项目 133 项，占项目总数的 68%；牵头承担国家重大科学研究计划项目 89 项，占项目总数的 67%；承担国家科技重大专项任务 11 个民口重大项目中近四分之一的课题；"基础科研条件与重大科学仪器设备研发"重点专项高校牵头承担 16 项，总立项项目中超过 90% 的项目有高校作为项目子任务承担单位；国家自然科学基金委国家重大科研仪器研制项目牵头 30 项。此外，高校还承担

① 付淑琼：《改革开放以来我国中央政府的高校科研资助政策研究》，《高教探索》2013 年第 5 期。

② 国家统计局、科学技术部编《中国科技统计年鉴-2011》，中国统计出版社，2011，第 435 页。

③ 程瑛：《社会转型期我国大学资源竞争研究》，博士学位论文，华中科技大学，2011，第 103 页。

科技部国际合作项目 206 项，占总项目数的三分之一；承担各类国防科研项目近 5000 项。高等学校已成为我国组织实施各类科研任务的主阵地之一。[①]

我们虽然不能判断出科研基金项目经费在高校科研经费中所占的比例有多大，但高校在国家各类科研任务中的地位和科研项目在高校中的地位足以证明各种项目能为大学科学研究带来雄厚的资金支持。总的来说，在当前大学资源竞争激烈、大学创收能力较弱的情况下，通过这种"项目制"的形式，可以在一定程度上缓解高校尤其是地方高校办学经费的困难。科研资助项目的实施减轻了高校科研经费的压力，为高校科学研究提供了坚实的物质基础。

二 项目制为高等教育发展提供大力的人才支撑

自 20 世纪 90 年代以来，国家陆续推出了长江学者奖励计划、新世纪优秀人才支持计划等多项人才政策，各省（区、市）、高校也实施了相应的引才计划，为高校、地方、国家的发展提供了巨大的人力支撑。对高校而言，则主要是为高校的科学研究提供了人力支持。

首先，为学科发展提供了巨大人力支持。以长江学者奖励计划为例，其实施的目的之一就是"吸引国内外中青年各界精英投身高校重点学科建设，赶超国际先进水平，培养和造就一批具有国际领先水平的学术带头人"。从 1998 年启动至 2014 年，有关高校以优势特色学科、创新平台、重点科研基地为依托，围绕重大科研与建设项目以及国际学术交流与合作项目，吸引和汇聚了一大批具有国际先进水平的学术大师和学科带头人，培养和造就了一大批具有创新能力和发展潜力的中青年学术带头人和学术骨干。可以说这与当时设定的期望相符。根据教育部信息统计，截至 2014 年 6 月，在全国高校聘任的共 2251 位"长江学者"特聘教授和讲座教授中，先后有 108 名"长江学者"当选中国科学院、中国工程院院士，14 人当选

---

① 张应强主编《精英与大众——中国高等教育 60 年》，浙江大学出版社，2009，第 90 页；《资料：杜占元在 2014 年高等学校科技工作会议上的讲话 2014.5》，中国矿业大学工程技术学院网站，2014 年 5 月 6 日，https://cast.cumt.edu.cn/43/e1/c5636a279521/page.htm。

第三世界科学院院士。① 此外，其他的一些人才项目，从教育部组织实施的创新团队发展计划和新世纪优秀人才支持计划来看，截至 2014 年，累计遴选资助 890 个创新团队 9800 余名优秀人才，涵盖 31 个省（区、市） 400 余所高校；高等学校学科创新引智计划自 2006 年启动实施以来，共布局建设了 6 批 273 个创新引智基地，这些人才团队计划的组织实施，都为建设高水平大学和重点学科提供了强有力的人才支撑。②

其次，在承担国家重点项目和学术影响力方面，这些人才项目的贡献巨大。以长江学者奖励计划为例，一批"长江学者"作为首席科学家承担了大量国家自然科学基金重大项目、"973 计划"项目、"863 计划"项目、国家科技攻关计划项目、国家社会科学基金项目和重大工程项目等；一批"长江学者"担任了国家重点实验室、985 科技平台或创新集体负责人，国家工程（技术）研究中心主任；一批"长江学者"在国际学术组织担任重要职务，或在国际重要学术期刊担任编委。③

最后，人才项目的实施激励着高校进行自主创新，并取得了重要的科研成果。一些由"长江学者"主持或作为主要完成人参加的科研成果获得了"国家三大科技奖"；一些长江学者还荣获"国际量子分子科学院奖""第三世界科学院数学奖"等多项国际学术大奖；一批"长江学者"在《自然》《科学》等国际顶尖学术期刊发表论文数百篇；还有一批"长江学者"在基础前沿和战略高技术领域取得了许多世界级的标志性成果，部分科研领域已达到或接近国际先进水平。而且，按照国家教学和科研并重的要求，长江学者奖励计划注重引导"长江学者"教书育人，提携后学，支持"长江学者"组建创新团队、讲授核心课程、大力培养学术骨干和青年学生，实现了科学研究和人才培养的双赢；注重发挥"长江学者"在学科建设中的"突击队长"作用，发展优势学科，培育交叉学科和新兴学科，推动一批重点学科赶超国际先进水平。北京大学特聘教授陈十一回国

---

① 《教育部实施"长江学者奖励计划"成效显著》，中央政府门户网站，2014 年 6 月 5 日，https://www.gov.cn/govweb/xinwen/2014-06/05/content_2694189.htm。

② 《资料：杜占元在 2014 年高等学校科技工作会议上的讲话 2014.5》，中国矿业大学工程技术学院网站，2014 年 5 月 6 日，https://cast.cumt.edu.cn/43/e1/c5636a279521/page.htm。

③ 《教育部实施"长江学者奖励计划"成效显著》，中央政府门户网站，2014 年 6 月 5 日，https://www.gov.cn/govweb/xinwen/2014-06/05/content_2694189.htm。

工作后，作为北大工学院院长，带领学院创建了6个系和10余个研究中心，引进各类优秀人才60余人。在长江学者奖励计划的支持和激励下，还有一批中青年学者在基础前沿和战略高技术领域取得了世界级的标志性成果。清华大学特聘教授薛其坤在量子反常霍尔效应研究中取得重大突破，被学术界称为"诺贝尔奖级"的科研成果；复旦大学特聘教授马兰带领研究团队发现蛋白激酶GRK5在神经发育和可塑性中有关键作用，给神经元发育异常引起的孤独症和唐氏综合征等疾病的治疗和药物研发提供了新思路。他们的科研成果，显著提高了我国高校在全球范围内的学术地位和竞争实力。①

而在"211工程"建设10年后，"211工程"院校累计共有2671名青年学者入选教育部新世纪优秀人才支持计划，有915位高校教师获得国家杰出青年科学基金资助，有967人入选教育部长江学者奖励计划特聘教授。"985工程"更是汇聚了一批国际水准的学术大师和中青年学者。通过"985工程"的10年建设，中国科学院院士共增选过5次，新当选的院士中"985工程"学校所占的比例持续提高，从1999年的20%上升到2007年的55%。十年中，"985工程"学校教师获得国家杰出青年科学基金资助的占全国总数的50%以上，聘任的长江学者奖励计划特聘教授和讲座教授占全国的比例都在80%以上。②

需要加以解释的是，"为高等教育发展提供人才支撑"是"人才项目"的能力建设功能的体现。能力建设功能是政府为实现特定目标而采取的特定行为措施。长江学者奖励计划指向重点学科的建设与学科带头人的造就，因此这里的"能力建设"实指"学科"的建设。同时，为实现这种特定（指学科）的目标，相应地采取了特定的支持方式，如支持高等学校举办"长江学者论坛"，资助出版"长江学者文集"，推荐"长江学者精品课程"；教育部创新团队发展计划重点支持由"长江学者"领衔的学术团

①　董洪亮：《"长江学者奖励计划"十六年：出人才出成果出机制》，人民网，2014年6月6日，http://edu.people.com.cn/n/2014/0606/c1006-25110831.html；《长江学者打造科教兴国生力军》，光明网，2014年6月5日，https://epaper.gmw.cn/gmrb/html/2014-06/05/nw.D110000gmrb_20140605_1-04.htm。
②　《"985工程"十年建设成效》，东北大学发展规划与学科建设处网站，2015年10月13日，http://xkjs.neu.edu.cn/2015/1013/c3688a51020/pagem.htm。

队；对中西部高校聘任"长江学者"组建的团队予以优先支持。①

三 项目制促进相关学科发展与推进高校人事制度变革

改革开放以前，我国高校学科发展呈现一种比较畸形的状态。新中国成立之初，为了巩固人民民主政权、恢复和发展国民经济，国家要求高等教育必须反映中国的政治经济需要。在这种背景下，包括工、农、医、师范等在内的与国家经济社会发展直接相关的学科受到重视，因此，出现了许多单科性的专门学院，学科发展极为不均衡。实际上，这种不均衡是由国家单方面支持特定学科发展造成的。

改革开放以后，国家改变了原来的科技体制，实行新的科研经费拨款方式，以各种科研项目资助包括大学、科研院所等机构在内的各方研究力量。其中突出的表现是设立了国家自然科学基金、国家社会科学基金、国家杰出青年科学基金、"973 计划"、"863 计划"等。各种基金和计划项目的实施，一方面改善了旧有的国家资助向部分学科严重倾斜的极端状况，促进了高校各门学科的研究与发展；另一方面，提升了相关学科研究的能力与社会服务的能力。

改革开放几十年来，高校通过科研项目资助等形式获得了大量的科研经费，承担了一些与国家、社会发展密切相关的学科研究任务，在解决国民经济重大科技问题，实现技术转移成果转化中发挥了重大作用。"比如'973'项目，我们第一承建单位占到立项总数的 65.7%，这是 2007 年的数字。高校作为'973'第一首席科学家的项目，有 50 项，占到总项目的 68%。同时我们一些其他的科学研究计划，比如说一些'863'计划，还有国家科技支撑计划，就占了相当的比例。这是高校积极围绕国家的战略目标发挥重要作用。"② 这样就加强了高校学科的服务能力。同时，一部分学校通过承担科研项目资助，使得相关学科接近世界先进学科水平，从而

---

① 《教育部关于印发〈"长江学者奖励计划"实施办法〉的通知》，中华人民共和国教育部网站，2011 年 11 月 28 日，http://www.moe.gov.cn/srcsite/A04/s8132/201112/t20111215_169948.html？eqid=db5831c400126e2e00000002647f39ea。
② 《改革开放 30 年来中国高校科技体系取得六大成就》，央视网，2008 年 12 月 17 日，http://ent.cctv.com/20081217/105916.shtml。

缩小我国大学与世界一流大学的差距。例如，"211 工程"院校承担了大量国家级科研项目，已成为科学研究的主体。1995~2005 年，"211 工程"院校承担了 29197 项国家自然科学基金面上项目，占全国项目总数的比例达到 57%，占所有高校项目总数的比例达到 75%。它们承担了全国 1/2 的国家自然科学基金项目和"973 计划"项目，1/3 的"863 计划"项目，获得"国家科技三大奖"。在此基础上，多个学科已接近国际先进水平，这些高水平大学与世界一流大学的差距正在缩小。[①] "985 工程"的实施更是使学科建设加速实现新突破，形成一批学术影响力进入世界百强的学科。论文被引次数是国际公认的反映学术影响力的主要指标。能够进入美国 ESI 数据库的都是论文被引次数位居各学科世界前 1% 的机构。2001 年，"985 工程"学校仅有 40 个学科被选进入美国 ESI 数据库，而到 2008 年，进入美国 ESI 数据库的学科数量就翻了近两番，已经有 34 所学校的 140 个学科被选进入美国 ESI 数据库，主要集中在工程学、化学、材料科学、物理学、临床医学等学科。其中按被引总次数统计，进入世界高校百强的有 10 所学校的 26 个学科。[②]

　　另外，基金项目的课题成果往往还能引领相关学科的发展。"科研成果作为立项课题的主要反映，主要体现在发表的学术论文、出版的学术专著等方面。由于国家社科基金项目的附加值高，以课题名义产出的成果不仅成为学术期刊、专业出版社采稿的重要依据之一，也是教育界学术同行判断其学术水平的重要尺度。"在教育学领域，在国家社会科学基金资助下，申请这些课题的学者"以高度的时代使命感，敏锐捕捉教育理论和学术前沿，为解决时代问题提供新视野、新思路和新见解"，在引领教育学科发展上发挥了重要作用。[③] 因此，有学者认为，科研资助是学科发展的必要条件。[④]

　　此外，激励大学教师是大学治理的一项重要工作内容，它涉及大学科

①　张应强主编《精英与大众——中国高等教育 60 年》，浙江大学出版社，2009，第 51 页。

②　《"985 工程"十年建设成效》，东北大学发展规划与学科建设处网站，2015 年 10 月 13 日，http://xkjs.neu.edu.cn/2015/1013/c3688a51020/pagem.htm。

③　王永斌：《知识社会学视域中的教育知识生产——基于国家社会科学基金教育学立项课题的统计分析》，《西北师大学报》（社会科学版）2011 年第 6 期。

④　蔡礼义：《科研资助是学科发展的必要条件》，《中国科学基金》1989 年第 3 期。

研、人事制度改革等方面。传统上，对大学教师的激励往往是一种内部激励，是大学自身的事情，即在大学内部采取一些如提高教师工资待遇、提供在职教育培训等经济性或非经济性措施来激励教师，在一定程度上也起到了激励的效果。但随着时间的推移，大学内部的激励方式逐渐显得陈旧且作用越发有限，无法充分地调动教师各方面的兴趣。以长江学者奖励计划为代表的人才项目的实施是大学教师激励的一种外部激励方式，弥补了原有大学教师激励方式的单一与单调。它以政策保障的形式创新了大学人才激励方式，使大学教师在职业道路上多了一种选择，激励着大学教师不断提升自身科研实力，进而提升高校的学科科研实力。在长江学者奖励计划的驱动效应下，各省（区、市）和高校陆续出台相关人才政策，有些高校将本校"××学者"作为"地方学者""长江学者"的后备力量或者说是将后者作为前者的目标，可以说这是一种较为独特的激励方式，目标十分明确。就实际运行的情况而言，这种外部激励或由外部政策引导的内部激励方式，其作用与成效远远高于单一的内部激励方式。

同时，完善教师聘任制度是我国高校人事制度改革的走向。它是在高校和教师平等自愿、双向选择的基础上，以聘任合同的形式把岗位设置、任职条件、招聘过程、任用管理、争议处理等环节，同高校和教师双方的责任、权利、义务组合形成的教师任用和管理制度。①

长江学者奖励计划充分地体现了这一人事制度改革的趋势，确立了"按需设岗、公开招聘、竞争上岗、合同管理"和"以岗定薪、优劳优酬"的人事制度。在长江学者奖励计划驱动下的高校人事制度改革与过去形成鲜明的对比。过去，我国高校面临教师队伍断层严重、高水平学科带头人青黄不接的窘迫局面。同时，"吃大锅饭"、搞平均主义的现象比较突出，教师收入普遍偏低。在长江学者奖励计划确立的"按需设岗、公开招聘、竞争上岗、合同管理"和"以岗定薪、优劳优酬"的人事制度影响下，高校突破了很多思想和观念的束缚，进行了一场具有历史性的改革。各高校相继采取有力措施，设置关键岗位，加大支持力度，通过校院两级管理体制改革，构建适应不同层次、不同类型的人才激励方式，努力创设有利于

---

① 李立国：《高校人事制度改革的走向》，《光明日报》2014 年 6 月 3 日，第 13 版。

人才发挥作用的制度环境。[①]

　　需要加以说明的是，这一影响突出的是教育政策工具的激励功能。"激励是诱发个体表达他们的一种选择方式，也是促使他们的行为与公共领域决策相一致的方式。"[②] 长江学者奖励计划的实施为大学教师提供了一种外部激励的方式，且以政策的形式加以保障，为大学教师的职业发展拓宽了道路。可以说，它在某种程度上构成了大学教师学术职业发展的动力甚或是主要动力。这就为学校乃至整个高等教育作出了贡献，从而实现大学教师自身价值与社会价值的统一。

[①]　《教育部实施"长江学者奖励计划"成效显著》，中央政府门户网站，2014 年 6 月 5 日，https://www.gov.cn/govweb/xinwen/2014-06/05/content_2694189.htm。

[②]　吴合文：《高等教育政策工具分析》，北京师范大学出版社，2011，第 76 页。

第三章

项目制与中国高等教育发展的
动力机制

我们对当代中国政府项目制治理模式的分析不能仅仅局限于讨论政府项目制治理模式转变的必要性和理想设计，其中或许更为重要的是揭示现实中政府项目制实践中的中微观激励基础、机制及效应。项目制如何支持中国高等教育的发展，即项目制支持中国高等教育发展的动力机制问题，是需要在理论与实践中加以总结与提炼的重要内容。本章试图在高等教育项目制的历史与实践的整体把握中，从国家财力及国家能力的增强、项目制的激励功能与竞争优势、地方政府与高校等多个主体积极性的调动等角度提炼项目制支持中国高等教育发展的动力机制及蕴含的高等教育发展的"中国模式"。

第一节　国家主导与市场机制：中国高等教育
发展的总体特征

中国传统社会的治理是一种典型的二元结构，皇权与绅权处于分立状态。[①] 与此类似，在民国时期，政治权力、行政权力与高等教育权力之间在很大程度上也保持着"二元分立"的状态，即使国家想通过一些手段实现"权力下教"，也因来自高等教育系统的阻力等多方面因素而中断。不过，新中国成立以来，随着国家政权的建设，国家便力图改造这一"二元

---

① 吴晗、费孝通等：《皇权与绅权》，天津人民出版社，1988，第40、48页。

分立"的结构，实现政治权力、行政权力向高等教育的渗透、嵌入与高等教育"一元治理"结构的构建。这一时期，国家获取了强大的资源汲取能力与调动能力、人员的动员能力与政策的执行能力，基本上完成了高等教育"一元治理"结构的构建，并以强大的制度惯性延续至今成为当前高等教育改革、发展与治理的一个具有总体性意义的制度背景。国家获取了强大的治理高等教育的权力与能力并以自身视野对高等教育发展进行战略谋划。也就是说，在社会权利与政府权力互动和双向运行的机制还没有完全建立起来的背景下，政府权力的赋予和社会权利的获得是基于政党科学领导执政和政府稳健有效行政的权威性安排主动外放的结果，当然有些还来自政府改革的"溢出"效应。这种政府治理模式本质上是外生型而非内源型的，具有鲜明的外源性客体力量嵌入和"规划性"特征。[①]

新中国成立尤其是改革开放以来，中国高等教育飞速发展。从宏观历史变迁的角度来看，几十年来的中国高等教育发展史，究竟具有何种特征，且这种特征是否具有总体性？在社会学的一些研究者看来，国家的主导地位结合市场机制，既是中国现有制度的总特征，也是中国在改革开放40多年时间里取得经济迅速发展的制度原因。[②] 因此，当我们回顾中国高等教育发展史并理解、概括中国高等教育发展的总体特征时，也似乎觉察到国家主导与市场机制共同发挥作用这一总体性的存在。论及国家主导与市场机制相结合的总体特征，是因为项目制作为一项具体化的制度安排很好地诠释了这一总体特征。

改革开放前，国家治理的总体特征是国家主导。这一历史时期，市场要素被隐匿其后。在国家主导的总体特征之下，具体的制度安排主要有计划制、单位制，以及非"理想类型"意义上的科层制，高等教育的发展与治理也同样摆脱不了被这些制度进行统筹安排的命运。在计划制、单位制、科层制统摄下的高等教育发展并没有特别多的自主权限，高等教育发展的目标是什么、高等教育如何发展等完全被计划，由政府划定，无须通

---

① 杨志军、彭勃：《有限否定与类型化承认：评判运动式治理的价值取向》，《社会科学》2013年第3期。

② 折晓叶、艾云：《城乡关系演变的研究路径———一种社会学研究思路和分析框架》，《社会发展研究》2014年第2期。

过竞争等方式来促进发展。这一时期，高等教育发展以苏联为参照，试图缩短和英美国家大学的差距，其中的主要模式是重点建设。作为资源短缺背景下的一种制度安排，重点建设是从国内高校中指定一批高校作为国家高等教育建设的重中之重。很明显，重点高校的选择并没有任何市场的因素在发挥作用，而是直接指定。因此，国家主导是这一时期的总体特征。

改革开放后，随着国家经济、政治、文化、教育、科技等方面体制改革的顺利推进，计划经济时期国家主导的总体特征有所改变。在原有的体制之外，吸纳了市场元素，如自由、竞争、平等等。但是这种吸纳并不是一种根本性的替换，而只是在原有体制内添加了一些元素。从制度变迁的角度看，这一增加元素的过程可称为渐进性的制度变迁。在制度变迁的解释上，一般认为存在两种制度变迁路径：激进性变迁与渐进性变迁。所谓激进性变迁是指跳跃性的、不连续的制度变迁，或者说新制度替换旧制度的过程是激烈的，较少受先前制度的影响与控制，变迁后新制度的指导观念、运作机制等都是独立的，因而新制度在整体上能获取一个独立的身份和地位。而渐进性变迁则是一个与激进性变迁相对立的变迁路径，指保持信息和知识存量连续性的制度变迁。① 这种制度变迁的特点是，新制度是在不触动原有制度的前提下产生的，从根本上无法脱离原有制度中某些要素的影响，因此新制度的指导观念与运作机制都会在与原有制度的交织中生长，在实践中并没有获得完全独立的地位。在国内，这种渐进性变迁（改革、变革）往往被经济学家定义为"增量改革"的过程。例如，盛洪认为，增量改革是指在体制内，即原有的计划经济系统内的一种改革方式。它是指国有企业或农民在完成其对政府承担的义务以后的产量增量部分，可以按照市场经济的规则进行安排，包括在定价、销售方式和收益分配方面的安排。当然这仍然以政府规定的计划指标在一个时点后不再增大为条件，即传统计划经济的制度在时间上被冻结了。在这以后，由于增量部分的不断增长，计划经济存量部分的比重会越来越小。② 所谓渐进性变迁就是一种"增量改革"，是在坚持原有的体制内部不动的前提下，在原

---

① 张军：《"双轨制"经济学：中国的经济改革（1978~1992）》，上海人民出版社，2006，第92页。
② 盛洪：《关于中国市场化改革的过渡过程的研究》，《经济研究》1996年第1期。

有的体制外进行改革，建立、发展新体制的过程。随着增量改革的进行，新体制成分逐渐增加，新体制部分占据的数量比例逐渐增大，旧体制部分占的比例逐渐减少。① 只不过，在具有中国特色的渐进性变迁的改革发展历程中，"一项以社会权利为核心的制度变革，其所采取的方式却是国家政权的积极干预和行政权力的强力支撑"②。

也就是说，改革开放后的国家治理体制变革实质上是一种"增量改革"，既要"保护存量"又要"培育增量"。其中的"存量"还是由国家主导，而"增量"则体现为市场元素的引入，这构成了改革开放至今的总体特征，对于高等教育而言亦是如此。总的来看，中国是一个具有超强力量的国家，具有全能的权力，向市场经济体制的转轨也是在国家主导下启动和推进的，并且取得了举世瞩目的成就。③ 与此同时，"保护存量"与"培育增量"的总体特征也必须有相应的制度安排进行落实。作为20世纪80年代后的产物，高等教育项目制的产生及实践实际上都在演绎着这一变革的主基调。一方面，在"保护存量"上，项目从发布到最终结题的全过程由国家统筹安排，并将国家的战略意图纳入其中，不论是高校还是教师都需按照项目流程完成项目任务；另一方面，在"培育增量"上，与单位制时代相异，项目制背景下的重大变化便是引入自由、竞争、平等等市场元素，也即高校、教师可以根据自身需求选择是否加入项目竞争，且各个主体展开竞争时都是平等的。市场作为"增量"元素被引入或者说"增量"的元素虽然越来越多，但其始终不能改变国家主导这一原始"存量"，市场始终处于一个辅助性的地位。既然"增量"元素被引入，如若再说高等教育的总体特征为国家主导可能显得有点不合时宜，因此，改革开放后至今的高等教育发展的总体特征可概括为国家主导与市场辅助。通过国家与市场两者的合力，共同推进中国高等教育的发展。正如有学者所言，在提升高等教育质量内涵上，随着我国高校规模的不断扩大，社会各界对高等教育资源与教学质量的关注不断提高。我国通过采取一系列干预性措

---

① 杨会良：《当代中国教育财政发展史论纲》，人民出版社，2006，第210页。
② 林尚立等：《制度创新与国家成长：中国的探索》，天津人民出版社，2005，第500页。
③ 李路路、钟智锋：《"分化的后权威主义"——转型期中国社会的政治价值观及其变迁分析》，《开放时代》2015年第1期。

施，如启动"人才强校"战略和"2011 计划"等，旨在促进高等教育模式创新，形成多样化的高等教育质量标准评价体系。我国各项重大工程与计划的实施，均经过政府决策、高校申报、审核批准等环节，体现了政府对高等教育发展重大项目的关注与指导。而政府对高校战略规划与教学计划的管理，就属于一种契约关系。政府部门可以采用招标方式选择合适的代理人，而高校依托自身优势参与竞标，在获得政府计划支持的基础上协商对话，最后自主选择并签订合约。由于双方存在信息不对称等问题，为避免签约后引发的"道德风险"，政府部门可以采用授予荣誉称号的方式传递信息，并且通过激励、监督和考核等方式了解高校签约后的履行情况。① 可以说，项目制的安排有效地将国家与市场的力量进行整合，在中国高等教育发展进程中发挥着举足轻重的作用。其实，我们所说的高等教育的改革实际上正是指高等教育的政策改革，而高等教育的发展也正是指政策改革所带来的发展。② 无论是计划经济时代还是改革开放后的市场经济时代，乃至未来中国高等教育高质量发展的新时期，国家主导的能力是推进中国高等教育改革与发展的关键力量，中央政府的顶层设计能力既决定了改革的成败，也决定了发展的成效。

第二节　高等教育项目制体系的构建为高等教育发展提供全方位的保障

　　项目制对高等教育发展所起的支撑作用首先在于构建了一个全方位的项目覆盖体系，将高等教育的主体事务纷纷纳入这一体系之中，为高等教育发展提供巨大的财力、物力与人力支持。20 世纪 80 年代尤其是 90 年代中后期以来，国家不断进行高等教育财政体制改革。与这一时期高等教育财政体制改革相伴随的是，高等教育拨款方式也发生了由"基数+发展"到"综合定额+专项补助"的变迁。高等教育"综合定额"以高等学校日

①　李飒飒、马广荣：《政府对高校实施契约管理研究》，《齐齐哈尔大学学报》（哲学社会科学版）2016 年第 12 期。

②　张乐天：《高等教育政策的回顾与反思（1977—1999）》，南京师范大学出版社，2008，第 5 页。

常性开支为计算对象，具有很强的确定性、稳定性及可计算性，因此，对于高等教育来说，其经费的多寡在很大程度上便由另一种拨款方式，即专项补助拨款来决定。而专项补助拨款能否大规模地实施则仰赖于国家财政能力的大小。一定时期中央财政收入减少，其对包括高等教育在内的诸项事务的调控指导能力便随之下降。相关调查统计显示：1990 年中央 37 个部委对所属高等学校的投资额与 1986 年相比，平均下降了 26.6%，有 1/3 的部委下降了 50% 以上，其中，1989 年比 1988 年下降 10%，1990 年又比 1989 年下降 30%。[①] 这一时段内，中央对高等教育的拨款除 "综合定额" 外，专项补助拨款在经费额度上并不像 "211 工程" "985 工程" 等项目那样巨大，在项目种类设置上也并不多样，在项目所涉及领域上也并不那么广泛。在整个文教卫事业支出中，中央财政与地方财政在 1990 年出现了极大的差距，地方财政负担了文教卫事业支出的 91.88%，而中央财政只承担了 8.12%，更遑论中央还有额外资金去设置更多高等教育项目以及针对地方高等教育的专项转移支付项目。一来，这一时期的高等教育项目制处于试点与摸索阶段；二来，不可否认的是，这一时期高等教育项目种类及项目金额都很明显地受制于此时的国家财政能力，从而也可窥探出国家财政能力大小与国家治理能力强弱间的某种关联。

财政分权所造成的中央财力困难使中央政府在提供公共物品与服务、科教文卫事业等领域进行收入再分配、稳定宏观经济等方面都面临诸多困境。[②] 为了解决财政包干制造成的中央财力薄弱及带来的诸多问题，中央政府进行了新一轮的财政体制改革。为此，中央政府于 1994 年推行分税制改革，开创了我国财政体制的新模式。分税制改革，以税制改革、中央和地方财权与事权关系调整为核心，旨在提高中央财政收入分成比例进而保障其具备改善国家治理绩效的财力。[③] 税制改革主要是指税种的重新划分和调整；中央和地方财权与事权关系调整则涉及划分中央与

① 中国高等教育学会组编《改革开放 30 年中国高等教育发展经验专题研究》，教育科学出版社，2008，第 220 页。

② 王绍光：《分权的底限》，中国计划出版社，1997，第 49~61 页。

③ 鲁建坤、李永友：《超越财税问题：从国家治理的角度看中国财政体制垂直不平衡》，《社会学研究》2018 年第 2 期。

地方的财政支出、收入范围以及中央对地方的税收返还与转移支付制度的建立。而社会学等学科研究中的"项目"一词则与这里的转移支付制度的建立密切相关，专项项目就是转移支付制度的产物。经过一系列改革后，"两个比重"都发生了由递减到递增的变化，特别是中央财政收入的递增幅度非常大，仅 1994 年中央财政收入的数额就高达 3089.7 亿元，占当年全国财政收入的 53.6%，而改革前的 1993 年该比例才为 20% 多一点。[①]

放在中央政府与地方政府的关系层面，项目制首先是一个财政学概念，体现为上级对下级（特别是中央对地方）的转移支付或补助。[②] 分税制改革使中央集中了地方的财力，中央财政能力的提升使国家具有了强大的调控全国性事务的能力与将自身战略意图贯彻到底的经济基础。而与此同时，分税制改革并没有根据财权与事权相统一的原则对财政包干制下中央和地方的分级负责制度进行调整，亦即财权的上移并没有伴随事权的上移，形成财权与事权不对等的格局：中央层面的财权与事权结构关系是财权大于事权，地方层面的财权与事权结构关系是事权大于财权。此时，地方经济社会发展所需的财政基础要依靠中央财政的大力支持。为了缓解财权与事权不对等的矛盾，中央财政便开始通过转移支付的方式对地方予以扶持。如果将 20 世纪 80 年代高等教育专项补助拨款模式纳入项目制整体框架中考虑，那么借助分税制改革的东风，项目制于 20 世纪 90 年代中后期成为国家对待各领域事务的一种新的态度与思维。

回顾历史可以发现，20 世纪 80 年代至 20 世纪 90 年代初完全针对高等教育的项目并不多见，其资金数额、项目规模都受制于当时的中央财政能力。而到了 20 世纪 90 年代中期后，也即从"211 工程"开始实施后，完全针对高等教育的项目与非完全针对高等教育的项目种类、资金等不断增多，规模也越来越大。这与分税制改革后中央财政能力增强有着紧密关联。有研究对比了 1989 年、1998 年中央政府对高等教育的拨款情况，1989 年中央政府对高等教育的拨款占中央地方合计拨款的 47.88%，而

① 周飞舟：《以利为利——财政关系与地方政府行为》，上海三联书店，2012，第 55 页。
② 史普原：《中国政府项目的运作逻辑：一个组织学分析》，天津人民出版社，2017，第 164 页。

1998 年就增加到了 54.98%，与此同时，中央直属院校从 1989 年的 352 所减少至 1998 年的 120 所。[①] 1994 年实施分税制改革后，随着中央财力的逐步提升，国家层面越来越大规模地设立各种专门项目引导和刺激高等学校为国家服务，逐步加大了高等教育的专项资金投入力度，并开始运用项目思维不断完善专项资金的管理办法。"211 工程""985 工程"的启动可以说是 20 世纪 90 年代高等教育项目制的最大成就。几十年来，从高等教育的宏观架构（如"211 工程"、"985 工程"、"双一流"建设等项目）到高等教育的微观建设（如涉及高等学校科研中的各类科学基金——国家自然科学基金、国家社会科学基金等项目，人才培养中的"卓越人才教育培养计划"等项目，服务中的"对口支援西部地区高等学校计划"等项目，教师发展中的长江学者奖励计划、新世纪优秀人才支持计划、国家杰出青年科学基金等项目，研究生教育中的"研究生教育创新计划"等项目），皆表明国家以项目资源投入的方式试图将高等教育整体及系统内部诸项事务纳入其框架中，如今俨然构造了一个较为完备的高等教育项目制体系，为中国高等教育发展提供了雄厚的物质基础与坚实的制度保障。国家层面实施的各类项目如表 3-1 所示。

表 3-1　国家层面实施的各类项目

类型		名称
综合性项目		"211 工程"、"985 工程"、"2011 计划"、"双一流"建设、对口支援西部地区高等学校计划、国家示范性高等职业院校建设计划等
单一事务性项目	科学研究项目	国家高技术研究发展计划、国家自然科学基金、国家社会科学基金、国家重点基础研究发展计划、国家重点研发计划、教育部人文社会科学研究一般项目、高等学校哲学社会科学繁荣计划、哲学社会科学基础研究中长期重大专项项目、高等学校人文社会科学重点研究基地建设计划、国家科技攻关计划、火炬计划等
	教学项目	高等学校本科教学质量与教学改革工程、中央高校教育教学改革专项等

---

① 杨会良：《当代中国教育财政发展史论纲》，人民出版社，2006，第 209 页。

类型		名称
单一事务性项目	高层次人才引进与高校教师发展项目	跨世纪优秀人才培养计划、国家杰出青年科学基金、长江学者奖励计划、长江学者奖励计划青年项目、高等学校"高层次创造性人才计划"、新世纪优秀人才支持计划等
	学生培养项目	高等学校博士学科点专项科研基金、研究生教育创新计划等

第三节　项目制借用市场竞争机制激活科层制进而调动各个行动者来实现国家高等教育战略目标

国家与市场的关系始终是国家治理中的一个核心议题。那么，我们国家的市场是一个什么样的状态？用郑永年、黄彦杰的话来说，中国的市场是一种"制内市场"。与"场内国家"和发展型国家不同，"制内市场"体制赋予国家对国内市场行为者绝对主权。这一原则在制度上也得到了强有力的支持。在这种安排下，国家拥有必要的资源和机制，使市场成为一种工具而非意识形态权威和政治原则的来源。① 项目制作为一种机制可以说为这种体制提供了较好的制度诠释和保障。

那么，在高等教育领域，项目制是如何使市场作为一种工具而发挥作用的呢？或者，更为直白地讲，项目制是如何调动各行动主体行动的积极性的？这实际上反映出的是项目制与政府、高等学校、高校教师等组织与个体行动者之间的关系。在理论上，这是一个制度与行动者的关系问题，尤其是其中的制度如何形塑行动者（包括制度为行动者提供的激励机制与结构、约束机制等），而行动者又是如何在制度机制与结构的框架下行动等议题，从而最终影响制度的绩效。以奥斯特罗姆夫妇为首的印第安纳大学政治理论与政策分析研究所的学者群体在过去几十年中将制度分析与发

---

① 郑永年、黄彦杰：《制内市场：中国国家主导型政治经济学》，邱道隆译，浙江人民出版社，2021，第369页。

展框架（Institutional Analysis and Development Framework，IAD）发展起来，其目的在于通过一个普遍性的框架，将政治学家、经济学家、人类学家、社会心理学家和其他对"制度如何影响个人面临的诸多激励及其相应的行为"感兴趣的学者所做的工作结合为一体。这一框架所要解决的核心问题是自然地理条件、经济社会条件、通用制度规则等客观制度环境如何相互结合形塑行动者所面临的行动情境，而行动者又如何根据行动情境所限定的激励结构采取行动，最终产生制度结果和绩效。①

传统上，国家高等教育目标的实现主要借助于科层制的通道。在常规的科层制下，国家可能以一种接近于平均分配的方式（或者说是一种"大锅饭"的形式）进行资源的分配，地方政府、高校、教师之间不需要通过竞争也不需要以"跑步前进"的方式争夺财政资金。在具体的高等教育事务上，科层制往往以一种自上而下的方式机械地安排任务，地方、高校、教师等行动者仅仅被动应付式地完成上级分派下来的任务，行动者的积极性没有得到有效激发，其行动也没有有效地集中到国家的高等教育战略目标上来，从而造成一种行动的"块块主义"的局面。不过，从改革开放至今，情形发生了极大变化。在当代中国政治实践中，积累了大量具有中国特色、反映中国现实的政治术语，多层级、多部门联合参与的专项项目治理即为其中一例。② 作为 20 世纪 80 年代以后产生的一种主要制度机制，项目制的诞生及实践意在打破过去科层制格局下的制度性障碍，突破过去因财政分权以及常规性组织结构造成的"块块主义"。相对于科层制，项目制在引入市场元素与机制后表现出极强的竞争性、激励性、广泛动员性、开放性、临时性、事本导向性等特征。因此，在我国高等教育建设世界一流大学与一流学科的过程中，项目制因其具备调动各方面优势力量的能力而被引入整个国家高等教育治理体系中。实际上，高等教育领域的项目运作在 20 世纪 80 年代对学科建设进行评审的过程中已初见端倪，至"211 工程""985 工程""2011 计划"再到如今的"双一流"建设等，"项

---

① E.Ostrom,*Institutional Rational Chioce:An Assessment of the Insititutional Analysis and Development Framework*,Boulder,CO:Westview Press,2007:21-64.

② 臧雷振、徐湘林：《理解"专项治理"：中国特色公共政策实践工具》，《清华大学学报》（哲学社会科学版）2014 年第 6 期。

目治教""项目治校"的理念、制度框架等都在不断完善并走向成熟,不仅影响着高等学校的宏观架构,还在高等学校的微观建设中发挥着重大作用,人才引进、学科与师资队伍建设、科学研究、教学改革等都离不开项目的推动。

那么,国家项目是如何调动地方政府、高等学校、高校教师等多个主体积极行动的,或者说围绕国家出台的一系列项目,地方政府、高等学校与高校教师等主体是如何积极行动起来的?这便涉及项目制自上而下扩散的过程与结果。根据政策执行、政策扩散理论的解释,一项政策的执行或纵向扩散往往会面临复制、创新、扭曲等多种再生产的可能,其影响因素既可能来自外部制度环境的合法性约束,也可能来自内部政策本身牵涉内容的重要性等多个方面。① 同样是自上而下的纵向传播,项目制的运作效果却呈现出了与科层制的本质差别。国家层面的项目实施后,地方政府也随之配套实施相应的项目类别,从而构建了地方层面的高等教育项目制体系。例如,国家"双一流"建设项目实施后,各个地方的"双一流"建设项目方案也随之出台;国家层面的科研项目在地方也有对应的科研项目(国家自然科学基金项目、国家社会科学基金项目——省级自然科学基金项目、省级社会科学基金项目);国家人才项目也有对应的地方人才项目,如长江学者奖励计划设立后,各种地方学者也纷纷登上人才舞台,进驻学术劳动力市场。在高等学校内部,也出现了与国家项目、省级项目等相呼应的配套举措,如成立相应的项目管理部门、设立配套的项目学者与相关的项目奖励制度办法等。而高校教师更是在国家、省级项目的激励引导与高等学校的各种激励和约束机制所塑造的框架中实施相应的教学科研行为。因此,在这个意义上,我们可以说,项目制具备强大的激励功能。在项目制框架下,中央政府、地方政府和高等学校都为各种项目注入大量配套资源,高等学校组织以及高校教师个体都在为申报、完成项目而努力。从政府到高校组织再到高校教师个体等各个主体都被纳入项目中,项目制是各主体激励的重要来源。

---

① 朱亚鹏、丁淑娟:《政策属性与中国社会政策创新的扩散研究》,《社会学研究》2016 年第 5 期;陈家建、边慧敏、邓湘树:《科层结构与政策执行》,《社会学研究》2013 年第 6 期。

　　总体观之，在高等教育建设与发展过程中，中央政府作为"发包"方，通过立项、论证、监督、评估等引导专项资金拨款并促进项目高绩效的实现；而各地方政府积极且迅速地响应中央政策，出台翔实可操作的对应方案，以此来推动本省（自治区、直辖市）高等教育建设；而作为"抓包"方的各高校，以能入选政府各项工程为荣；对于高校教师而言，成功申报项目对其学术职业发展更是有着深远的影响。这样，围绕项目，"中央制定—地方响应—高校与教师行动"的关系链条由此形成。在运作过程中，国家高等教育战略意图被嵌入各大项目与工程中，既塑造了一个强大的激励机制，也让国家意图转化为各重点扶持高校以及高校教师自觉自愿的行动。

　　"制度当然不仅提供经济激励，它还提供政治的、宗教的和人类其他行为的激励。"[1] 也就是说，制度的激励可以有多种表达方式，包括经济、文化、社会等。从资本的角度而论，项目制的激励既可以提供经济资本，又可以提供社会资本、文化资本，且项目制提供的几种资本之间还可以实现转换。

　　从组织社会学的视角来看，组织、个体的生存与发展一般遵循某种合法性机制，而这种合法性机制又可分为强意义与弱意义两种形式。所谓强意义，是指组织行为、组织形式均由制度塑造，组织和个人没有自主选择权。而弱意义则通过激励机制的方式影响组织、个体的选择。[2] 从这个意义上讲，项目制为相关行动者提供了一种弱意义上的合法性机制，即项目制为行动者提供了不同类型的激励。

　　第一，项目制可以提供经济资本的激励。整体上看，每一类项目的设立都携带有不同数额的资金，像"211 工程"、"985 工程"、"双一流"建设等大型高等教育项目，其资金额都是以亿元为单位的，而各类科研项目、教学项目等的资金额几十万元、几百万元、几千万元不等。对于高等教育而言，这些项目资金可以说是"数额巨大"，详见表 3-2、3-3、3-4、3-5。

---

① 汪丁丁：《制度分析基础讲义Ⅰ：自然与制度》，上海人民出版社，2005，第 39 页。
② 周雪光：《组织社会学十讲》，社会科学文献出版社，2003，第 78、85 页。

表 3-2 20 世纪 80 年代至 90 年代初的高等教育项目经费投入情况

项目种类	经费投入
高等学校博士学科点专项科研基金	初始经费 2000 万元
跨世纪优秀人才培养计划	每年数万或十数万元
国家科技攻关计划	379 亿元
国家高技术研究发展计划	330 亿元
国家自然科学基金	初始经费 8000 万元
火炬计划	初始经费 2 亿元（面上项目与重大项目均不超过 1000 万元）
国家社会科学基金	初始经费 500 万元（1986 年），此后以 2 亿元/年的速度递增

表 3-3 国家自然科学基金支持的基础性研究计划项目经费

单位：万元

年　份	投入经费
1991	17696
1992	26707
1993	31995
1994	37854
1995	47064
1996	61491
1997	78769
1998	98447
1999	100401

数据来源：国家统计局、科学技术部编《中国科技统计年鉴-2000》，中国统计出版社，2000，第 164 页。

表 3-4 20 世纪 90 年代中期至 21 世纪初的高等教育项目经费投入情况

项目种类	经费投入
"211 工程"	27.55 亿元（一期）、60 余亿元（二期）、100 亿元（三期）
"985 工程"	140 余亿元（一期），第二期经费与第一期基本持平
长江学者奖励计划	初始经费 6000 万元
国家重点基础研究发展计划	45 亿元（2000~2005 年）
国家杰出青年科学基金	"十五"期间每人资助 80 万~100 万元（每年资助 160 名）

表 3-5 21 世纪以来的高等教育项目经费投入情况

项目种类	经费投入
对口支援西部地区高等学校计划	未获取
高等学校哲学社会科学繁荣计划	4 亿元/年
研究生教育创新计划	8000 万元（2003~2007 年）
高等学校本科教学质量与教学改革工程	25 亿元（"十一五"期间）
教育部人文社会科学研究一般项目	一般项目为 8 万~10 万元，重大攻关项目为 60 万~80 万元
国家示范性高等职业院校建设计划	100 所示范性高等职业院校包含在"职业教育基础能力建设工程"中，这一工程中央投入专项资金 100 亿元
哲学社会科学基础研究中长期重大专项项目	未获取
高等学校人文社会科学重点研究基地建设计划	未获取
"2011"计划	5 亿元（2013 年）
长江学者奖励计划青年项目	10 万元/人（每年 200 名）
"双一流"建设	见附录 1、附录 2
新世纪优秀人才支持计划	自然科学类 50 万元/人、人文社会科学类 20 万元/人（每年共遴选 1000 名）
国家重点研发计划	未获取

这些数额巨大的项目都能发挥巨大的经济激励作用。对于地方政府而言，如若高等学校能获得更多的国家项目经费投入，则可以在一定程度上减轻地方政府对属地高校的财政投入压力；即便是财政丰盈的地方政府，高校所拿国家项目多也是一种"锦上添花"的行为与结果，地方政府并不会拒绝或妨碍属地高校去想方设法地申报不同类型的国家项目。当然，除了能获得项目经费外，高校所拿国家项目越多，越有利于增强地方政府在介绍本地高等教育综合实力时的信心。对于高校而言，项目是在常规的财政拨款之外的一种财政投入，所拿项目越多越能缓解高校的经费压力，对于地方高校而言更是一种"雪中送炭"。在项目制体制中，高校所面临的制度环境包括国家层面的项目和地方政府层面的项目，这两大纵向项目的经费构成了高校项目经费的核心。因此，高校组织内部的各类评价、激励、约束等政策都旨在让学校和教师获得更多的国家与地方政府的项目，尤其是一些大型的项目，如"双一流"建设项目等。对于高校而言，这些大型项目经费可以被统筹分配用于学校人才队伍建设、科研研究发展等各个方面。

对于高校教师而言，项目制所提供的经济激励主要体现在两个方面。一是各类项目能为教师开展教学、科研等常规活动提供大量的经费支持。尤其在一些地方高校，学校给教师提供的教学科研经费非常有限，很多时候这些学校的教学科研经费支持额度都在 1 万元以内，这对于教师从事常规的教学科研活动是远远不够的。而国家项目往往都携带有大量的资金，以国家社会科学基金为例，其最低资助额度为 20 万元。在人文社会科学领域，20 万元的资助额度可以算作"巨额"了，如若申报成功则能为教师从事相关主题的科学研究提供有力的资金支持。二是从学校组织内部来看，为了激励教师申报更多、更高级别的项目，各类学校都会以不同形式出台科研奖励办法。在破"五唯"的背景下，部分高校虽然可能会取消科研奖励制度，但会以另外的形式如计算工作量的方式来奖励申报成功的教师。某高校科研项目配套奖励办法（科研课题立项类和结项类）如表 3-6 所示，某高校科研项目配套奖励办法如表 3-7 所示。

表 3-6　某高校科研项目配套奖励办法（科研课题立项类和结项类）

课题类别	立项资助课题	立项不资助课题
国家级纵向科研课题	一般课题按到账经费的 100% 奖励，其中重点、重大课题分别按到账经费的 150%、200% 奖励	5 万元/项
教育部、科技部纵向科研课题	一般课题按到账经费的 80% 奖励，其中重点、重大课题分别按到账经费的 100%、120% 奖励	3 万元/项
其他省部级纵向科研课题	一般课题按到账经费的 60% 奖励，其中重点、重大课题分别按到账经费的 80%、100% 奖励。课题批文有规定配套标准的，按照批文执行奖励	1 万元/项
省教育厅课题	按批文规定的配套比例进行奖励	0.5 万元/项
横向课题	按到账经费总额的 20% 奖励	

注：（1）各类纵向一般课题的奖励金额每项最多不超过 60 万元，国家级重点、重大项目和教育部重大项目不设上限。各类横向课题的奖励金额每项最多不超过 30 万元。（2）各类课题的配套奖励只有在结项后才可进行。（3）各类课题在研究经费不足的情况下，应向学校提出申请，可将奖金改成配套经费用于课题研究。

表 3-7　某高校科研项目配套奖励办法

单位：万元

项目级别	经费配套标准					
	重大项目	配套限额	重点项目	配套限额	一般项目	配套限额
国家级	1∶1.5	200	1∶1.4	160	1∶1.2	100
省部级	1∶1	50	1∶0.9	40	1∶0.8	20

注：另外，作为主持单位获批的省部级及以上纵向科研项目，学校给予一定金额的项目绩效激励经费。（1）主持国家级重大科研项目给予 10 万元；（2）主持国家级重点科研项目给予 8 万元；（3）主持国家级科研项目给予 5 万元；（4）主持省部级重大科研项目给予 3 万元；（5）主持省部级重点科研项目给予 2 万元；（6）主持省部级科研项目给予 1 万元；（7）项目激励经费分立项激励经费和结项激励经费，立项后给予 50% 立项激励经费，按期结项的给予 50% 结项激励经费，延期结项的给予 30% 结项激励经费，没有结项的不给予结项激励经费。

　　除了在科研项目上的奖励外，高校对于人才项目的定位和待遇也有着不同的经济激励。例如，在当前的高校人才引进中，获得人才项目称号的教师，其人才引进待遇远远高于教授、副教授、讲师等常规型人才。某高校高层次人才引进办法如表 3-8 所示。

表 3-8 某高校高层次人才引进办法

类 别	引进条件	待 遇
第一类	年龄一般在 55 岁以下，国家重点学科学术带头人、国家杰出或优秀青年科学基金获得者、国家重点项目主持人、学术水平在国内国际同领域处于领先地位的高级专家学者	引进费 100 万~200 万元；科研启动费 20 万~50 万元；实验室建设费自科类 300 万元，社科类 100 万元
第二类	年龄一般在 45 岁以下，具有博士研究生学历、学位且具备下列条件之一： 1. 省级及以上学科带头人； 2. 近 5 年主持过国家自然科学基金面上项目、国家社会科学基金项目、教育部人文社会科学研究一般项目、省级重大项目； 3. 近 5 年以第一作者身份理工科在 SCI、EI 源刊或在《中国科技期刊卓越行动计划入选项目》领军期刊类项目发表论文 5 篇及以上，文科在 CSSCI、SSCI 源刊发表论文 5 篇及以上，艺术类学科在本专业一级学会主办的刊物上发表论文 3 篇及以上； 4. 具有其他证明符合学科带头人引进条件的标志性成果	引进费 50 万~80 万元；科研启动费自科类 15 万~20 万元，社科类 10 万~15 万元；实验室建设费自科类 100 万元，社科类 50 万元
第三类	年龄一般在 40 岁以下，具有博士研究生学历、学位者，发展潜力较大且近 5 年具备下列条件之一： 1. 主持省级科研课题 2 项及以上，或获得省部级及以上科研或教学成果一等奖排名前 5 名、二等奖排名前 3 名、三等奖排名第 1 名，或个人（排名第一）创作作品获国家级（政府）三等奖及以上； 2. 以第一作者身份理工科在 SCI、EI 源刊或在《中国科技期刊卓越行动计划入选项目》重点期刊类及以上项目发表论文 3 篇及以上，文科在 CSSCI、SSCI 源刊上发表论文 3 篇及以上，艺术类学科在本专业一级学会主办的刊物上发表论文 2 篇及以上； 3. 以第一申请者身份获得国家授权的发明专利 2 项及以上； 4. 具有其他证明符合学术带头人引进条件的标志性成果	引进费 30 万~49 万元；科研启动费自科类 10 万~15 万元，社科类 6 万~10 万元；实验室建设费自科类 50 万元，社科类 20 万元
第四类	年龄一般在 40 岁以下，教学、科研能力较强的具有博士研究生学历、学位者；年龄一般在 45 岁以下，大中型企业或新技术新兴产业的总经理、高级工程师、技能型资深专家等	引进费 15 万~29 万元；科研启动费自科类 10 万元，社科类 5 万元

　　由上述两类项目塑造的高校教师收入分配与待遇是教师收入体系的重要组成部分。在高等学校内部，教师若想获得更多的收入，则需获得更多、更高级别的项目。在表3-7中可以看到，成功立项一个国家级一般项目便可获得1：1.2的配套奖励，如立项一个国家级社科基金一般项目，除了20万元的科研经费外，还可以拿到20万元的科研奖励。现实中，20万元的科研奖励是一个什么概念呢？在一些地方高校，这相当于一个讲师两年或两年多的工资收入，相当于一个副教授将近两年的工资收入，相当于一个教授一年多的工资收入。总的来看，项目为教师的生存和发展至少提供了两种形式的经济激励：经费支持和收入来源。因此，各类项目本身所携带的经费和经过高等学校组织运作后的各种激励机制使项目制在实践中具备强大的经济激励功能，从而调动地方政府、高校组织、高校教师个体等行动者为实现项目目标任务而努力奋斗。

　　第二，项目制可以提供社会资本的激励。作为一种与社会联系、社会网络相关的资本形式，社会资本强调的是行动者在社会场域中的地位、印象、资格等。为了能在社会场域中处于一个较高的位置，行动者往往会采取金钱、关系的手段或者利用制度赋予的生存空间与机会结构。在这种情形下，制度中的空间、机会往往会对行动者产生强大的激励作用。回到项目制场域，在各种正式、非正式的评估、评价、承认中，项目制都会以一种强大的能力发挥其作为社会资本角色的功能。一方面，在各种正式的评估、评价行动中，如政府层面的"双一流"建设、学科评估、学位点申报、专家遴选等，高校组织内部的导师遴选、职称评审、科研奖励、学科建设等，这些行动都以项目尤其是高级别项目的获得为前提条件。此时，项目就不再以一种经济的形式，而是以一种社会资本的样态来决定相关行动者是否具备某种入场资格。可以说，项目就是一种资格，没有一定数量或一定级别的项目，行动者甚至连进入特定场域的资格都有可能会丧失。另一方面，在高等教育场域、学术共同体内部，对于高校组织、高校教师个体等主体而言，其身份、地位往往与项目有极大的关联。例如，当我们判断高等学校组织的身份、地位时，往往根据学校是否进入"211工程"、"985工程"、"双一流"建设项目抑或其他项目等来判断。所以在高等学校的简介中，我们经常看到学校首先介绍的是学校进入何种项目类型，以及学校拥有多少国家级、省部级项目人才，抑或学校立项国家级项目、省部级项目多少项，以此来凸显学校的身份和地位。这也就诱使学校在人才引进时不断抬高各类项目人才的待遇，或者出台文件激励教师申报更高级别的项目。再如，当我们评价一位学者身份及学术水平高低时，也会根据其主持项目的级别与数量来判定。在一些重要场合，以学校或学院网站中的教师简介、学术会议、学术讲座等为典型代表，对学者的介绍，首要的就是介绍其主持的国家级、省部级项目的数量，或者是其入选的人才项目的级别，又或其是哪类项目的评审专家等。详见表 3-9 中的介绍。

表 3-9　不同简介中的项目

学校简介中的项目	1. 学校是"211 工程"首批重点建设高校，"985 工程"部省重点共建高水平大学和"2011 计划"首批牵头高校，2017 年 9 月入选世界一流大学 A 类建设高校； 2. 学校有国家高技术研究发展计划项目首席科学家××人，国家重大科学研究计划项目首席科学家××人，国家重点研发计划项目首席科学家××人，国家级教学名师××人，国家自然科学基金创新研究群体××个，创新团队发展计划团队××个； 3. 学校现有国家级一流本科专业建设点××个，国家级一流本科课程××门，国际慕课平台上线课程××门，教育部课程思政示范项目××项，获批教育部基础学科拔尖学生培养计划 2.0 基地××个，国家临床教学培训示范中心××个，国家级教学团队××个，国家级工程实践教育中心××个，国家级实验教学示范中心××个，国家级大学生校外实践教育基地××个，国家"英才计划"培养基地××个； 4. 学校入选教育部"强基计划"首批试点高校
教师简介中的项目或学术讲座中的项目	1. 入选教育部新世纪优秀人才支持计划、××省高层次人才、教育部长江学者特聘教授、中宣部文化名家暨"四个一批"人才； 2. 承担国家社会科学基金项目、新世纪优秀人才支持计划项目、中宣部文化名家暨"四个一批"人才自选项目、教育部长江学者特聘教授研究项目、有关高校委托研究课题等 30 余项，获批哲学社会科学基础研究中长期重大专项项目

随之，大家便认为这些拥有项目的学者的学术水平高，从而提高了他们在学术界的地位。此时，高级别项目便等于高学术水平、高学术能力，高级别项目便意味着一种至高的学术地位。这种承认我们可以看作一种源自体制化的承认，并逐渐内化为学校、学者、学术的自我承认与自我认同的符号。其实，国家在不同的历史阶段都会按照各种尺度建构不同的象征

符号包括模范教师、教学名师等，项目则是其中的一种形式，从而塑造了项目人才这样一种别具一格的教师符号。正如弗利南德、阿尔弗德所言，将制度本身看作一种符号系统，现代社会中存在各种符号系统（资本主义制度、政府制度、家庭制度、宗教和科学的制度）指导行动者的组织生活。各种制度都是一个个符号系统，既有着不可观察、超理性的意指，也有着具体体现它们的可观察的社会关系。[①] 对高等教育而言，项目思维逐渐成为各类组织人员的一种思维模式，渗透至社会和人们的日常活动中，利益原则不费吹灰之力就击垮了社会共同体原则，利益网络替代了社会网络。正是这些项目制的参与主体在参与过程中的诉求和行动，强化了项目制的使用，使项目制获得了合法性，同时也推动了基于项目制运作而产生的项目思维的渗透，进而使项目制常规化成为可能。[②] 很显然，无论是学校还是教师，高级别项目都发挥着强大的激励功能，激励学校、教师等相关行动者采取各类行动力争成功获得课题立项。这些行动就包括学校经常聘请校外专家开设项目申报讲座并对教师的项目申报书进行一对一的指导，学校内部年复一年地召开项目申报动员大会，以及学校职称评审中的项目约束、科研奖励中的项目激励、年度考核中的项目要求等；教师为此也会不断地参与学校组织的学术讲座，参加线上线下的项目申报培训，以及年复一年、日复一日地撰写、打磨项目申报书等。从结构—行动理论分析框架来看，在我国国家主导的赶超型的发展模式中，国家力量推动可以看作结构性外部条件，结构作为设置性存在，提供规则和资源，可以推动社会组织和个体在既定的规则下寻求个人实现。[③] 实际上，项目制为高校组织、高校教师的发展提供了某种规则和资源。或许，在经济社会领域，对于地方政府、乡村社会来说，项目制在很大程度上意味着财政资源的获取，但对于高等教育来说，项目制并非仅仅是资源分配的简单过程，更是表征着高校组织、高校教师个体在高等教育场域、学术场域中的身份和地

---

① 〔美〕罗格尔·弗利南德、罗伯特·R. 阿尔弗德：《把社会因素重新纳入研究之中：符号、实践与制度矛盾》，载〔美〕沃尔特·W. 鲍威尔、保罗·J. 迪马吉奥主编《组织分析的新制度主义》，姚伟译，上海人民出版社，2008，第 271 页。
② 蒋梓莹：《项目制的常规化何以可能?》，《社会发展研究》2016 年第 4 期。
③ 陈国华、张旭：《教育治理社会学的理论与方法初探》，《当代教育论坛》2016 年第 1 期。

位。此时，项目制在高等教育场域内以一种符号身份而存在。

总的来看，项目制至少以经济资本和社会资本两种形式来发挥激励功能。而且，这两种功能的存在并不是非此即彼的，只要获得项目立项，这两种资本遂立即产生，既能使学校、教师缓解经费上的压力，又能使学校、教师在整个高等教育场域内的地位迅速获得提升。可以说，这种激励具有体制性的功能，能起到一种全员激励的作用，几乎所有的高校、教师等主体都会加入项目竞争。全员加入项目竞争，可以实现国家通过项目所希冀达成的战略意图。因此，以项目制的形式对高等教育进行治理，其现实意义之一便是这种自上而下的治理方式为地方政府、高等学校、高校教师自下而上的项目竞争提供了平台，充分调动地方政府、高等学校、高校教师的积极性，克服了传统科层制平均分配资源的弱激励问题。国家出台的高等教育政策与项目资金相结合，凭借项目制这种强激励模式，不仅契合了地方政府、高等学校、高校教师追求学术绩效和地位晋升的需要，还发挥了项目资金的"四两拨千斤"的效果，极大地推动了地方政府、高等学校进行项目资金的配套与激励。在这一维度上，甚至可以认为，在改革开放40余年的高等教育发展及成就取得的进程中，项目制以一种显著的制度优势成为解释中国高等教育发展奇迹的视角。

第四节 项目制中蕴含的技术治理特征可为高等教育发展提供一条目标明确、可供遵循的线路

"治理术"是福柯用于描述国家治理时所采用的一个概念。在从前现代社会到现代社会变迁的过程中，国家治理方式所发生的一个重大变化是从直接统治到间接治理的演进。"治理术"就是这种间接治理的产物，它是指国家治理所依赖的系列程序、数字、报告、图表等技术性的东西。现代社会的"治理术"是一个由制度、程序、分析、反思、计算和策略所构成的总体①，它的一个突出特点是国家不再以直接统治为中心，而是在自

---

① 〔法〕米歇尔·福柯：《安全、领土与人口》，钱翰、陈晓径译，上海人民出版社，2010，第91页。

由、平等的前提下，通过这些技术手段对社会进行引导，从而对社会进行治理。因此，我们也将这种国家治理方式称为"技术治理"。技术治理是现代国家治理转型后所广泛采用的一种治理方式。所谓技术治理，是指政府行政职能的发挥不仅依赖已获授权的权威，而且也依赖其不断改进的程序和技术。社会治理意义上的技术是一种追求治理效率的治理程式，是一组可以有效计算、复制推广并考核验证的治理流程。治理技术可以在某种程度上摆脱人格化特征，从而就事论事。① 在基层政府或部门很少能够看到科层式的常规化治理实践，取而代之的是表现为专项行动的任务驱动模式，这种任务驱动模式试图借助于目标管理责任制的数字化和指标化等"技术治理"的方式来达到提高治理绩效的目的，从而表现出运动式治理的常规化和常规治理的运动化的特征。② 任何一种权力都有其依托的力量与实践途径。从计划经济时代到改革开放以来，国家治理、社会结构确实发生了深刻变化，权力所凭借的途径与通道也随之改变。渠敬东等人对改革开放以来的中国社会改革经验进行分析后发现，改革前的国家权力表现为一种总体性支配权力，而改革后则表征为一种技术化的治理权力③，或者也可以将这种变迁过程概括为从统治性权力到技术性权力的结构性变迁。现如今，技术化的治理模式已辐射于各级政府与组织的日常治理中。项目制的诞生既是这种技术治理的产物，又是这种技术治理的典型代表。项目制作为一种国家治理技术，其诞生可以说既有偶然性又有必然性，偶然性就是指其恰巧符合了技术治理的总体要求，其必然性又意味着它本身就是财政体制改革的产物。项目制正是基于事本主义原则，强调专款专用，仅针对某一具体项目进行人力、物力和财力的资源动员，强调标准化、规范化和数字化的治理，试图把行政目标和责任逐步落实到经过专业设计的目标任务指标体系之上，从而使管理更加规范和可操作，这是一种

---

① 王雨磊：《农村精准扶贫中的技术动员》，《中国行政管理》2017 年第 2 期。
② 倪星、原超：《地方政府的运动式治理是如何走向"常规化"的？——基于 S 市市监局"清无"专项行动的分析》，《公共行政评论》2014 年第 2 期。
③ 渠敬东、周飞舟、应星：《从总体支配到技术治理——基于中国 30 年改革经验的社会学分析》，《中国社会科学》2009 年第 6 期。在理论界，在国家治理的研究中，技术治理研究已成为一个重要组成部分，有纯粹以技术治理为主题探讨的，也有将技术分解为多种呈现形式如数字、地图等去探讨技术治理与国家治理逻辑间的关联的。

典型的技术治理。

从高等教育发展史上看，威廉·克拉克分析了德国政府对高等教育的治理方式后发现，现代政府介入高等教育等社会事务过程所惯用的主要工具之一便是表格，这是政府意图嵌入高等教育与现代国家权力的关键手法：

> 随着甚至借助于一系列的"小工具"——目录、图标、（论文）表格、报告、问卷、卷宗等。这些东西构成了现代化、世俗化和官僚制的文书，而现代学术体制的权力，很大一部分也是由这些琐碎的东西构成的。福柯写道："表格的构建，是 18 世纪科学、政治、经济技术的重要问题之一……到 18 世纪，表格立即成为一种权力的技术和获取知识的过程。"①

而事实上，关于是用一份表格还是其他工具将政府权力加以转化，并不存在技术上与客观上的必然性。只不过在这些关于填充情节的现代工具的案例研究中碰巧就是如此：表格的技术在我们的世界中已经极其普遍，它是一种工具，也同样服务于理性权威。所以表格成为一种流行的学术和官僚习惯就不足为奇了。就像问卷和日志，表格也构成了一种官僚式自我规制的技术，同时也是一种塑造大学与学者的技术。② 也就是说，现代国家对于社会、对于高等教育的治理方式与权力关键实际上就隐秘地蕴含在这些技术手段中。或者说，技术治理（通过技术进行治理）正塑造着一种新的权力实践方式与权力实践进路。

在高等教育项目制框架内，囊括的行动主体主要有政府、高校和教师。在"发包—抓包"的制度化秩序中，不同的行动者面临不同的行动空间与行动机会。但无法规避的一个基本前提是，政府始终位于项目制权力的中心，占据有利位置，有着强大的公共话语权，从而供给着项目的数

---

① 〔美〕威廉·克拉克：《象牙塔的变迁——学术卡里斯玛与研究性大学的起源》，徐震宇译，商务印书馆，2013，第 396 页。
② 〔美〕威廉·克拉克：《象牙塔的变迁——学术卡里斯玛与研究性大学的起源》，徐震宇译，商务印书馆，2013，第 419 页。

量、类型并决定着项目制的"游戏"规则。与高校相比，政府在制定"游戏"规则、掌握公共话语权方面处于垄断地位。因此，政府的专项投资可以发挥"四两拨千斤"的功效，实现其导向功能。[①] 在高等教育项目制向下"发包"与向上"抓包"的过程中，本质上体现着项目制运行的"技术化"，项目制规则是要求"技术治理"的。这里的技术治理，具体表现为目标管理（总目标、分目标）与指标化（要件化）治理。

在高等教育治理和发展领域，无论是科研项目与教学项目，还是大型组织建设项目以及人才项目，都强调目标的清晰性、过程的可控性、技术路线的合理性与可行性、目标达成度的可考核性、经费使用的合规性以及研究与建设绩效的可评估性。

我国的政府项目面临怎样的组织环境？从技术角度而言，绝大多数项目都有一个目标，尽管其清晰和明确度有差异，也有比较明确的技术路径。[②] 因此，目标管理是项目制的鲜明特色。在管理学意义上，项目本身便具有"一事一议"的特征，有着明确的问题指向与目标导向，然后据此将项目分解为各项指标，最终项目目标的达成由各项指标任务是否完成来衡量。一般情况下，项目"发包"部门都会确定项目建设的总目标并规定项目具体内容（也就是项目指标），项目"抓包"学校必须在总目标与项目指标的框架中，根据自身实际确定项目建设内容（项目指标的微观化），最后项目"发包"部门再对项目"抓包"学校进行验收检查。这一过程便形成项目"发包"部门对项目"抓包"学校的多重指标的构建，构成了一个完整的项目考核体系。也就是说，从项目立项、申报、审核、监管、考核、验收、评估等都形成一套严密的技术系统。以"211 工程"建设项目为例，在《"211 工程"建设实施管理办法》总则中，很明确地规定了其建设的目标（如集中力量建设一批高等学校和重点学科，力争部分重点学科和少数高等学校接近或达到国际同类学科或学校的先进水平）与建设的内容（主要包括重点学科、公共服务体系、师资队伍和与学科建设密切相关的配套基础设施建设），项目学校则在此框架下确定各自建设的部分。

---

① 郭海：《大学内部财政分化》，北京大学出版社，2007，第 98 页。
② 史普原：《中国政府项目的运作逻辑：一个组织学分析》，天津人民出版社，2017，第 9~10 页。

项目学校各自建设的部分以指标形式呈现，以某校"211 工程"学科建设项目效益指标为例：到 2001 年，力争 2~3 个学科达到国家重点学科水平，某些优势领域接近或达到国际先进水平；至"211 工程"建设结束时，力争新增两院院士 1~2 人，长江学者 2~3 人，其他各类杰出人才 15~20 人，学术带头人 50 人左右，构建 20~30 个创新团队，使 50% 以上的非优势学科都具备申报博士点或硕士点的人力资源条件等，并接受由"211 工程"部际协调小组办公室、国家发展和改革委员会等部门组织的中期检查与总结验收。在这些指标任务完成后，项目目标也就实现了。

由此可以看出，项目制为高等学校的行动提供了一条十分清晰的、可遵循的路线。实际上，每一个项目的实施都为高校组织以及高校教师个体指明了方向，在国家高等教育目标的设立到目标的实现之间有一条非常明晰的、可遵循的路径，既包括项目建设时间上的期限，也有项目建设内容和成效上的约束。因此，相比以往科层制与单位制相结合的粗放式治理，项目制无疑是一种巨大进步，它使中央政府对地方政府、上级政府对下级政府、政府对组织以及组织对个体的激励更加准确有效，使地方、组织与个体的积极性与创造性得到了充分激发，使国家、社会、组织及个体之间能够形成良性互动。

技术治理的优势是能够在有限时间内集中资源并以倾斜性投入的方式实现目标，也能取得"立竿见影"的绩效，也就是改革开放以来我们所取得的项目绩效。同时，对高等教育进行精细化的项目治理，具有很强的规划性。很显然，在这种规划性中，高等教育具备可视化、清晰化与可计算性的技术特征，能让国家清楚、清晰地掌握高等教育发展的实然、实时状态，明确各个阶段高等教育发展的任务，为下一阶段高等教育的发展提供前提基础与经验参照。

此外，这种技术治理的优势还体现在项目制能及时地回应高等教育中的现实问题。自 20 世纪 90 年代以来，高等教育领域中的项目迅速增多，几十种甚至上百种高等教育项目的出现都带有特定的使命，以解决高等教育实践中出现的纷繁复杂的问题。例如，"211 工程"是新中国成立以来由国家立项在高等教育领域进行的重点建设工作，是国家实施"科教兴国"战略的重大举措，是面对世纪之交的国内外形势而作出的发展高等教育的重大决策。这一项目旨在重点建设 100 所左右的高等学校和一批重点学科，以缩小与世界一流大学的差距。而"985 工程"的实施直指建设世界一流大学的宏伟目标；"双一流"建设项目更是将世界一流大学的建设和世界一流学科的建设推向高潮，成为未来中国高等教育发展的重要指南。又如，各类科研项目、教学项目、学科建设项目、人才队伍建设项目等的出台本身就是应实践问题而产生的，而每年的课题立项又可看到其中所反映的现实问题。以国家自然科学基金和国家社会科学基金为例，这些常规化的项目申报与立项主题都会呈现年度差异，其中关于高等教育的主题也占了相当部分的比例。作为国家社会科学基金的单列学科，教育学科每年的项目申报与立项绝大部分都是关于高等教育发展中的现实问题。以 2022 年全国教育科学规划项目立项为例，"十四五"以来的高等教育战略问题与一些重要的高等教育现实问题都能在其中有所体现，如高等教育促进共同富裕的机制、"双一流"建设的纵深推进、高等教育数字化、强基计划与基础学科拔尖学生培养计划等。

在三四十年的项目立项变迁中，立项的高等教育主题也会随之发生变迁，由此可以想象项目所解决的高等教育战略问题与现实问题有多少。因此，在年复一年的项目申报与立项中，任何一个项目都需要围绕一个非常具体的国家高等教育战略问题或者是重要的高等教育现实问题、理论问题而展开。通过项目制的方式，高等教育中存在的重大理论问题、高等教育现实发生的重大问题等都能有所回应，基本上也能满足国家、社会和人民群众对于高等教育发展的期待。因此，项目制的实施既能明确特定历史阶段所需要解决的国家战略问题和高等教育现实问题是什么，又能为每一个问题的研究与解决提供非常清晰的路径遵循。

第五节　项目制中既有重点又能做到均衡协调，从整体上提升高等教育实力

项目制的设立及其实践并不是秉持着非此即彼或者是顾此失彼的二元对立的理念和思路。在历史发展进程中，项目制始终不断调整与完善，综合考量高等教育发展中的各方面因素。高等教育实践中出现的新问题，很

多时候都会在后来的制度调整中有所体现，从而为实现高等教育全面协调发展提供良好的制度条件。比如，在高等教育重点建设与高等教育均衡发展上，项目制一直表现出一种协调的姿态，既要保证重点建设所要承载的高等教育绩效合法性，又需顾及高等教育的共同发展。

一方面，表现为项目制实践中有选择的重点建设理念与模式。新中国成立以来，重点建设就一直是我国高等教育政策脉络中的核心理念与重要行动，对属于后发国家的中国来说，这种建设路径是一种客观的选择，且实践证明了其有效性。项目制的运作也很好地将这一理念与模式进行了传承。从一系列科研项目、人才项目到"211 工程"、"985 工程"、"双一流"建设等项目的运作实践皆表明，在高等教育基础相对薄弱、区域发展极不均衡、资源相对有限的条件下，推行旨在快速提升绩效的高等教育项目制，通过有选择地重点建设，有可能使一些高校、一些学科和一些研究领域在短时间内迅速崛起，在学校基本条件建设、杰出人才成长、科学技术快速突破等方面取得显著成效。我国高等教育快速发展的实践也证明了这一点。进入 21 世纪以来，在一系列项目的推动下，重点建设模式日趋成熟，引领了众多国家和地区的重点建设计划项目。在综合国力竞争日益激烈的大背景下，我国率先提出并实施以建设世界一流大学为目标的"985 工程"，引起了许多国家和地区政府的广泛关注和高度重视[1]；一批以长江学者为代表的人才项目的入选者在《自然》《科学》等国际顶尖学术期刊发表论文数百篇；还有一批长江学者在基础前沿和战略高技术领域取得了许多世界级的标志性成果，部分科研领域已达到或接近国际先进水平[2]。可以说，正是通过项目制，我国高等教育领域中地方政府、高校组织与教师个人的积极性与创造性得到了充分激发，科学研究、人才培养和社会服务等领域的学术产出快速增长，缩小了与世界顶尖大学之间的差距。

另一方面，在项目制的实施过程中，高等教育的均衡协调发展也是其

---

① 《"985 工程"十年建设成效》，东北大学发展规划与学科建设处网站，2015 年 10 月 13 日，http://xkjs.neu.edu.cn/2015/1013/c3688a51020/pagem.htm。
② 《"长江学者奖励计划"十六年：出人才出成果出机制》，人民网，2014 年 6 月 6 日，http://edu.people.com.cn/n/2014/0606/c1006-25110831.html；《长江学者打造科教兴国生力军》，光明网，2014 年 6 月 5 日，https://epaper.gmw.cn/gmrb/html/2014-06/05/nw.D110000gmrb_20140605_1-04.htm。

制度要义。项目制并不是一味以重点的形式追求效率，而是在其历史发展中不断将均衡、协调等要素纳入制度框架中，从而带动全国高等教育的整体发展。比如，对口支援西部地区高等学校计划、国家示范性高等职业院校建设计划、中西部高等教育振兴计划、中西部高校基础能力建设工程等均鲜明地体现出项目制中的均衡发展理念。简要回顾高等教育项目制的历史演变则可以看到，虽然 21 世纪之前高等教育项目的总体特征是强调重点建设、择优、集中力量办大事，"211 工程""985 工程"的诞生具有典型的经济领域的"先富"特征，而类似国家示范性高等职业院校建设计划则可看成一种"后富"的代表。不过，"后富"并不仅仅只有这一种方式，还有一种方式是让"先富"起来的高校扶持其他高校，如对口支援西部地区高等学校计划（见表 3-10）或者是在科研项目与人才项目中实施向中西部高校倾斜的政策（专设西部项目）等。

表 3-10　对口支援西部地区高等学校计划方案（首批）

支援高校	主管部门	受援高校	主管部门
北京大学	教育部	石河子大学	新疆生产建设兵团
清华大学	教育部	青海大学	青海省
中国农业大学	教育部	内蒙古农业大学	内蒙古自治区
北京师范大学	教育部	西北师范大学	甘肃省
复旦大学	教育部	云南大学	云南省
上海交通大学	教育部	宁夏大学	宁夏回族自治区
南京大学	教育部	西北大学	陕西省
浙江大学	教育部	贵州大学	贵州省
中国科学技术大学	中国科学院	西南科技大学	四川省
华中科技大学	教育部	重庆医科大学	重庆市
华南理工大学	教育部	广西大学	广西壮族自治区
西南交通大学	教育部	西藏大学	西藏自治区
西安交通大学	教育部	新疆大学	新疆维吾尔自治区

　　事实上，"双一流"建设、中西部高等教育振兴计划和应用型本科高校转型政策逐步成为新时代高教结构调整的三大支柱性公共政策。从 2013年开始，国家实施《中西部高等教育振兴计划（2012—2020 年）》，由国家发展改革委、教育部、财政部组织实施重点扶持一批有特色、有实力的

省部共建或省属重点大学，计划重点支持中西部 24 个省（区、市）的 100 所地方高校的发展建设。其目的是振兴中西部高等教育，促进我国高等教育协调发展。与此同时，本科院校向应用型转型的政策，则定位于促进高等教育的分类改革和高等学校的特色发展，从而破解人才培养与经济社会发展需求的结构性矛盾。① 因此，这种"先富"带动"后富"（从重点建设到对口支援）、兼顾效率与均衡协调发展的模式，既可以创造条件让一部分大学率先发展，又能够在项目制后期以对口支援等形式实现高等教育的均衡发展，从而在整体上提升中国高等教育发展的实力。

第六节　举例：项目制与高等学校科研事业发展的动力机制

第六节主要以高等学校的科学研究发展为例，讨论高校科研事业发展的历史变迁，并试图从历史变迁中窥探项目制的出现及项目制对高等学校科学研究的支撑作用，然后在历史制度主义理论的视角下分析其中的动力机制。

新中国成立以来，我国高校科研事业不断地进行探索、改革和发展，现如今已成为我国科技发展的"主力军"。从 70 余年的发展历程中可以总结出的一个经验是，高校科研事业的发展以及科研成就的取得是坚持以服务国家发展为中心的，其中涉及的制度变迁是从计划到市场、从单位制到项目制。因此，对我国高校科研事业发展的历程进行梳理与审视，有利于从历史变迁中获得启发并为未来高校科研事业发展提供借鉴。本节基于历史制度主义理论的分析范式，讨论高校科研事业发展的历史变迁逻辑与动力机制等，从中可以看出项目制所扮演的角色。

一　历史制度主义理论及其适切性分析

对历史制度主义理论进行简要的文献梳理，意在给高校科研事业发展

① 张端鸿：《中国高等教育如何真正跻身世界一流》，《解放日报》2016 年 8 月 30 日，第 9 版。

的动力机制提供相应的理论解释。

（一）历史制度主义的理论基础

作为新制度主义的三种主要分支之一，历史制度主义产生于 20 世纪 70 年代甚至更早，成熟于 90 年代并兴盛至今。历史制度主义脱胎于比较政治学，突破了行为主义时代单纯、片面和孤立的制度研究局限，强调历史无效性和发展复杂性。历史制度主义受到马克斯·韦伯的社会学理论的广泛影响，韦伯的解释社会学理论为历史制度主义提供了历史事件和制度变迁过程的解释方法。通过追溯历史演变的轨迹，历史制度主义从多重角度关注制度是如何在社会历史变迁中形成的，什么因素影响了制度的变迁以及制度是如何与参与者互动的，等等。[①] 其将制度变迁的参与者纳入方法论分析框架中，使得制度研究从传统的专注于单一的宏观制度研究转向注重中观层面的制度变迁影响要素分析，更为契合社会历史和制度变迁的逻辑，为制度研究提供了一个崭新的理论范式。

（二）历史制度主义的分析框架

历史制度主义的目光主要投向历史发展过程中那些重大事件的影响与结果，将各行动者纳入制度建构的框架之中，是对制度的再生、转化、替换和终止作出整体性阐释的理论。该理论在制度变迁的研究中，将制度作为因变量，考察制度在什么样的客观条件和情境下会发生变化；而在制度作用的研究中，历史制度主义又将制度作为一个自变量，分析制度如何影响制度结构下的政治行为、组织关系、政策方式和内容以及社会现实。彼得·豪尔等对历史制度主义的四个特征给出了解释：一是历史制度主义偏向于在相对宏观的意义上分析制度与行动者之间的相互关系；二是其强调在制度的运作和产生过程中权力的非对称性；三是历史制度主义研究者在分析制度的建立和发展过程中强调路径依赖和意外后果；四是他们尤为重

---

① 刘圣中：《历史制度主义——制度变迁的比较历史研究》，上海人民出版社，2010，第6~9页。

视将制度分析与能够产生某种政治后果的其他因素整合起来研究。[①] 保罗·皮尔森和瑟达·斯科克波尔也提出，历史制度主义具有这样三个特征：集中关注那些重大的结果或令人迷惑的事件；突出事件的背景与变量的序列；以追寻历史进程的方式来寻求对事件和行为作出解释。[②]

基于此，并结合结构观与历史观，历史制度主义形成了一个分析框架即"宏观结构—中层结构—微观行动者"。从宏观结构来看，历史制度主义的结构观强调对影响制度的宏观结构要素进行分析，认为社会上政治、经济、文化等各种构成要素决定着制度的形成以及发展方向，属于深层结构分析。在中层结构中，历史制度主义的历史观注重分析制度变迁，即把制度当作因变量，分析制度在什么样的客观条件和情境下会发生改变。同时，在其历史观的影响下，着重对历史发展过程进行分析，强调过去产生并且对现在仍有深刻影响，并制约着未来选择的路径依赖。对于微观行动者，历史制度主义认为制度会对制度下的行动者形成动力机制，各方行动者会对自身利益进行衡量，进而对制度发展进程产生影响。

（三）适切性分析

我国高等学校是国家科技事业和创新发展的重要组成部分，在国家进入创新型建设的关键时期，高校的科研事业需要以"加强引领型创新，抢占科技创新战略制高点"的基本要求进行统领，全面提升高校创新能力，引领支撑创新驱动发展战略实施。[③] 从历史制度主义的制度观来分析高校科研事业发展的历史过程具有一定的适切性：一是因为历史制度主义可以提供具有实际操作性的分析框架来分析我国高校科研事业发展的历史变迁，有助于在历史的回溯中，从动态的社会历史发展与制度变革中全面、

---

① 〔美〕彼得·豪尔、罗斯玛丽·泰勒：《政治科学与三个新制度主义》，何俊智译，《经济社会体制比较》2003 年第 5 期。

② P. Pierson, T. Skocpol, "Historical Institutionalism in Contemporary Political Science," *Political Science State of the Discipline*, 2002:693-721.

③ 《教育部关于印发〈高等学校"十三五"科学和技术发展规划〉的通知》，中华人民共和国教育部网站，2016 年 11 月 24 日，http://www.moe.gov.cn/srcsite/A16/moe_784/201612/t20161219_292387.html。

深入、系统地认识高校科研事业发展道路；二是通过对高校科研事业发展的历史变迁进行考察，有助于从历史变迁的各时期中探寻高校科研事业变迁的内外动因以及制约力，以史为鉴，探寻其未来发展的路径。

二　我国高校科研事业发展的历史演变

新中国成立后，我国迫切需要建立属于自己的现代科学体系来支撑国家发展，在借鉴苏联等国科技发展成果的历史前提下，中国依靠自身的力量建立起较为完整的科学研究体系，中国高校科研事业也开始走上从弱到强的曲折发展道路。

（一）国家计划任务时期的科研发展（1949~1977年）

新中国成立之初，国家的科学技术事业可以说是从零开始起步的，为了改变科技薄弱的现实状况和应对国家发展的需要，我国引入"苏联模式"建立高等教育和科技体制。"一五"期间（1953~1957年），高等教育事业纳入国家计划，至"一五"末，全国高等院系与布局调整全面结束。[①]在"苏联模式"的影响下，我国的高校布局与院系设立都迎合了当时培养国家急需人才的需要，并且实行计划经济体制下的高校科研管理。在这一时期，新中国高校的科研发展基本上是跟随着国家重大科学技术发展规划进行的。1956年，中共中央制定发布并实施了《1956—1967年科学技术发展远景规划纲要（修正草案）》（下称"十二年科技规划"）。在内容上，"十二年科技规划"从13个方面提出了57项重大科学技术任务、616个中心问题，从中进一步综合提出了12个重点任务，并且根据国民经济发展的需要和科技发展的方向确定国家的重要科学技术任务，把各个科技部门的力量汇集到统一的目标下。其中，"十二年科技规划"指出："我国的统一的科学研究工作系统，是由中国科学院、产业部门的研究机构、高等学校和地方研究机构四个方面组成的。在这个系统中，科学院是学术领导核心，产业部门的研究机构和高等学校是两支主要力量，地方研究机构则

① 教育部科学技术司编著《中国高等学校科技50年》，高等教育出版社，1999，第3~24页。

是不可缺少的助手。"① "十二年科技规划"使高校科研工作纳入了国家发展任务计划，并且接受了相应的科研任务，基本建立了拨款渠道，高校的科研地位得以明确，开始进入科研探索阶段。自1958年开始，高校承担的国家科学任务有所发展，如北京大学参与的多肽合成、牛胰岛素合成研究，山东大学的晶体生长研究等。

1961年9月发布施行的《教育部直属高等学校暂行工作条例（草案）》（高教六十条）中，明确指出"高等学校可适当承担国家的科学研究任务，高等学校的科学研究工作应该同科学研究机关、生产部门建立必要联系"②。在中苏关系恶化、国内科研环境波动和提前完成"十二年科技规划"的基础上，1963年底，国家科学技术委员会组织制定并发布了《1963—1972年科学技术发展规划纲要》（"十年规划"），该规划充分反映了国家的发展战略的需要与对高校科研能力发展和科研任务的要求。③在"十年规划"的引导下，有143所高等学校承担了研究任务，高等学校主持研究和负责的中心问题共372个，占比超过67%，从国家获得的经费拨款也大幅上升。在国家任务的指导下，高校科研事业完成了从起步到探索的阶段性飞跃，但由于之后十年"文革"的影响，高校停止招生，其科研工作也受到重创，许多研究工作都被迫暂停，高校科研事业发展陷入停滞甚至倒退的局面。

（二）市场经济改革与发展时期科研发展：项目制的逐渐引入（1978～1994年）

在经历了"拨乱反正"后，全国上下各项事业逐渐恢复并步入正轨。1978年4月，全国教育工作会议在北京召开，会议对全国教育工作作出了全面部署，并强调：教育事业必须同国家发展相适应；同时要全面贯彻教育和生产劳动相结合的原则；另外高等学校必须实行教学、科学研究与生

---

① 《1956—1967年科学技术发展远景规划纲要（修正草案）》，中华人民共和国科学技术部网站，2005年8月31日，https://www.most.gov.cn/ztzl/gjzcqgy/zcqgylshg/200508/t20050831_24440.html。
② 《中国教育年鉴》编辑部编《中国教育年鉴（1949～1981）》，中国大百科全书出版社，1984，第695页。
③ 《1963—1972年科学技术发展规划纲要》，中华人民共和国科学技术部网站，2005年8月31日，https://www.most.gov.cn/ztzl/gjzcqgy/zcqgylshg/200508/t20050831_24439.html。

产劳动三者相结合原则。1978 年 12 月，党的十一届三中全会的召开，标志着我国开始实行对内改革对外开放的政策，党的工作重心转移到经济建设上来，对此，中国高校的科研体制也作出了相应的调整。1979 年 4 月，中央召开工作会议指出，国民经济要"以计划经济为主，同时充分重视市场调节辅助作用"，至此，我国拉开了市场经济改革的序幕。在上述背景下，高校的经费获取渠道有所疏通，科研活动基本恢复。1990 年第二次全国高校科技工作会议更加明确了高校培养人才与发展科学技术的双重任务，此次会议也对改善高校科研工作环境与条件，恢复与发展高校科研作出了相应部署。1980~1984 年，中国高校科研体制逐步建立相应制度，调整科研方针并制定了相关规划，高校科研工作的任务布局、经费来源发生了较大变化，开始面向经济建设与更高水平大步前进。截至 1984 年底，全国高等院校共有实验室 2.13 万个，实验室工作人员 10.2 万人，仪器设备总值 45.96 亿元。①

1985 年，发布了《中共中央关于科学技术体制改革的决定》和《中共中央关于教育体制改革的决定》，《中共中央关于教育体制改革的决定》强调了"高等学校担负着培养高级专门人才和发展科学技术文化的重大任务"②。高校科技工作在全面部署的基础上，重点推动科学研究和科技成果产业化，与经济发展相适应。1993 年 2 月，中共中央和国务院印发《中国教育改革和发展纲要》，明确要求初步建立起与社会主义市场经济体制和政治体制、科技体制改革相适应的教育新体制。1985 年至 1995 年，高校总科研经费从 5.9 亿元增长到 47.74 亿元，其中企事业单位委托任务费的比例从 1985 年的 20.7% 增至 1995 年的 47.5%。1995 年，高校 R&D（Research and Development）经费内部支出 42.3 亿元，基础研究占比 15.3%，应用研究占比 55.1%，试验发展占比 29.6%。③ 这一时期，科研项目制被引入。国家自然科学基金的设立、"863 计划"的实施为高等学校

---

① 《当代中国》丛书编辑部编辑《当代中国的科学技术事业》，当代中国出版社，1991，第 48~81 页。

② 中共中央文献研究室编《十二大以来重要文献选编》（中），人民出版社，1986，第 730 页。

③ 国家统计局、科学技术部编《中国科技统计年鉴-2009》，中国统计出版社，2009，第 6 页。

的科研事业发展提供了大量的经费支持。可以说，在市场经济体制纳入国家经济发展后，高校的科研经费拥有了更多样的来源，高校科研事业取得了重大的改革成就与发展。

（三）科研发展与国家战略的创新发展时期：项目制的不断强化（1995年至今）

1995年5月，中共中央、国务院作出《关于加速科学技术进步的决定》，该决定共11个方面40条决定，对加速科技进步作出了全面部署，提出"坚定不移地实施科教兴国的战略"，将教育与科技一同上升为国家战略。① 高校科研开始进入围绕国家战略改革和发展的时期，项目制在这个过程中也不断得到强化。1995年至1999年，国家启动了"211工程""985工程"等促进高校科研事业发展的项目工程，将高校科研工作放在了重要的地位，更加突出教育部署的科研化和产业化。1999年6月，中共中央、国务院作出了《关于深化教育改革全面推进素质教育的决定》，同年，江泽民在第三次全国教育工作会议上指出："高等教育要积极面向经济建设主战场，研究解决经济社会发展中的重大理论和实践问题，促进科技成果向现实生产力转化，成为知识创新、技术创新和高新技术产业化的重要方面军。"② 之后召开的全国高校技术创新大会以及2002年印发的《关于充分发挥高等学校科技创新作用的若干意见》更进一步强调了高校科研创新与成果转化的重要性，更加突出了高校科研对国家发展的支撑作用。2006年2月，国务院印发了《国家中长期科学和技术发展规划纲要（2006—2020年）》，提出"自主创新，重点跨越，支撑发展，引领未来"的科技工作指导方针，强调"建设一批世界知名的高水平研究型大学"，将高校放到了建设创新型国家的关键地位。这一时期，高校科研对促进经济发展、社会进步的重要作用更加受到重视。③ 2010年7月，《国家中长期

① 《中共中央、国务院关于加速科学技术进步的决定》，中华人民共和国科学技术部网站，1996年5月6日，https://www.most.gov.cn/ztzl/jqzzcx/zzcxcxzzo/zzcxcxzz/zzcxgncxzz/200512/t20051230_27321.html。

② 《江泽民文选》第2卷，人民出版社，2006，第336页。

③ 杜占元：《高校科技改革发展40年回顾与展望——纪念"科学的春天"40周年》，《中国科学院院刊》2018年第4期。

教育改革和发展规划纲要（2010—2020 年）》发布，指出高等教育要提升研究水平，充分发挥高校在国家创新体系中的重要作用，坚持服务国家目标与鼓励自由探索相结合。① 在上述背景下，高校的科研事业迎来了迅速发展的时期，2011 年，全国普通高校科技经费超过 1000 亿元，约为 1995 年的 20 倍，其中"211 工程"及省部共建高等学校共计拨入科技经费约 720 亿元，其中政府资金 434.7 亿元，企事业单位委托经费 259.7 亿元，其他经费 25 亿元。② 在科技人员方面，2011 年全国高校教学与科研人员共计 81.3 万人，全国高校 R&D 人员合计 32.9 万人，R&D 人员全时当量达到 26.4 万人。③

党的十八大以来，高校进入内涵式发展的新时代，科研体制机制改革开始向纵深推进。在这一时期，《关于深化科技体制改革加快国家创新体系建设的意见》等政策文件的发布，加之创新驱动发展战略的实施，使科技创新成了国家发展全局的核心。高校科研事业也围绕着"创新"展开了"十二五"时期的改革推进，更加注重提升创新能力和服务水平，在满足经济社会发展需求以及基础研究和前沿技术研发上取得重要突破。2015 年 10 月，国务院印发《统筹推进世界一流大学和一流学科建设总体方案》更是将项目制的高等教育建设推向了一个新的高度，提出高校要以国家重大需求为导向，提升高水平科学研究能力，为经济社会发展和国家战略实施作出重要贡献。在国家战略导向下，2016 年，中国开展科研活动的高校达 1497 所，与 2011 年相比增长了 23.5%；高校年度科技经费增长了 31.3%，达到 1537 亿元；承担了全国 60% 以上的基础研究，60% 以上的"863 计划"、科技支撑、重点研发等重大科研任务。④ 2018 年，全国高等学校研

① 《国家中长期教育改革和发展规划纲要（2010—2020 年）》，中华人民共和国教育部网站，2010 年 7 月 29 日，http://www.moe.gov.cn/srcsite/A01/s7048/201007/t20100729_171904.html。

② 中国教育年鉴编辑部编《中国教育年鉴 2012》，人民教育出版社，2013，第 243 页。

③ 国家统计局、科学技术部编《中国科技统计年鉴-2012》，中国统计出版社，2012，第 3 页。

④ 杜占元：《高校科技改革发展 40 年回顾与展望——纪念"科学的春天"40 周年》，《中国科学院院刊》2018 年第 4 期。

发经费支出 1457.9 亿元，比 2017 年增长 15.2%[1]，高校科研事业实现了创新质量、规模、结构和效能新的跨越发展。

三 我国高校科研事业发展的历史变迁逻辑

新中国成立 70 余年来，结合国家政策文本发现，我国高校科研事业发展的历史变迁受深层结构、动力机制与路径依赖等多重逻辑的影响。

（一）深层结构分析

在历史制度主义的视域中，制度的结构指的是分析对象所在的制度框架，其深层结构与社会、政治、经济等因素息息相关，这些结构因素影响着制度中的特定领域的形成和发展。就高校科研事业发展路径而言，其产生、发展、变迁等过程是国家、高校、社会等不同主体之间协调的结果，深受政治制度、经济体制等因素的影响。

1. 国家引导与高校科研服务国家战略模式的转变

新中国成立初期，在"苏联模式"的影响下，我国建立了高度集权的行政命令体制，同时对高校的科研事业采取了集中管理模式。在这种模式下，从新中国成立初期到"文革"前，高校的科研事业在国家的计划和任务下得到足够的资源分配来支撑其探索和发展。改革开放后，国家在社会经济领域发生了深刻的变革，促进经济快速增长的同时，对高校的科研事业要求也逐步发生着变化。党的十一届三中全会、第二次全国高校科技工作会议、《中共中央关于科学技术体制改革的决定》等会议精神和政策文件，都体现了国家对高校科研事业发展的管理从原来"任务—计划"下的控制向"项目—自主"下的合作转变。在政府简政放权、放管结合、优化服务的转变过程中，政府的管理一直贯穿高校科研事业发展的路径。在扩大高校科研事业发展自主权的过程中，国家通过发布《关于深化高等学校科技评价改革的意见》《国家高技术研究发展计划（863 计划）管理办法》等政策文本，依旧主导着高校科研事业发展的方向，为其发展创造了良好

---

① 《2018 年全国教育事业发展统计公报》，中华人民共和国教育部网站，2019 年 7 月 24 日，http://www.moe.gov.cn/jyb_sjzl/sjzl_fztjgb/201907/t20190724_392041.html。

的制度环境。梳理 70 多年来关于高校科研事业的政策演变历程发现，国家引导仍然是刺激高校科研事业发展路径变迁的主要特征。在新中国成立初期，这种"任务—计划"型集中管理模式为高校科研事业发展提供了有力的方向把控以及资源支持，实现了我国高校科研事业的快速起步与探索发展。

2. 经济体制机制变革与高校科研服务国家战略的路径变迁

在我国，高校科研事业的发展与国家经济社会发展息息相关，经济发展的要求影响着高校科研事业发展的规模与质量。"苏联模式"影响下的计划经济体制，使国家这一主体处于高校科研事业系统运行的核心地位，主导着高校科研事业的发展。在改革开放初期，计划经济体制仍然占据着经济的主导地位，政府的调控决定了高校科研事业的发展。例如，1978年，教育部、国家科委与财政部协调同意，从科技三项费用（新产品试制、中间试验、重大科研补助）中给高等学校拨款 3000 万元，用于重大科研和试验、试制，其后费用有所增加。直到 20 世纪 90 年代初期，党的十四大报告明确指出，"我国经济体制改革的目标是建立社会主义市场经济体制"①。在国家经济发展需求的指导下，国家对经济的调控由原有的计划经济体制下的计划调控向市场经济体制下的市场调控转变，对高校的资源分配方式也发生了转变。经济体制的转变和经济的快速发展对科技研究人才、高新科技产品等的需求越来越大。在这种情况下，国家在 1985 年发布了《中共中央关于科学技术体制改革的决定》《中共中央关于教育体制改革的决定》，这两项决定的发布，使计划经济体制下形成的高校科研机制得以转变和改革。在市场活力大大增强的情况下，要求高校的科研事业发展与市场经济相结合，摆脱"任务—计划"指导下的科研事业发展成了高校科研事业发展路径变迁的必然趋势。2010 年，《国家中长期教育改革和发展规划纲要（2010—2020 年）》的发布，进一步明确了高校在国家创新发展体系中的重要作用，要求高校科研事业与社会产业相结合，加快科研成果的转化。在混合制经济发展取得巨大成效的情形下，国家和社会对

---

① 中共中央文献研究室编《十四大以来重要文献选编》（上），人民出版社，1996，第 18~19 页。

高校科研事业发展有了新的要求。在《中共中央关于科学技术体制改革的决定》等一系列政策文件的指导下，项目制形式不断被强化，国家通过纵向项目以及社会给予高校的横向项目，破除了原有的"任务—计划"下的高校科研事业发展路径，扩大了高校科研事业发展的自主权，提高了高校创新力。因此，国家经济体制机制的转变是高校科研服务国家战略的路径变迁的决定性因素之一。

3. 高校科研事业发展与国家发展战略紧密关联

以政治论为基础的布鲁贝克高等教育哲学强调，大学作为社会的重要组成部分，是为国家和社会服务而存在的。自新中国成立以来，我国高校的科研事业一直围绕国家发展战略进行探索与发展。新中国成立初期，国家领导人提出了工业现代化、农业现代化、科学技术现代化和国防现代化"四个现代化"的国家战略，同时党中央发出了"向科学进军"的号召。围绕着这个国家战略和号召，《1956—1967年科学技术发展远景规划纲要（修正草案）》等相关政策文件陆续发布，高校开始在各项科学研究任务的指导下进行科研事业的探索。到改革开放和社会主义现代化建设新时期，以邓小平同志为主要代表的中国共产党人提出"三步走"战略，着重提高我国经济社会发展水平。在市场经济体制开始确立的背景下，《中共中央关于科学技术体制改革的决定》《关于加速科学技术进步的决定》等政策文件的发布，促使高校科研事业开始市场经济体制下的改革发展，更加注重科研成果的外化与社会经济的紧密结合。到了21世纪前后，在"科教兴国战略"（1995）、"人才强国战略"（2002）、"质量强国战略"（2011）以及"创新驱动发展战略"（2012）的背景下，高校科研的自主性得到极大的提高。同时，在《统筹推进世界一流大学和一流学科建设总体方案》发布的背景下，"双一流"建设与"项目制"使高校的科研事业向多元自主化方向发展。由此可见，高校科研事业发展路径与国家的发展战略紧密联系着，并且受到国家发展战略的主导和相关政策的引导。

（二）动力机制分析

历史制度主义强调制度变迁的动力机制与行动者的利益密切相关，高校科研事业发展路径变迁同样受多方利益主体的影响。影响高校科研事业发展路径变迁的相关政策的背后，有着服务国家发展战略、扩大发展自主权以及培养人才的利益需求。这些不同层面的利益需求，共同构成了高校科研事业服务国家发展变迁的动力。

1. 以服务国家战略为核心的历史变迁

诺思认为："国家既是一个具有自身效用最大化的组织，也是一个实现社会效用最大化的机构。"[①]国家作为制定推动本国发展战略的主导者，其根本目的是在协调多方主体的前提下实现国家利益的最大化。在中国，中央政府是高校科研事业发展的主导者和相关事项的决策者，通过教育部、科技部等部门制定相关政策引导高校科研事业的发展。推动高校科研事业的发展，从根本上来说是为了满足国家利益和国家发展战略的需要，因此，高校科研事业发展相关政策变迁的根本动力在于国家利益的最大化。从新中国成立初期的"十二年科技规划"以及"高教六十条"提出"高等学校可适当承担国家的科学研究任务，高等学校的科学研究工作应该同科学研究机关、生产部门建立必要联系"，到市场经济体制引进后的《关于加速科学技术进步的决定》关于"科学技术是第一生产力"的论断，再到21世纪《国家中长期科学和技术发展规划纲要（2006—2020年）》中提出的"自主创新，重点跨越，支撑发展，引领未来"十六字方针。这些政策制度无不与"四个现代化""科教兴国""创新驱动发展"等国家战略相对应，在此之下实施的国家自然科学基金、国家社会科学基金、"211工程"、"985工程"、"双一流"建设等计划项目，呈现出典型的国家引领型高校科研事业的发展路径。综上所述，国家利益与发展战略始终是高校科研事业发展路径变迁的主要动力。

2. 以扩大发展自主权为核心的历史变迁

在国家发展战略和相关制度政策的引导下，高校科研事业发展的自主权也在不断扩大。在早期高校科研事业起步与探索的过程中，国家基本"包办了"高校科研事业的发展方向，政府的权力在高校科研事业中十分集中，高校作为科研事业的主体，呈现被动接受的状态。新中国成立以来，国家对高校科研事业的发展作出了具体的任务部署、计划规定以及引

---

① 转引自卢现祥主编《新制度经济学》（第2版），武汉大学出版社，2011，第236页。

导机制等，明确了高校科研事业发展的具体职责。但随着社会各方面的发展，政府的行政管控方式开始发生转型，集中管理模式以及"任务—计划"下高校科研事业发展的弊端开始显现，加之市场经济体制的建立与经济社会的快速发展，高校科研事业发展自主权扩大的诉求逐步增强。在这一背景下，政府、高校、社会各主体要求对扩大高校科研事业发展自主权的政策进行变革以及完善。在此基础之上，《关于充分发挥高等学校科技创新作用的若干意见》《关于实施科技规划纲要增强自主创新能力的决定》等政策文件的发布，对高校科研事业发展的自主权扩大有了制度上的规定。2019 年 7 月，科学技术部联合教育部、国家发展和改革委员会等部门印发《〈关于扩大高校和科研院所科研相关自主权的若干意见〉的通知》，为进一步完善相关制度体系，推动扩大高校和科研院所科研领域自主权，全面增强创新活力，提升创新绩效，增加科技成果供给，支撑经济社会高质量发展提供了政策支持。① 由此可见，扩大科研事业发展自主权的诉求贯穿于其发展路径，并在新时代拥有了更高的需求。

3. 以培养人才为核心的历史变迁

在我国，高等学校是与其他科研机构并行的国家科研力量的重要组成部分，科研机构与高校科学研究事业的发展为我国的科技实力增强和经济社会发展提供了不可或缺的动力。但弗兰克纳斯提出："成功的研究中心不能代替大学"，高校有别于其他"知识性机构"的特点之一就在于它还是着重于教学培养的地方，是培养人才的场所。② 新中国成立之初，为了迎合"十二年科技规划"等设定的科技发展目标，我国确立了与国家任务密切相关的专门专业型人才培养目标，目的是集中力量攻克国家重大科研目标任务，如"两弹一星"等。到了改革开放和社会主义现代化建设新时期，市场经济体制下的社会主义经济建设则要求高校发展与经济发展相适应，要求培养大批各种类型的人才参与经济建设，将科研成果产业化，并与市场经济相结合。在此基础上，国家发布《中共中央关于教育体制改革

---

① 《科技部等 6 部门印发〈关于扩大高校和科研院所科研相关自主权的若干意见〉的通知》，中央政府门户网站，2019 年 8 月 22 日，https://www.gov.cn/xinwen/2019-08/22/content_5423254.htm。

② 转引自金耀基《大学之理念》（增订版），生活·读书·新知三联书店，2008，第 124 页。

的决定》等一系列政策文件，指出"高等学校担负着培养高级专门人才和发展科学技术文化的重大任务"，至此，高校的科研事业开始由为政治任务服务转向为经济社会发展服务。但在高校得到重视和资源扶持的快速发展阶段，我国的人才培养思想、规格、层次和类型都表现出诸多问题，如人才思想僵化、人才规格和类型过于单一、人才层次比例不适当、高层次和创新型人才短缺等，亟待调整与改革。① 因此，在改革开放和社会主义现代化建设新时期以及创新驱动发展战略实施的背景下，高校的科研事业亟须创新型人才的补充，《跨世纪优秀人才计划》《中共中央、国务院关于深化教育改革全面推进素质教育的决定》等政策提出，"211 工程"、"985 工程"、"双一流"建设等计划开始实施。在有关政策、项目的实施下，高校开始进行内部教育改革，提出了与创新科学研究相适应的人才培养目标，为科研事业发展提供高素质、创新型和复合型人才。由此可见，高校的科研事业发展离不开人这个主体，培养与科研发展要求相适应的人才是其题中应有之义，人才培养目标的变迁贯穿高校科研事业服务国家战略变迁的始终。

（三）路径依赖分析

在历史制度主义中，路径依赖是最重要的分析视角之一。路径依赖强调在历史进程中某个重要的制度、结构、社会力量、重大事件或者其他关系对当前制度形构所产生的方向、内容和模式方面的同质性的依赖性影响。②

1. 学习效应

制度的产生并不全都来自偶然性，大多是内生性的结果。③ 新中国成立之初，在中央领导人的集体决策下，我国确定了全面学习"苏联模式"的发展路径，这使得集中管理模式在高校科研事业发展的初始阶段被确立

① 郗海霞：《改革开放三十年我国高校人才培养目标的变迁》，《中国高教研究》2009 年第 3 期。
② 刘圣中：《历史制度主义——制度变迁的比较历史研究》，上海人民出版社，2010，第 192~196 页。
③ 段宇波：《制度变迁的历史与逻辑——历史制度主义的视角》，博士学位论文，山西大学，2016。

在其路径当中。在"苏联模式"指导下，高校的科研事业得以快速起步和发展，"苏联模式"成了新中国成立初期国家科研事业发展的重要指导力量。在之后70余年的发展进程中，高校科研事业的发展对自主性和创新性需求越加强烈，国家根据各个历史时期的要求，通过不断地出台相应的政策文本来引导高校的科研事业向自主与创新方向发展。但纵观各个历史时期的相关政策文本发现，国家主导仍然内嵌于高校科研事业发展的自主创新探索时期，"项目制"下引导的高校科研事业方向引发了"唯论文""唯项目"等一系列问题，高校科研事业自主化与创新化发展仍然举步维艰。由此可以看出，在新中国成立初期，学习效应下国家选择"苏联模式"形成的集中管理模式所带来的路径依赖影响。在创新驱动发展战略要求下的新时期，本应开始自主创新发展的高校科研事业，继续选择了在外生型路径下进行发展，这无不体现了"路径依赖"中原始模式的惯性力量带来的掣肘，这种力量对高校科研事业的自主性和创新性发展造成了阻碍。

2. 协同效应

协同效应原指企业生产、营销、管理的不同环节、不同阶段、不同利益相关主体，共同利用同一资源而产生的整体效应。① 在高校科研事业发展道路的变迁当中，各方利益主体包括国家、高校、社会等，为适应国家发展战略的号召、经济社会发展的需要、高校科研自主发展的诉求，政府不断出台政策文件，以增强高校科研事业的发展与国家战略、高校自身、社会等主体的协同性。国家在各个历史时期所出台的指导高校科研事业发展的相关政策文件，大多为纲领性文件，具体的操作性政策相对偏少。从另一方面说，这些纲领性的政策文件，为探索高校科研事业发展道路提供了更为广阔的空间。但在高校自主管理过程中，由于进行发展道路的创新与变革涉及巨大的"实施成本""协调成本"等，在其科研方面更倾向于选择国家主导下的发展路径。因此，在这种行动者与其他主体、相关利益、制度结构等多重因素的协调下，高校自行选择了以往的路径（国家主导下的科学研究）进行强化。在这种路径依赖的自我强化的过程中，在高

---

① 参见〔德〕H. 哈肯：《协同学导论》，张纪岳、郭治安译，西北大学出版社，1981。

校这个核心主体为了避免产生"实施成本"而选择国家主导路径的情况下，相关政策很有可能在实施过程中变质甚至是流于形式，高校的科研事业很难有突破性的科研成果产生。

3. 适应性预期

适应性预期是把预期现象体现在经济思想中的一种广泛使用的方法，即把行为看作对预期事件和实际事件之间的差别起适应作用。① 将其放在制度层面来看，可以表述为当一项制度一旦被固定下来，行动者对该制度适应性预期的增加往往会导致其习惯于从旧有的制度要素中寻求指导，当多数人都持有同样的认知，并采取相同的行为模式的时候，该制度将进一步被强化。② 高校科研事业发展道路经历了从国家"任务—计划"指导下的探索发展到创新驱动发展战略下的自主创新探索，而最原始的"苏联模式"影响下的国家主导高校科研事业发展路径一直贯穿在这个发展历程中。国家倾注了大量的资源支持高校的科研事业发展，使之成为国家科研力量的重要组成部分。尽管市场经济体制的确立以及国家战略转型使高校科研事业的自主权扩大，但是在要求高校科研事业自主创新发展，产出更多突破性成果的社会要求新时期，高校开展国家发布的科研项目以外的创新性研究仍然得不到充足的资源支持。因此，在巨大的"实施成本"影响下，高校发展科研事业更倾向于依赖国家主导下的科研路径，由此影响着高校自主创新能力的提高。

四　高校科研事业发展的思考

基于历史制度主义进行研究能在长时间和中观、宏观的视野下考察制度变迁的结果，同时也能在历史和传统的背景下为制度变革和发展提供帮助。基于此分析视角，纵观高校科研事业的发展历史，对其深层结构、动力机制、路径依赖等分析发现，高校科研服务国家战略有如下的变化。第一，经历了从新中国成立初期国家"任务—计划"指导下的起步探索到新时代国家战略引导下的改革发展的路径演变。在这个演变过程中，高校科

---

① 郭振乾、白文庆、尚明等主编《金融大辞典》，四川人民出版社，1992，第 1152 页。
② 罗红艳：《我国公立大学治理政策变迁的制度逻辑——基于历史制度主义的分析》，《中国高教研究》2014 年第 3 期。

研实力与地位得到飞速的发展与提高，彰显了我国"集中力量办大事"理念的有效性，其中项目制发挥了重要作用。第二，服务于国家战略、争取扩大科研自主权以及培养人才是推动高校科研事业发展的核心动力，这股动力使我国的高校在国家战略的导向下，快速地"行驶"于科研与人才培养"双重轨道"之上，与社会发展相适应，成为推动国家全面发展的"火车头"。在当前国家要求深化科技体制改革，为高校行使科研自主权提供法规支持的背景下，高校的科研体制转变亟须补充"燃料"，否则难以跟上国家需求发展的速度。第三，由于学习效应、协同效应以及适应性预期现象的影响，高校科研事业在与社会、政治、经济演变发展相适应的同时，存在明显的路径依赖现象。这种对外部力量的依赖，有可能会妨碍高校科研事业的自主创新性。

高校和科研院所从事探索性、创造性科学研究活动，具有知识和人才独特优势，是实施创新驱动发展战略、建设创新型国家的重要力量。[1] 在习近平新时代中国特色社会主义思想的指导下，高校科研事业的发展在创新驱动发展战略的新时代有了更高的要求。因此，本节在回溯新中国成立以来我国高校科研事业发展历史变迁的基础上，通过历史制度主义的分析视角，提出以下几点建议。第一，制定合理的实施细则，扩大高校科研自主权与创新科研。从宏观层面来看，在《关于扩大高校和科研院所科研相关自主权的若干意见》等政策发布的前提下，我国关于高校科研自主创新的有关政策规定基本涵盖了高校科研事业的方方面面。但上述提到的国家政策大部分都是纲领性文件，较少有具体的操作性政策，因此制定合理的实施细则，有利于摆脱协同效应的影响，促使高校科研事业的有关管理者实质性落实高校自主科研与创新科研的要求，从真正意义上使高校科研事业走上自主性与创新性相结合的发展道路。第二，完善高等教育相关法律法规，扩大高校自主治理权。党委—校长领导制下的高校能够得到有序的治理，让高校的科研事业得到系统化的推进与发展，但这种制度也使行政权力深深嵌套在高校的科研管理体系当中，使高校的科研事业在推进的过

---

[1] 《科技部等6部门印发〈关于扩大高校和科研院所科研相关自主权的若干意见〉的通知》，中央政府门户网站，2019年8月22日，https://www.gov.cn/xinwen/2019-08/22/content_5423254.htm。

程中深受学习效应的影响。因此，完善关于扩大高校自主治理权的相关法律法规，有利于在国家法制层面从当前的高校管理体系当中寻求高校自主科研的突破口，推动高校科研事业与创新驱动发展战略更加契合。第三，推进科研资源的合理分配，支撑高校科研创新。上述分析中曾提到，新中国成立初期高校的科研资源（经费等）来源于国家重大科研任务的支撑，而后在市场经济体制下，项目制的确立使高校的科研资源由原先的国家直接分配转向高校通过项目课题向国家申请。这种转向在一定程度上增强了高校的科研活力，但更多是使高校科研陷入适应性预期当中，因无法承担自主科研的"实施成本"而继续在国家项目的引导下进行循环研究。因此，在破"五唯"和强调研究者创新科研的背景下，需要在"项目制"下推动课题以外的科研资源分配，解除高校研究者的"后顾之忧"，破除适应性预期的影响，促进高校科研突破原有的限制，创造产出重大创新科研成果的政策环境。

五　小结

改革开放以来，中国高等教育发展所取得的成就很大程度上与国家实施的项目制支持紧密关联。综上所述，项目制支持中国高等教育发展的动力机制主要表现为：项目制中蕴含的国家主导与市场作用的发挥构成了高等教育发展的总体特征；国家项目对高等教育事务的全方位覆盖构建了一个完备的高等教育项目制体系，为高等教育发展提供了物力、财力、人力等全方位保障；项目制引入市场元素与机制，有效地调动了各级政府、高等学校、高校教师等相关行动者的行动积极性，将他们的行动与精力集中于国家高等教育战略目标的实现上；项目制所具有的技术治理特征为高等教育各项事业的发展提供了清晰的可供遵循的路线图；项目制不仅仅以重点建设的方式让一部分高校"先富"起来，而且十分重视均衡协调发展，从而带动高等教育整体实力与水平的跃升。可以说项目制作为国家资源再分配的机制，在一定条件下有着集中力量办大事、高效率配置资源的优势。[①] 很多时候，"教育工程"之所以受到政府的青睐，一是相对完整的行

---

① 周雪光：《项目制：一个"控制权"理论视角》，《开放时代》2015 年第 2 期。

动模式为管理带来了便利;二是一定程度上克服了高等教育资源短缺和低效配置,有力地促进了高等教育的发展。① 项目制对中国高等教育发展的这种支持作用也构成了高等教育发展的中国逻辑与中国经验。

项目制的这种支持作用一方面使"有为政府+有效市场"机制对于高等教育发展的重要性越加凸显,另一方面也体现了项目制中蕴含着新型举国体制构建的部分要素。从国家治理的全局来看,构建新型举国体制、充分发挥新型举国体制的优势已溢出体育、科技等领域,亦成为高等教育建设与发展的重要制度机制。党的二十大报告提出,"健全新型举国体制,强化国家战略科技力量"②。2022 年 8 月,教育部印发《关于加强高校有组织科研 推动高水平自立自强的若干意见》,就推动高校充分发挥新型举国体制优势,加强有组织科研,全面加强创新体系建设,着力提升自主创新能力,更高质量、更大贡献服务国家战略需求作出部署。③ 而在高等教育实践中,举国体制以或隐或显的方式成为推动我国高等教育现代化建设和国家高等教育综合实力提升的一种制度机制。如今,高等教育领域也面临构建新型举国体制的历史使命。如何构建高等教育的新型举国体制为国家高等教育发展战略目标服务便成为未来很长一段时间内需加以不断研究与探索的话题。无论是传统举国体制还是新型举国体制,其作用的发挥往往都需以系列制度安排为支撑。在财政是国家治理的基础和重要支柱的意义上,新型举国体制的构建及其运作有着强大的财政机制与财政逻辑。因此,新型举国体制的构建及其运作也必须将强大的财政机制与财政逻辑作为重要支撑,使财政发挥物质支持、引导、激励、动员、约束等多方面的功能。回看改革开放以来的高等教育财政史,作为一项高等教育财政制度,项目制的实施与实践无不深刻地体现着举国体制的要素,并对新型举国体制的构建起着支持作用。一方面,项目制成为国家高等教育战略目标

---

① 李津石:《"教育工程"研究:基于政策工具理论视角》,北京大学出版社,2015,第 41 页。
② 习近平:《高举中国特色社会主义伟大旗帜 为全面建设社会主义现代化国家而团结奋斗——在中国共产党第二十次全国代表大会上的报告》,人民出版社,2022,第 35 页。
③ 《教育部印发〈关于加强高校有组织科研 推动高水平自立自强的若干意见〉》,2022 年 8 月 29 日,中华人民共和国教育部网站,http://www.moe.gov.cn/jyb_xwfb/gzdt_gzdt/s5987/202208/t20220829_656091.html。

实现的抓手；另一方面，项目制也成为构建新型举国体制的一种十分有效的制度机制。总体而言，项目制的实施深刻地蕴含着高等教育新型举国体制的形成基础：财政项目制通过一定的组织形式将国家高等教育战略落到实处；项目制具备的强大财政治理能力体现出高等教育发展成就背后的财政观；财政项目制将市场要素纳入制度框架内，形成"有为政府+有效市场"的组合体；财政项目制以多重资本的身份调动多方行动者"集中力量办大事"。

另外，本章仅仅从上述几个角度对项目制支持中国高等教育发展的动力机制作出了初步探讨，对于中国高等教育发展所取得的成绩尤其是成绩背后的机理与逻辑的阐释有赖于在理论上作出更多努力，尤其应该考虑将这一议题放置在跨学科的学术语境中加以讨论。与此同时，如何避免项目制在运作实践中存在的一些妨碍高等教育发展的因素以及未来如何更好地发挥项目制的优势进而促进中国高等教育的发展与高等教育强国建设，都有待研究的进一步开展。

第四章

项目制下的高等教育生态

过去几十年来，项目制在很多方面对中国高等教育发展起到强大的支持作用。但其实践过程中往往会伴随不同的制度情境、不同的学校组织、不同的个体行动者等因素相互作用与时代变化而产生系列问题，由此可能会给高等教育生态带来一定的负面影响。

第一节 科层制嵌入项目制：大学学术治理的制度审思

自民族国家产生以来，国家治理社会各项事务的能力经历了从弱到强、从单一到全面的过程。[①] 在由弱变强的过程中，包括大学学术等在内的各项社会事务均被纳入国家治理体制之中。与西方现代化进程呈现出"先社会，后国家"的历史路径不同，中国现代化的构建遵循着"先国家，后社会"的反向进路。[②] 在由国家构建社会的时代背景下，国家对于大学学术的治理替代大学的自我治理成为中国大学学术发展的历史基调与主旋律。这意味着，国家治理体制的变革必定引领大学学术治理的变革进而呈现出由国家主导大学学术发展的样态。当前，项目制已成为国家治理体制的新常态，并由财政领域溢出进而渗透进教育、文化等社会各个层面。在"项目治理大学"的逻辑之下，高等教育学术发展从此走上了一条新的发展道路，通过自上而下的项目运作实现国家对大学学术的治理成为大学学

---

① 孙明军：《政治发展进程中的国家能力及其限度分析》，《社会科学战线》1999 年第 3 期。
② 蒋达勇：《现代国家建构中的大学治理——基于中国经验的实证分析》，中国社会科学出版社，2014，第 283 页。

术发展的主要方式与特征，其中科研项目和人才项目的实施是国家治理大学学术最形象的表达。改革开放以来，特别是"自 20 世纪 90 年代中期之后，中国的大学发生了跨越式发展，学术研究也获得了来自国家前所未有的资金投入和资源配置"①。种类繁多的科研项目与人才项目（包括直接针对高等学校或与高等学校相关的项目）成为大学学术资源配置与治理的重要方式。经过多年的政策实践，各种科研项目与人才项目均形成一套程序规范与运作体系（从项目申报到项目实施），大学科学研究与教师学术职业发展均被有条不紊地纳入项目所规划的程序之中。由此，项目被制度化，大学学术治理的项目制得以形成。在项目制社会中，不仅项目设计了高等教育新的运行规则，高等教育也丰富了项目的表现形式，从而被赋予新的内涵。

作为一种"反科层治理"②的社会治理体制，项目制设计的初衷便是通过引入竞争等具有市场经济特征的要素实现资源的重新配置与组合，充分调动社会各界的积极性，以期能规避常规科层制体系所呈现出的等级性、程序僵化等弊端。"当常规多任务模式失败时，打破传统科层结构的项目制等非常规任务模式就会被启动以完成特殊任务。"③ 然而项目的实际运行却产生了折晓叶等人提出的"分级治理"的意外后果，即所谓的从中央到地方再到基层的"发包—打包—抓包"的等级运作机制。④ 由于对科层制的制度惯性所形成的路径依赖，项目制的运作无法摆脱科层制的嵌入，原本被构建起来的新的社会治理体制又被科层制重构，形成所谓的"科层为体、项目为用"⑤ 的治理格局。

在大学学术场域内，以科研项目与人才项目为代表的学术项目的运行

---

① 《许纪霖：一流的学术成果不是项目而是闲暇的产物》，搜狐新闻，2016 年 1 月 19 日，https://www.sohu.com/a/55162583_141020。
② 李有学：《反科层治理：机制、效用及其演变》，《河南大学学报》（社会科学版）2014 年第 1 期。
③ 赖诗攀：《中国科层组织如何完成任务：一个研究述评》，《甘肃行政学院学报》2015 年第 2 期。
④ 折晓叶、陈婴婴：《项目制的分级运作机制和治理逻辑——对"项目进村"案例的社会学分析》，《中国社会科学》2011 年第4期。
⑤ 史普原：《科层为体、项目为用：一个中央项目运作的组织探讨》，《社会》2015 年第 5 期。

也在一定程度上遵循着"科层为体、项目为用"的制度逻辑。在实践中，从国家、地方到高校均有与之对应的科研项目与人才项目，从而形成一个自上而下的学术项目分级系统。如若运用折晓叶等人提出的"发包—打包—抓包"的项目运作机制理论，我们可以发现在高等教育领域内，科研项目与人才项目并未遵循"发包—打包—抓包"三级运作逻辑，而是遵循着一条更为直接的路径，即"发包—抓包"的双向互动过程。

项目对自由、竞争等元素的吸纳开启了高等教育发展的新模式。在项目运行过程中，科研项目与人才项目的实施跳出了传统科层制"自上而下的层层下命令"与"自下而上的层层申报"的僵化机制，建立了一套相对灵活、自由的申报体系，在一定程度上保障了教师的学术自由。如上所言，对于高校教师来说，在与国家、地方、高校科研项目与人才项目的互动中，项目制运作并没有完全形成一个"发包—打包—抓包"三级分级机制，更多是一种"发包—抓包"的双向互动过程。在这个过程中，国家科研项目与高校教师、地方科研项目与高校教师之间都可以形成"发包—抓包"的互动关系。意即，高校教师无须先地方再国家或者是申报国家科研项目需要经过"学校同意—地方审核—国家批准"的程序。同理，在人才项目中，高校教师也无须遵照层层批准的程序。无论哪一个项目，只要高校教师愿意，便可与项目的"发包方"构成直接的互动呼应关系。

然而，事实又并非完全如此，项目的运作往往会产生许多意料之外的后果。从项目设立到实施所产生的严密运作程序、新的学术等级系统又使科层制重新嵌入项目制的运作机制中，使项目制下的学术治理格局日益科层化。① 项目制从制度安排到实际运行都是在项目"发包"与"抓包"所共同构成的项目供给（教育部等行政部门）与项目需求（高等学校）中展开的，这一供给与需求关系确立的是政府与高校之间、项目之间的上下等

---

① 严格的规章制度和等级制度是科层制的两个典型特征。参见周雪光《组织社会学十讲》，社会科学文献出版社，2003，第 11 页。在《现代社会中的科层制》一书中，彼得·布劳和马歇尔·梅耶总结了科层制的四个基本特征：严格的规章制度、权力等级、专业化和非人格化。参见〔美〕彼得·布劳、马歇尔·梅耶《现代社会中的科层制》，马戎、时宪民、邱泽奇译，学林出版社，2001，第 7 页。

级关系，并成功地将项目运作过程纳入原有行政科层体系中或将自身运作行政科层体制化，最终形成项目制不得不依附于科层制体系[①]或仰赖于科层思维而正常运转、发挥其功能，以期更有效地实现国家项目的战略意图。

第一，从项目的"发包"到"抓包"（项目申报到实施）遵循着严密的运作程序。为应对专项转移支付管理中所出现的种种问题，中央政府运用的是自上而下的等级控制手段。渠敬东等人认为，随着专项项目资金的规模日益增大，国家发展改革委和财政系统逐渐发展出一套严格而完备的项目申请、批复、实施、考核和审计制度。上级政府开始变成下级政府的项目发包人，下级政府成为项目的竞争者，而专家学者也被纳入项目的评估和考核体系中，为这套体系提供了技术合法性。[②]

立项、申报、审核、监管、考核、验收、评估等环节都有一套严密的技术系统，程序烦琐，如果没有专业化的人才去应对，那么就无法做到项目的规范化运作，项目制反科层化的同时又陷入了科层化的程序当中。[③] 在项目制约束下，高校、教师作为"抓包方"不得不与"发包方"进行互动，否则将会大大压缩自身的发展空间，甚至连生存空间都有可能面临威胁。因此，为了能抓到政府发出的"项目包"，高校及教师必须按照"发包方"的要求和规定进行操作。以政府设定的程序为中心，高校、教师围绕科研项目与人才项目逐渐走进由动员、培训、申报、审核至终极评估构成的"学术项目链条"之中，以此实现国家对学术的监管与控制。

第二，等级式学术系统的呈现。以人才项目运作为例，国家人才计划的出台，刺激了地方政府和高校人才计划的产生，形成上下级政策间的"刺激—反应"效应。在人才项目的运作过程中，高校教师往往遵循着"高校学者—地方学者—国家学者"的职业发展路径，由此便构成了自下

---

① 杜春林、张新文：《从制度安排到实际运行：项目制的生存逻辑与两难处境》，《南京农业大学学报》（社会科学版）2015年第1期。

② 渠敬东、周飞舟、应星：《从总体支配到技术治理——基于中国30年改革经验的社会学分析》，《中国社会科学》2009年第6期。

③ 刘成良：《"项目进村"实践效果差异性的乡土逻辑》，《华南农业大学学报》（社会科学版）2015年第3期。

而上的人才等级系统。原本存在于行政系统中的"国家—地方—基层"等级关系很快便在高等教育系统被移植、复演。在常规的从助教到教授的学术等级体系之外，重构了一个新的学术等级体系，并以国家级人才项目为最高权威，形成普通学术劳动力市场和精英学术劳动力市场的区隔。在科研项目领域，职称评定、论文发表、项目申报、成果评价等往往与科研项目的等级密切相关，故而形成国家科研项目、地方科研项目、学校科研项目的分等。应该说，无论是科研项目还是人才项目，其最重要的目的是为大学学术发展提供充分的人力与物力支持，创造一个相对自由竞争的良性环境，而非重塑一个科层制式的学术等级系统。

当严密运作程序、学术等级系统呈现出来时，我们便能意识到：项目的理想并非设计一个真正意义上的学术体制，而是倾向于生发出一套与原有行政科层体制相一致的治理结构，试图通过其运作成功地将项目拉回科层思维中，实现二者的整合。在项目与学术水平、学术自由关系的直接性与必然性缺失的条件下，项目所发挥的功能似乎是以一种变异的、更加老练的形式①对高等教育进行治理，从而成就行政体制对于高校学术的权威。或许，项目制的设计从一开始就预见了其无法摆脱科层化的命运，从而刻画了其权威等级与资源等级的本性。事实上，项目制不可能彻底打破更为根本的等级制，而是在总体上表现出对既成等级制的复制与接续。② 因此，一场旨在突破科层制束缚的体制变革，如今又被科层制思维成功嵌入，并被科层制思维重新控制、主导，演绎了一场所谓项目镜像的学术治理格局。项目可以看成重新伪装后的科层，其最终形成的结局是"项目搭台，科层唱戏"与"市场搭台，政府唱戏"的大学学术治理的新常态与新生态。

因科层嵌入，科层思维的"自上而下""等级""控制""权威"等元素框定了项目运作及其诱致的系列意外后果。在科层制与项目制的双重逻辑下，高校学术场域得以重构，高校学术生态得以重塑。根据皮埃尔·布迪厄场域理论，一个场域中最主要的要素包括场域内的行动者、行动者掌

① 〔荷〕弗兰斯·F.范富格特主编《国际高等教育政策比较研究》，王承绪等译，浙江教育出版社，2001，第132页。
② 肖瑛：《作为治理术的科研项目制》，《云梦学刊》2014年第4期。

握的资本与行动者的惯习，以及由此构成的"各种位置之间存在的客观关系的一个网络"①。围绕学术项目及其科层特性，不同位置行动者因掌握的资源不对等而进行的等级强制互动、行动者自上而下的控制和自下而上的反控制行为倾向与利益诉求、等级权威塑造的场域内文化资本体制化转向等构成的复杂关系为我们勾勒出一幅新的学术生态图。

一　等级强制互动：场域内不同位置行动者及其所掌握资源的不对等

在场域内，不同的行动者处于特定的位置，掌握着不同的资源，资源占有优势一方对弱势一方进行挤压与控制，弱势一方与优势一方构成"屈从式"的互动关系模式。在项目制场景下，通过"发包—抓包"机制塑造的大学学术场域内的行动者主要包括政府（中央和地方）、高校、教师三个行动者。随着科层制思维的嵌入，项目等级性得以构建，项目权威性无限扩大。就政府与高校、教师之间的关系来看，政府是项目"发包方"，通过实施科研项目和人才项目生产不同形态的制度性资源，包括项目资源的多寡与等级高低，从而引导高校学术发展；高校和教师是项目"抓包方"，其拥有从事学术研究的能力，可根据自身意愿自由选择是否"抓包"。然而，囿于权力、资源以及政策的制约，高校和教师作为"下级"身份属性的划定、固化与其学术能力作为一种"低级资源"（相对于行政资源）的位分，通常只能消极被动地接受上级政令，完成上级所下达的指标和任务。② 自上而下的科层条线传递、科层规则导向对项目统一规划、项目目标导向的替换③使高校和教师不得不承担完成"发包方"下发任务的责任，通过项目申报等程序实现与政府项目的无缝对接，从而走上一条体制性发展道路，实现学术与体制的联结。

---

① 〔法〕皮埃尔·布迪厄、〔美〕华康德：《实践与反思——反思社会学导引》，李猛、李康译，邓正来校，中央编译出版社，1998，第133~134页。
② 陈长虹、黄祖军：《从运动式到项目化：论基层政府动员转型》，《经济与社会发展》2014年第1期。
③ 史普原：《科层为体、项目为用：一个中央项目运作的组织探讨》，《社会》2015年第5期。

二 控制与反控制：场域内行动者的惯习及其行为倾向与利益诉求

惯习是指那些"持久的、可转移的、系统的禀性，也就是说以某种方式进行感知、感觉、行动和思考的倾向"①。这些倾向在实践中获得，又持续不断地旨在发挥各种实践作用；不断地被结构形塑而成，又不断地处在结构生成过程之中。② 场域形塑着惯习，惯习成了某个场域固有的必然属性。③ 在场域约束与形塑下，不同的行动者拥有不同的行为倾向与利益诉求。双重制度下的高校学术场域塑造了政府与高校各自不同的行为倾向与利益诉求：政府以其绝对权威进行自上而下的控制与高校变通式地进行自下而上的反控制从而实现各自利益。经过长时段的实践，高校与政府之间构成的这种策略性互动成为高校学术场域内双方实践与行动的"惯习"。

在双重制度逻辑下，政府作为"发包方"，"通过项目的设计、分配、检查和结项，公共权力的代理人一方面控制了学术人的研究选题及其研究进程和结果的评价体制，从而达到控制学术人的研究方向、学术兴趣的目的，另一方面控制了科研经费，从而控制了学者和机构的学术行动"④。在研究方向、学术兴趣、学术行动受控的条件下，政府的利益诉求是通过对学术项目资源的控制，将高等教育与宏观战略意图、现代化建设宏伟目标进行整合以实现高等教育的"国家意义"；而在高等教育资源竞争日益激烈的时代，由于政府所能提供项目的多少、层次的高低直接决定了高校、教师在场域内的地位，无论是高校还是教师都希望能借此机会获得更高等级的科研项目和人才项目，以此提升其在学术场域内的地位，从而实现高等教育的"组织意义"与"个人意义"。

围绕"国家意义""组织意义""个人意义"，"发包方"与"抓包方"之间形成一种自上而下的"控制"与自下而上的"反控制"互动关系。项

---

① 〔法〕菲利普·柯尔库夫：《新社会学》，钱翰译，社会科学文献出版社，2000，第75页。
② 〔法〕皮埃尔·布迪厄、〔美〕华康德：《实践与反思——反思社会学导引》，李猛、李康译，邓正来校，中央编译出版社，1998，第165页。
③ 〔法〕皮埃尔·布迪厄、〔美〕华康德：《实践与反思——反思社会学导引》，李猛、李康译，邓正来校，中央编译出版社，1998，第172页。
④ 肖瑛：《作为治理术的科研项目制》，《云梦学刊》2014年第4期。

目成为行动者追逐各自利益的平台，并使行动者自愿加入项目所设计的"游戏"规则中，"游戏者都同意游戏是值得参加的，是划得来的；这种同意的基础并非一份'契约'，而就是他们参加游戏的事实本身"①。这种事实即是各行动者借项目之名，获利益之实，项目反而成了生计的资本。在对项目"游戏"规则的认同与互动中，不仅项目设计的初衷招致叛离，高校学术也深陷"规制"困顿；高等教育的"国家意义""组织意义""个人意义"得到彰显，"学术意义"被遮蔽。项目成就了行动者各自的利益追求，却唯独牺牲了教育和学术本身的利益。② 高校学术研究的"特殊主义"替代"普遍主义"从而"限定了研究的范围和内容，限定可行的和可接受的研究结果，限制研究结果的政治意义，研究结果成了政治领域强有力的工具"③。

三　等级权威：场域内文化资本体制化转向的塑造

在布尔迪厄的文化资本理论中，文化资本包括具体状态的文化资本、客观形态的文化资本和体制状态的文化资本三种类型④，我们分别称之为主体性文化资本（主要指教师和学生）、客体性文化资本（如图书馆、实验室等）和体制性文化资本（国家政策所赋予的制度性资源与身份）。⑤ 由"人才项目"配置的"项目人才"占据高等学校学术劳动力市场的顶端，构造了与常规性学术劳动力（助教、讲师、副教授、教授）间的"等级区隔"，成为"项目时代"体制性文化资本的新型权威代表。在由国家构建高等教育的时代里，当科层制开始嵌入项目时，项目便开始与等级、权威、资源占有等发生勾连，从而塑造了行动者的行动趋向。项目安排作为

---

① 〔法〕皮埃尔·布迪厄、〔美〕华康德：《实践与反思——反思社会学导引》，李猛、李康译，邓正来校，中央编译出版社，1998，第 135 页。
② 郑永年：《保卫社会》，浙江人民出版社，2011，第 256 页。
③ 〔美〕伊曼纽尔·沃勒斯坦：《知识的不确定性》，王昺等译，郝名玮校，山东大学出版社，2006，第 94 页。
④ 包亚明主编《文化资本与社会炼金术——布尔迪厄访谈录》，上海人民出版社，1997，第 192~193 页。
⑤ 熊进、庞青山：《文化资本理论视角下大学分层现象审视》，《江苏高教》2014 年第 2 期。

高等教育场域中的重大"事件"日益被加工、转换成权力和地位的象征①，体制性文化资本尤其是处于制度顶端的文化资本几乎是任何一所高校和任何一位高校教师想要向上发展的最主要原因。

项目运作的科层化建构了项目对于高等教育的绝对权威与控制。在项目权威性无限扩张的时代中，围绕项目构成的行动者行为塑造了学术场域自主性的不断压缩与权力场域的无限拓展的高校学术生态。在项目与科层交织主导的学术生态环境之中，高校学术研究大体上生产两种"类型知识"。第一，存在一种并不是以理论脉络和知识发展范式为依凭而是以某种"自上而下"的规划为根据的知识生产方式以及与之相应的"类型知识"。由于这种规划本身就是从意识形态、政策或非学术的需要出发而制定出来的，所以我们可以把那种根据它而生产出来的知识称为"规划的知识"。第二，存在一种也不是以理论脉络和知识发展范式为依凭而是以其他各种需要（如社会需要、经济需要和政治需要）为根据的知识生产方式以及与之相应的"类型知识"，亦即明确违背知识场域逻辑或遵循非知识场域之逻辑而生产出来的那种知识。② 这种模式下知识生产很难说得上是创新。"制内市场"模式虽然有利于挖掘市场在调动资源方面的潜力，但在建立以创新为基础的高等教育发展模式方面却不那么成功。③

在"规划"的话语与意识形态下，"为了学术的项目"与"为了项目的学术"（亦称"规制性的科学"④ ）的纠结与纠葛模糊、掩盖了高校学术的本真，高校学术发展陷入"两难处境"。事实上，每一个场域都有其自身独特的逻辑与必然性，任何其他场域"也不可化约成支配其他场域运作的那些逻辑和必然性"⑤，否则将会面临合理性与正当性基础的质疑与丧失。在"先国家，后社会""先国家，后高校"的逻辑下，当政府部门日

① 〔美〕孔飞力：《叫魂：1768 年中国妖术大恐慌》，陈兼、刘昶译，上海三联书店、生活·读书·新知三联书店，2012，第 273 页。
② 邓正来：《反思与批判：体制中的体制外》，法律出版社，2006，第 51 页。
③ 郑永年、黄彦杰：《制内市场：中国国家主导型政治经济学》，邱道隆译，浙江人民出版社，2021，第 370 页。
④ 〔美〕D. 古斯通、D. 萨雷威策主编《塑造科学与技术政策——新生代的研究》，李正风等译，北京大学出版社，2011，第 92 页。
⑤ 〔法〕皮埃尔·布迪厄、〔美〕华康德：《实践与反思——反思社会学导引》，李猛、李康译，邓正来校，中央编译出版社，1998，第 134 页。

益成为其本身时，高校却渐渐不成为其本身。在中国现代化的语境下，在项目成为政府实现现代化宏观战略目标主要方式的控制下，高校极有可能扮演着承担完成政府任务与项目责任的角色。

第二节　单位制与项目制：高等教育资源分配的制度逻辑及反思

新中国成立以来，随着经济社会管理体制由计划经济向市场经济转轨，高等教育资源分配方式也随之发生了深刻变化。从制度安排的视角看，我国高等教育资源分配方式经历了从单位制到项目制的制度变迁。当前，项目制不仅是一种新的国家治理体制，还是一种新型的高等教育资源分配机制。概而言之，作为计划经济体制下高等教育资源分配制度的单位制与作为市场经济体制下高等教育资源分配制度的项目制，二者共同勾画出新中国成立70余年来高等教育资源分配的制度变迁图，由此也框定了高等教育资源分配格局与高等教育系统整体发展态势。

一　单位制与项目制：高等教育资源分配的两种制度机制

纵览新中国成立以来的经济社会发展，单位制和项目制不仅是两种国家治理制度模式，还是两种主要的高等教育资源分配制度。单位制下的高等教育资源分配以计划、指令等方式对高等教育进行宏观建设；项目制下的高等教育资源分配以竞争为特点对高等教育进行微观建设。在国家治理体制由单位制向项目制的变迁视野下，高等教育资源分配方式也发生了从以单位制为主向以项目制为主的制度转换，项目制已成为当前高等教育资源分配的典型制度模式。

（一）单位制下高等教育资源分配的表现及特点

新中国成立后，计划、控制是国家治理的典型手段，通过单位制模式或思维完成国家对社会的治理是计划经济体制下的制度特征，并嵌入高等教育领域内。对于高等教育来说，单位制不仅是一种国家治理高等教育的制度安排，还是一种对高等教育资源分配的制度机制。单位制思维对高等教育资源的分配主要表现在新中国成立至改革开放后的一段时间内对高等教育的宏观建设上，亦即重点高校与"211 工程""985 工程"高校的建设。其分配与建设特点主要有以下两个方面。

第一，单位制下高等教育宏观建设（重点高校建设）以计划、指定等思维为方式。新中国成立后，国家治理高等教育的突出表现是根据国家意愿在全国范围内进行院系调整和重点建设。经过 1951~1953 年的院系调整，为适应国家经济、政治发展需要，国家开始在高等教育系统中确定重点高校。例如，1954 年发布的《关于重点高等学校和专家工作范围的决议》确定了北京大学等 6 所院校为重点高校；而 1959 年发布的《关于在高等学校中指定一批重点学校的决定》提出重点建设北京大学等 16 所高校；1963 年，又增加浙江大学等 4 所学校为重点高校。单位制下高等教育宏观建设（重点高校建设）的完成，对 20 世纪 90 年代"211 工程""985 工程"的确立产生了影响。"211 工程""985 工程"虽然身处市场经济体制时代，但其在很大程度上实现的是与先前宏观建设（重点高校建设）结构的吻合。如有学者所论，新中国成立以来，我国优质高等教育资源的形成及分布格局的变化是与重点高校制度的建立和完善同步的。重点高校制度的实行以及在重点高校制度创新基础之上开展的"211 工程"和"985 工程"对新中国成立以来我国的优质高等教育资源分布产生了重要影响。[①]纵观之，单位制下重点建设的高等教育宏观安排是政府指定性、计划性的设计，没有经过申报、评审等竞争性环节，并影响了后续"211 工程""985 工程"的确立。随着单位制下重点高校建设的实现以及"211 工程""985 工程"的确立，高等教育宏观结构由此框定。

第二，以单位为建设对象。单位是新中国成立后很长一段时期内国家治理社会所采取的一种特殊组织形式，是中国政治、经济和社会体制的基础。[②] 它既是一种调控单位又是一种资源分配单位。[③] 李猛等人认为，单位

[①] 彭泽平、金燕：《我国优质高等教育资源分布格局的百年演变——基于民国以来的历史考察》，《教师教育学报》2015 年第 3 期。

[②] 路风：《中国单位体制的起源和形成》，载中国社会科学院社会学研究所编《中国社会学》（第 2 卷），上海人民出版社，2003，第 91~92 页。

[③] 景朝阳：《中国事业单位的概念考察》，《生产力研究》2007 年第 24 期。

制确立了所有社会要素所依赖的路径，国家的行政指令、组织的科层等级、资源的封闭控制乃至人们的生活方式等，都由单位制这种主导逻辑来决定。城市内居于再分配体制中心的技术性最差的事业单位、行政单位是最典型的"单位"。① 对于高等教育来说，"单位"的确切内涵是指国家对高等教育进行重点建设时，以高校"单位"整体为建设对象，采用一种非竞争性、指令性、封闭性方式，选择一批高校进行重点建设。② 单位的身份归属是高等学校在高等教育场域内地位高低的表征。在单位制格局下，高等学校的外在制度环境成为高校组织资源的主要或近乎唯一的供给者，从而使得外在制度资源的输入成为高校组织生存的关键因素。高等学校内部任何一个局部（如学科）想要得到发展必须以单位为依托来获取资源。由于是以单位为整体进行"三六九等"的建设，高等教育系统形成典型的金字塔结构。金字塔是一种正式制度，由政府直接控制和维护，在绝大多数情况下，政府严格维护这个系统并使之稳定不变。③

（二）项目制下高等教育资源分配的表现及特点

20 世纪 80 年代以来，市场要素逐渐获得了体制性认可。随着市场经济体制的逐步确立，国家治理体制也渐次发生了变化。随着国家拨款方式特别是 1994 年分税制改革以来的财政、行政等领域的变革，项目制式的国家治理体制逐渐确立。④ 在高等教育领域，自 20 世纪 80 年代以来，随着科研、人才、教学、学科等各个项目的试点、完善与强化，高等教育治理的项目制模式得以构建。如果说单位制下高等教育资源分配主要表现在以单位为形式对高等教育的宏观建设上，那么项目制下高等教育资源分配则表现在对高等教育的微观建设（对高等教育科研、教学等各个方面进行无微不至、细枝末节的建设）上。其分配与建设特点体现为以下两个方面。

---

① 李猛、周飞舟、李康：《单位：制度化组织的内部机制》，载谢立中主编《结构—制度分析，还是过程—事件分析？》，社会科学文献出版社，2010，第 35 页。
② 李福华：《从单位制到项目制：我国高等教育重点建设的战略转型》，《高等教育研究》2014 年第 2 期。
③ 赵炬明：《精英主义与单位制度——对中国大学组织与管理的案例研究》，《北京大学教育评论》2006 年第 1 期。
④ 渠敬东：《项目制：一种新的国家治理体制》，《中国社会科学》2012 年第 5 期。

第一，竞争性思维。项目制对高等教育的最大贡献可以概括为打破僵化的单位制思维，通过激励、竞争等市场元素重塑高等教育治理格局。在项目制框架下，任何一种项目的实施并非以指令的方式进行资源的配置，而是以一种"强激励"的力量引导高等学校、科研单位、企业主体、金融机构等组织围绕政府提供的优质资源展开激烈的争夺。无论是单位还是个人都可以与不同类别的项目进行自由的互动，经过自由申报、绩效评价等竞争性方式"参赛"。在竞争性制度下，高等学校内部相关制度开始发生变革。以长江学者奖励计划这一人才项目为例，在其所规定的"按需设岗、公开招聘、竞争上岗、合同管理"和"以岗定薪、优劳优酬"的制度框架下，高校开始打破思想、观念等的束缚，通过设置关键岗位、校院两级管理体制改革，构建适应不同层次、不同类型人才的激励方式。①

第二，以具体项目为建设对象。每一个项目都以某一具体问题为指向而非以单位整体进行资源配置与建设，如科学研究项目、人才项目、教学项目等。任何一类旨在促进科学、技术发展的项目，都有一个特定的关注点②、目标指向与政府倾向，既有单一学科领域或项目的建设，也包括多元的学科、项目或平台的设置。这种资源配置方式发生了显著的变化：对于高校内部组织或成员来说，其想获得资源或经费支持，都可以通过项目申报的形式进行，而不再是由学校这个单位对资源进行控制与分配。它所反映出来的制度变迁是由单位制时代的总体性治理向项目制时代分散性、局部性治理的转变，即从"整体—局部"到"局部—整体"的逻辑变迁，试图对高等教育的各个方面以项目的形式展开"各个击破"式的分散性建设进而实现高等教育的宏观意图与整体目标。

二　制度互动：高等教育资源分配的制度逻辑

从运行实践看，两种高等教育资源分配的制度安排并非独自发生作用，而是在整个高等教育系统发展过程中形成制度互动的关系模式。单位

---

① 《教育部实施"长江学者奖励计划"成效显著》，中央政府门户网站，2014 年 6 月 5 日，https://www.gov.cn/govweb/xinwen/2014-06/05/content_2694189.htm。

② 〔葡〕安吉拉·吉马良斯·佩雷拉、〔美〕西尔维奥·芬特维兹编《为了政策的科学：新挑战与新机遇》，宋伟等译，上海交通大学出版社，2015，第 343 页。

制下的高等教育资源分配格局成为后续高等教育资源分配中的先赋性因素，决定了项目制下的高等教育资源分配状态；项目制下的高等教育资源分配实现的是与单位制下的高等教育整体格局的对接。

（一）单位制:高等教育资源的"初次分配"与高等教育整体的"初次分割"

单位制下的计划、指令是很长一段时期内国家治理高等教育的手段与态度。新中国成立后，通过院系调整等指令性手段，国家对一批高校进行重点建设，开始了高等教育地位等级结构的初步调整。高等学校的"单位"属性、等级差别对后续高等教育宏观架构产生了"路径依赖"的效应，随着20世纪90年代"211工程""985工程"对高等教育宏观建设的完成，高等学校的身份归属由此框定。从历史发展来看，我们可以把国家对高等学校单位身份等高等教育宏观建设的安排看成国家对高等教育资源的"初次分配"。"初次分配"的完成也标志着国家实现了对高等教育整体的"初次分割"，即高等学校被割分为"重点"与"非重点"（如前所述的"好大学"与"弱大学"之别）的身份差异。在这种非竞争性的高等教育资源配置中，高等教育的初次"中心—边缘"格局由此确立并对后续制度安排产生"被依赖"的效应从而嵌入现行各类高等教育项目及资源竞争中。

（二）项目制:高等教育资源的"再次分配"与高等教育整体的"再次分割"

如果说非竞争性大学身份属性的框定是国家对高等教育资源的"初次分配"，那么竞争性高等教育项目以"再次分配"的形式实现了国家对高等教育资源的新一轮配置。在高等教育项目供给结构约束下，高校与高校之间、教师与教师之间围绕中央各部门、省市级配置的项目开始了新一轮的资源竞争与角逐。

1. 竞争面向全体但竞争的初始禀赋不同

对竞争元素的吸纳形成了高等教育发展的新动力。"项目制"凭借"竞争"等所谓制度优势塑造了强大的制度抱负，开始为高等教育作出自己的贡献，并形塑着高等教育的竞争及治理模式。任何单位或个人要获得项目，就必须参与项目竞争。① 各高等学校都可以申请竞争不同类别的项目，申请自愿，获批形式公平，竞争在理论上实现了平等和自由。②

2."再度中心化"与"再度边缘化"的"马太效应"：一个"意料之中"的结局

经济领域的相关研究证明，计划经济时期形成的行业、工作单位等集团类别，在市场经济时代得以延续，各种类别的集团通过系列策略谋取集团利益，成为改革开放以来收入分化的主因之一。③"先富带动后富"战略在初次分配中的确使一部分人"先富"起来，但也在一定程度上拉大了贫富差距。与经济领域相比较，高等教育领域中的"马太效应"有过之而无不及。在科技、教育等资源分配中，亦出现显著的集中化现象。似乎科技界的"马太效应"现象比社会上其他领域更为严重。④ 在"985 工程""211 工程"高校初始分割格局约束下，大学竞争的"确定论"对"概率论"的替代使围绕项目引发的竞争及其结局这一概率性事件演变成一个高度确定性事件，故而以长江学者奖励计划为代表的项目竞争的最终分布格局尽在众人的"意料之中"。查阅并整理长江学者名单可以发现，在高等教育系统内，所占比例较小的"985 工程""211 工程"高校却拥有 90% 以上的长江学者奖励计划项目人才。在其他项目如科研项目中也存在类似情形。

其实，对于国家资源来说，按照吉登斯的划分，大体上可以分为配置性资源和权威性资源两大类别。其中配置性资源体现了支配物质工具的物质产品及其自然力，而权威性资源主要是影响和支配人类活动方式的手段。⑤ 总体来看，在资金有限的情况下，"985 工程"等建设资金筹措模式还是依赖多方筹集，中央与地方共建。基于当时的国情，只能坚持"重点

① 陈廷柱：《"项目体制"与全面深化高等教育改革》，《苏州大学学报》（教育科学版）2014 年第 3 期。

② 折晓叶、陈婴婴：《项目制的分级运作机制和治理逻辑——对"项目进村"案例的社会学分析》，《中国社会科学》2011 年第 4 期。

③ 王天夫、王丰：《中国城市收入分配中的集团因素：1986-1995》，《社会学研究》2005 年第 3 期。

④ 李侠：《喧嚣与凝视：透视转型期的科技政策与公共生活》，科学出版社，2007，第47页。

⑤ Anthony Giddens, *Central Problems in Social Theory：Action, Structure and Contradiction in Social Analysis*, London：The Macmillan Press LTD, 1979：100-101.

建设、带动全局"的方针，集中有限力量，康宁等认为这"是对发展中国家在经费相对短缺的情况下，提高高校办学水平、追赶世界先进水平发展模式的经济探索"①。在项目中后期，主管部门已调动了更多资源项目面向不同类型的学校，以缓解"985 工程"的压力。建设重点高校还是一流大学，建设思路受制于人的背景从来没有离开过资源配置的稀缺性，计划经济的资源配置出发点就是两个——均分与集中，始终没有发现第三条道路。在一些特殊领域与工程项目上，"集中力量办大事"的模式无论是在国内还是国外都有不少成功范例。②

如果说，指令、计划、以单位为建设对象的单位制模式是对高等教育资源的"初次分配"与对高等教育整体的"初次分割"，那么，项目制对高等教育资源的"再次分配"成就了国家对高等教育整体的"再次分割"。在项目制"再次分配"格局中，"好大学"与"弱大学"之间进行重复博弈的可能性趋近于"无穷小"的状态，高等教育"再度中心化"与"再度边缘化"的发展趋势无可避免。在项目制与单位制互动配合所形成的累积叠加效应下，经过多重分割，高等教育"多次中心化"与"多次边缘化"所形成的"马太效应"被无限放大。因此，在对国有优质资源的竞争中，一切都变成了"未卜先知"。③ 如同市场机制的引入无法从根本上消解原有社会地位结构一样④，可预见的高等教育结构固化出现的必然性大于偶然性。

三　高等教育资源分配制度的省思

考察高等教育资源分配的制度史，其"初次分配"与"再次分配"过程遵循的是一条与经济学上"初次分配"与"再次分配"过程相反的进路，即"先政府，后市场"（高等教育领域）与"先市场，后政府"（经

---

① 康宁、张其龙、苏慧斌：《"985 工程"转型与"双一流方案"诞生的历史逻辑》，《清华大学教育研究》2016 年第 5 期。
② 康宁、张其龙、苏慧斌：《"985 工程"转型与"双一流方案"诞生的历史逻辑》，《清华大学教育研究》2016 年第 5 期。
③ 程瑛：《竞争条件下大学资源集中现象形成的实证分析——以国家社会科学基金立项为例》，《现代大学教育》2013 年第 5 期。
④ 方长春：《趋于隐蔽的再生产——从职业地位获得看阶层结构的生成机制》，《开放时代》2009 年第 7 期。

济领域）的对比。当前，项目制已成为一种新的国家治理体制，亦是高等教育资源分配的主要制度机制，对此，制度安排下高等教育资源的分配成为我们反思的着眼点。作为市场经济体制下的安排，项目制的设立承载了国家对于高等教育的宏大理想与美好想象从而设计了高等教育市场及其运作规则。项目制的治理方式虽然重构了大学激励与竞争结构，然而，如果一切都有稳定的预期，那么竞争只能有名无实了。当确定性增加、不确定性减少时，竞争市场变成了一个可控的市场。原本是一种概率性的事件却演变成了一种确定性事件。在确定性条件下，高校之间"可重复博弈的可能性降低"①，高等教育资源竞争也就成为一场"镜像"与"虚构"，高等教育竞争市场走向失灵毫无悬念。正如哈耶克所言，无论在什么地方，竞争之具有合理性，都是因为我们不能事先知道决定着竞争行为的那些事实。在体育运动或考试中，就像政府合同或诗歌奖金的颁发一样，如果我们事先就知道谁是最优者，再安排竞争便是毫无意义的。②

也许，项目制从一开始刻画的就是不同高校层级间职能和资源的匹配关系，遵循的可能完全是一种等级制思维，其所隐含的逻辑是政府对特定群体、组织的偏向。这种制度安排下的高等教育资源分配不过是一种政府委任制，政府有选择性地将项目委托给特定的高校群体（"211 工程""985 工程"高校），实现资源等级与地位等级的匹配，进而有效完成政府的战略发展目标。在此背景之下，高等教育竞争从起始之时就蕴含了一个不平等的初始禀赋或者说处于一个有选择的竞争状态中。"本质上，市场力量就是中央管理机构界定的那些力量，它们与高等教育联系的方式也是由中央管理机关决定的。这是不仅限于法国的悖论。……'市场力量'不是一个绝对的术语。它的意义的获得和作用的显著发挥取决于它运用于其中的政治的、思想的、历史的和技术的背景。"③

"中国政治经济体制的特点是市场等级制的存在和国家对市场的主

① 张维迎：《市场与政府：中国改革的核心博弈》，西北大学出版社，2014，第 42 页。
② 冯兴元：《哈耶克的竞争观》，《学海》2014 年第 5 期。
③ 〔荷〕弗兰斯·F. 范富格特主编《国际高等教育政策比较研究》，王承绪等译，浙江教育出版社，2001，第 132~165 页。

导。"① 实际上，改革开放以来，市场的生成与扩张并非内在孕生，而是国家制度建构的产物。在国家制度框架内，市场无法成为一个具有总体支配能力的体制结构。当项目制成为一种国家治理的制度模式时，全社会正常运行有赖于获取更多项目资源。在国家的视域中，它"既要通过项目权威来强化自身行政指令的权力，又要借项目名义来充分调动市场机制"②，因此，此时的市场更有可能是一种由项目构成的市场，即项目市场。在宏观社会背景之下，高等教育市场的生成不可能具有必然性，而只是一种或然性、不完全性存在。从竞争意义上来说，当高等教育中的组织（高校）、个体（教师）都紧紧围绕项目展开激烈争夺时，高等教育项目市场替代高等教育市场而成为一种具有真正体制意义与能力的实然性存在。而在高等教育项目市场竞争中，政府控制、先赋性结构因素又决定了高等教育竞争的样态与格局。一是由于政府是项目的"发包人"，项目竞争的标准、规则等程序完全由其设定，项目蜕变为政府自上而下进行等级控制的"新王牌"，从而使项目竞争成为一种"被规划的竞争形态"。二是项目竞争中的各行为主体并非处于同一起点上，当所有高等教育组织同处一个项目竞争环境时，先赋性结构因素往往决定了竞争的格局。这种先赋性结构因素突出表现为重点高校与非重点高校的高等教育地位等级区隔结构，它以一种结构惯性嵌入、传递于项目制的实践中。这就是我们经常看到的：为何在各种项目竞争（特别是在各种科学基金项目、人才项目竞争）中，重点高校频繁胜出，似乎一切都在意料之中。因此，项目制作为一种对高等教育资源"再次分配"的制度安排，只不过是将项目资源累积于重点高校从而使其接续先前的地位。项目竞争的过程与结局似乎证明了：在优质资源分配中，政府有意或无意地偏向于特定组织（重点高校）从而形成特定组织（重点高校）对项目资源的"排他性"占有。这就引致了诸如高等教育公平、高校分层固化等一系列问题。

　　由以上分析可知，关于单位制与项目制的关系，从制度变迁上看，高等教育领域确实发生了从单位制到项目制的变迁。但在如今的高等教育实

① 郑永年、黄彦杰：《制内市场：中国国家主导型政治经济学》，邱道隆译，浙江人民出版社，2021，第 78 页。

② 渠敬东：《项目制：一种新的国家治理体制》，《中国社会科学》2012 年第 5 期。

践中，两者关系并不是制度替代那么简单，两者可以说是相互嵌入的关系。一方面，在高等教育各类评价中，作为一个单位的高等学校若想证明其身份、地位，必须通过项目才能体现出来。也就是说，没有或者缺少项目的加持，高校这个单位很难在整个高等教育体系中获得关注。例如，当我们在论述高等学校的分层时，习惯性地以是否进入"211 工程"、"985 工程"、"双一流"建设项目，或者以高校所拿各类国家级项目的多寡为标准。同时，高校作为一个单位，其内部的教学、科研等工作的运转很多时候依赖于项目。在这种意义上，我们可以说，高校这个单位被项目化了。另一方面，我们又可以看到，项目制发挥作用并不是独立的，而是深受单位制的影响。也即，在一些大型的国家项目资源的竞争中，高校原来作为单位的重要性（如是不是单位制时代的重点高校）直接影响了项目竞争的结果，且项目制自上而下的运转也十分依赖高校这个单位，如前文提及的高校组织内部围绕项目所开展的系列行动。在这个意义上，项目制受单位制的约束。综合这两种情形，高等教育领域也就形成一种学者们所称的项目制与单位制并存的混合制的状态。

第三节　科层制与项目制：高等教育治理
"双轨制"的形成

从科层制到项目制的制度转换并非以颠覆性方式进行的，而是在演进性制度变迁中构建起"双轨制"的治理格局。换个角度来思考，项目制从来无法独立运作，它只有仰赖于科层制组织、思维才能有效、顺畅运行；而科层制程序僵化等弊端也需依靠项目制弥补。二者互为制度依靠，以双轨制形式重塑高等教育治理模式。

一　体制存量保护与体制增量培育中的"双轨制"：一种从科层到项目的演进性制度变迁

如前述章节所言，制度变迁主要存在革命性变迁与演进性变迁两种变迁方式。所谓革命性变迁是指跳跃性的、不连续的制度变迁；而演进性变迁则是指具有保持信息和知识存量连续性的制度变迁。① 在定义解释中国改革方式问题上，经济学家倾向于把中国的渐进改革定义为"增量改革"。例如，盛洪认为，增量改革是指在体制内，即原有的计划经济系统内的一种改革方式。它是指国有企业或农民在完成他们对政府承担的义务以后的产量增量部分，可以按照市场经济的规则进行安排，包括在定价、销售方式和收益分配方面的安排。当然，这仍然以政府规定的计划指标在一个时间点后不再增大为条件，即传统计划经济的制度在时间上被冻结了。在这以后，由于增量部分的不断增长，计划经济的存量部分的比重会越来越小。② 追溯体制变迁路径可以发现，改革在理论和实践上的本质含义是在一定程度上守持体制存量的情况下，培育和发展原有体制之外的增量，再通过增量的积累而形成结构性的变迁动力，促发原有体制发生应激性反应，从而实现社会结构逐步转型。"保护存量，培育增量"的关系是，通过保护存量来控制增量的过快扩充，避免增量因偏离路径依赖的逻辑而产生系统风险，同时又通过增量的扩充来实现存量的演变效应，使存量部分可以循序渐进地发生变化，而不至于因为结构突变出现社会动荡。本质而言，改革所遵循的是一种"双轨制"逻辑。③

二　双轨嵌套与科层控制：高等教育项目的实践机制与本质逻辑

　　项目制设想能从三个方面突破科层制的束缚：一是改变指令性、计划性的思维模式；二是打破自上而下的层级安排、控制、权力集中；三是削弱科层制度下因财政分权造成的"块块主义"和"诸侯经济"。然而，项目的实践运行最后又不得不仰赖于科层制的组织模式又或依赖于科层制的思维模式又或落入科层制的情境中，否则项目无法有效地对组织进行动员，从而实现项目目标。在高等教育项目实践中，反科层化高等教育治理最终又陷入科层制的程序、思维和结局之中。

---

① 张军：《"双轨制"经济学：中国的经济改革（1978~1992）》，上海人民出版社，2006，第 92 页。
② 盛洪：《关于中国市场化改革的过渡过程的研究》，《经济研究》1996 年第 1 期。
③ 渠敬东：《项目制：一种新的国家治理体制》，《中国社会科学》2012 年第 5 期。

（一）规划中的"计划"：高等教育项目治理的本质特征

高等教育项目的一个基本要义是，政府通过非科层化的竞争性授权而非行政指令性授权进行高等教育项目的"发包"，从而使高等学校能够根据自身意愿、实际需求进行"抓包"，并使所有高校都能获得公平竞争的机会。然而，项目的本质是一种计划思维，即一种"控制性详细规划"[①]，它将高等教育控制在项目范畴内。一是项目指南的颁发、项目规划的提出对项目内容、意图、范围、规则等作了严格规定，高等教育自由无法彰显。二是由项目指南诱发的项目竞争使高等教育竞争带有鲜明的"锦标赛"特质。在这一过程中，项目指南成为"竞赛标准"，各高等学校为争取项目展开激烈争夺。计划话语到项目规划话语的转变并未超脱计划思维，规划只不过是重新伪装后的计划，规划的项目强调规划者的专业技术和中央控制的可能性。[②] 新型规划体系虽然处于市场经济的环境中，但依然保留了计划经济最核心的国家职责，如政府进行战略协调（从预期性、长期性、综合性的角度来确定经济发展优先顺序并对其进行协调），主导资源调动（根据政策制定者对经济和社会持续发展必要性的判断，调动和集中有限的资源，对经济结构进行调整），"计划在中国从未消失"。[③] 项目并不能构造一个高等教育与政府完全自由互动的格局，反而因政府部门对竞争内容、竞争过程等要素的规划而使经济学教科书中的高等教育市场成为一种奢望。政府习惯于用高等教育政策来构建自己的政治资本，如以支持科学发展来凸显它们的现代主义者形象。[④] 对于政府来说，"设计出来的市场"比"自发的市场"[⑤] 更具有适切性与控制余地。

[①] 邢翔：《作为规范性与政治性活动的城市规划》，《开放时代》2012 年第 4 期。

[②] 〔美〕詹姆斯·C. 斯科特：《国家的视角——那些试图改善人类状况的项目是如何失败的》（修订版），王晓毅译，社会科学文献出版社，2012，第 350 页。

[③] 韩博天、〔美〕奥利佛·麦尔敦：《规划：中国政策过程的核心机制》，《开放时代》2013 年第 6 期。

[④] 〔英〕西蒙·马金森：《为什么高等教育市场不遵循经济学教科书》，孙梦格、覃文珍译，《北京大学教育评论》2014 年第 1 期。

[⑤] L. Niklasson, "Quasi-makets in Higher Education—A Comparative Analysis," *Education Policy and Management*, 1996, 18(1): 7-22.

（二）高等教育"条条"上的权力集中

理论上，高等教育项目安排试图打破自上而下的层级安排、等级权威控制等特性以构建政府与大学间平等合作关系：一方面，政府作为项目"发包方"，根据自身需要设计系列项目，并将这些项目委托给高等学校来完成；另一方面，高等学校作为项目"抓包方"，也可根据自身意图和实际需求自由决定是否愿意"抓包"，二者理应平等自由互动。然而，项目制实践基于的是自上而下的等级控制手段。随着专项项目资金的规模日益增大，政府部门逐渐发展出一套严格而完备的项目申请、批复、实施、考核和审计制度。上级开始变成下级的项目发包人，下级成为项目的竞争者，而专家学者也被纳入项目的评估和考核体系中，为这套体系提供了技术合法性。① 立项、申报、审核、监管、考核、验收、评估等环节都有一套严密的技术系统，程序烦琐，没有专业化的人才去应对，就无法做到项目的规范化运作，项目制反科层化的同时又陷入了科层化的程序当中。② 各种高等教育项目的项目指南所确认的是财政资源集权下的项目竞争，构建的是关涉高等教育各项目部门（教育部、科技部等）的等级权威。"与科层制一样，项目制沿用的依然是自上而下的治理逻辑，只是在体制内两者构成了新的双重权威而已。"③ 因此，项目制的专项化操作主要产生了两个意外后果：一是增强了从中央到地方职能部门（"条条"系统）的力量；二是促进了从中央到地方更为庞大而严格的项目申报体系和审计监察体系。④ 项目制最终所确认的是多部门分割下"新条条"等级权威的产生与扩张，政府对高等教育项目资源的占有强化了其对高校的控制，"项目资源消解自治"成为新制度背景下政府与高校关系的常态。

---

① 渠敬东、周飞舟、应星：《从总体支配到技术治理——基于中国 30 年改革经验的社会学分析》，《中国社会科学》2009 年第 6 期。
② 刘成良：《"项目进村"实践效果差异性的乡土逻辑》，《华南农业大学学报》（社会科学版）2015 年第 3 期。
③ 渠敬东：《项目制：一种新的国家治理体制》，《中国社会科学》2012 年第 5 期。
④ 周飞舟：《财政资金的专项化及其问题——兼论"项目治国"》，《社会》2012 年第 1 期。

（三）高等教育新"块块"的产生

如前所述，任何一个项目设计都不归属于常规组织结构的某个层级或位点，而恰恰要暂时突破这种常规组织结构，打破纵向的层级性安排（"条条"）和横向的区域性安排（"块块"），为实现一个专门的预期事务目标而将常规组织中的各种要素加以重新组合，将分散在"条条"和"块块"中的资源进行整合，以实现特定的目标。因此，实现由"条块分割"向"条块整合"的转变便成为项目制的理想追求。然而，当我们试图打破高等教育"条块分割"格局时，高等教育的"块块分割"①又迅速产生。在项目制约束下，各省级政府围绕项目资源展开激烈争夺，竞争而非合作成为各"块块"政府间关系的新常态。在由"条条"部门向下"发包"的高等教育资源中，"块块"政府往往将自身意图渗透进去，通过将"条条"部门的资源转变为"块块"政府的资源，从而增加各省高等教育竞争的筹码。同时，由于高等教育项目资源并非掌握在单一政府部门手中，不同项目都有不同规则要求，形成"条条"部门间的分割状态。因此，当项目制这种"新条条"试图限制"旧块块"的扩张时，不仅使部门系统本身形成"新块块"，同时也促使"旧块块"用全新的办法迅速组建"新块块"来扩大自己的领地。②

总体而论，科层制的指令性、计划性治理方式已无法作为高等教育快速发展的制度背景，从而危及高等教育治理的合法性。它需要项目制的治理机制来完成其所不能"速成"的任务，借助项目制的制度优势实现高等教育治理的有效性，并通过高等教育项目绩效累积国家治理的合法性诉求。而对项目制来说，其实践运行本身无法摆脱科层制思维的影响，或落入科层制状态中，或其运行需仰赖科层制的组织模式，否则项目制无法成为自上而下传达国家战略意图的有力治理工具。概而言之，科层制的既有权威加上项目制的专门通道，两者相互嵌套而发生作用从而框定了高等教育治理的内涵。然而，在项目制实践中，"超越行政科层制思维的行动"

---

① 蒋华林：《我国高等教育"块块分割"的效应及制度分析》，《高等教育研究》2016 年第4 期。

② 渠敬东：《项目制：一种新的国家治理体制》，《中国社会科学》2012 年第 5 期。

从未占主导，科层制吸纳项目制、项目制服膺于科层制导致项目制只不过是践行、复演了科层制情境。当项目制遇上科层制时，"双轨嵌套、科层主导"才是高等教育治理的实质。

第四节　项目制下的高等教育碎片化

项目制设置的精神意涵在于打破"条块"分割的局面，通过在体制内将条、块资源要素集成、统合，实现高等教育整体、协同发展。然而，科层思维的专业分工、项目制"一事一议"原则使这种整体性、协同性意图面临被肢解的风险进而走入碎片化的所谓"现代性的后果"之中。从制度变迁的视角来考察，新中国高等教育治理的制度安排大概经历了从单位制到项目制的转型。与单位制时代的治理模式不同，项目制下的高等教育建设或治理不再以高校作为一个单位或一个整体进行全面建设①，而是以一种专项化、专门化、一对一（亦称"一事一议"）的原则实施治理。然而，建基于"一事一议"原则之上的高等教育项目制及其治理却产生了治理碎片化的意外后果，高等教育中的"事"与"人"、项目供给与项目竞争以及高等教育项目整体正走向碎片化的后果之中。

一　碎片化的表现

（一）高等教育中事与人的分割与碎片

项目制所坚持的"一事一议"原则，是指首先将高等教育整体分割为各种片段，然后每一片段都设立与之对应的项目，并试图通过各种片段式的项目治理实现高等教育作为一个整体的发展目标。项目制将高等教育全部问题进行层层割裂，将高等教育生命整体分割为由科研项目、教学项目、创新项目等组成的"物性"项目的集合，将大问题分割为小问题，小问题又分割为更小的问题。例如，在科学研究中，既有自然科学的项目，

---

① 李福华：《从单位制到项目制：我国高等教育重点建设的战略转型》，《高等教育研究》2014年第2期。

也有人文社会科学的项目，而在此之下又分别包含更细小的项目。以国家自然科学基金项目为例，其下又包含面上项目、重大项目、重点项目、重大研究计划、国家杰出青年科学基金、创新研究群体科学基金、专项基金项目、联合基金项目、青年科学基金项目、地区科学基金项目等。这一分类不仅意味着高等教育科学研究日益被分割为由重大、重点、创新、地区、青年人才等各种科研片段组成的科学研究的集合，还构造了高等教育中科学研究的优先等级次序。在此类逻辑指导下，前文述及的21世纪以来各种高等教育宏观与微观项目便纷纷出场。然而，由于这一原则不再追求一种整体性，学者变成了科学家，研究任务则变成无人能全面控制的分散任务，它所隐含的逻辑是：将高等教育整体分割为无数片段并对每一个片段进行治理，只要每一个片段被治理好似乎就能实现高等教育的整体性发展。这就忽视了高等教育中的整体性、生命性等系列本质性命题。高等教育不再具有严格的整体性意义、生命能力，而是以各种项目分割所导致的静止的、机械的碎片化"物"的形式存在，项目碎片之间彼此孤立。

与对高等教育中的"事"进行分割一样，项目制不可避免地开始割分高等教育中的"人"（主要指高校教师）。项目制格局下，高校教师发展不再以自身为一个整全的、主体性的人而是被绑定并依托于项目之中进行发展。当项目建构起在高等教育场域中的绝对权威时，当人才项目表征着高校教师地位和身份时，高等教育中"人"的发展不得不依附于各种项目片段（如教学项目中的"人"、科研项目中的"人"），从而将人进行不断切分与治理。自20世纪90年代以来，随着各种人才项目（国家杰出青年科学基金、长江学者奖励计划、长江学者奖励计划青年项目、新世纪优秀人才支持计划等）的实行，它们虽为高校教师发展提供了新的职业路径，但也将他们框定在各种项目之中。以在人才项目上的发展为彰显身份的标志，高校教师发展的自主性、主体性逐渐丧失，其成就与身份日益体现在这种毫无生命意义的规章制度之上，高校教师的发展似乎被简单地认定、化约为在人才项目链条上的发展，从而走进人才项目构造的语境与框架之中。生命的缺失和主体地位的丧失使高等教育中的"人"和"事"都不再鲜活，教学、科研、学术职业发展等本体性功能与自我事务似乎只有在国家的理性构境中才能获取存在的意义与合法性。高等教育日益陷入机械主义、分割主义、绩效主义等工具理性肆虐的现代性"铁笼"之中，而其中的"人"并未进行深刻的自我检省，反倒享受或迷恋于项目理性所带来的快感。

项目制"一事一议"制度展现的是一种分散化治理方式，它将高等教育分解为无数片段，试图以碎片化、片段式思维实现高等教育整体性发展，即任何一个项目都瞄向一个特定的关注点①，彼此之间孤立存在。项目有意或无意地将高等教育整体性知识分割为各种知识片段进行治理，以专项式"头疼医头，脚痛医脚"为执行方式，缺乏从全局角度来执行和谋划，从而导致项目执行的碎片化。② 由于项目制坚持"一事一议"原则，项目制下的分散化治理、片段式治理与科层制下的专业分工导致的结果一致。

在印象中，高等教育最初是以一种整体性样态存在的，这种整体性表现为一种高等教育知识整体性。从中世纪到 20 世纪初叶，高校教育的内容和过程自始至终都是围绕一个核心的理念或者核心价值来设计的。无论是早期对宗教信仰的执着还是近代对人的理性的推崇，都表现为高校对一种精神统一性的高度关注，而这种精神的统一性又与知识的整体性存在逻辑上的一致性。③ 而当政府部门以专业分工思维不断设计出各种治理工具（各式各样的项目）来对高等教育整体性知识进行分割治理时，高等教育的整体性便在各种工具的分割治理下面临坍塌。

（二）高等教育项目供给与项目竞争的碎片

高等教育项目供给与项目竞争分别反映的是"条条"中央职能部门的项目给予"块块"地方政府的项目竞争。"政出多门"的项目供给与"各自为政"的项目竞争使高等教育项目制治理陷入分割与碎片的危机之中。

一方面，"条条"部门通过项目供给实现其对高等教育的绝对权威

---

① 〔葡〕安吉拉·吉马良斯·佩雷拉、〔英〕西尔维奥·芬特维兹编《为了政策的科学：新挑战与新机遇》，宋伟等译，上海交通大学出版社，2015，第 343 页。

② 李博：《项目制扶贫的运作逻辑与地方性实践——以精准扶贫视角看 A 县竞争性扶贫项目》，《北京社会科学》2016 年第 3 期。

③ 阎光才：《整体性坍塌之后——当代知识格局变迁与大学普通教育改革》，《比较教育研究》2003 年第 4 期。

与控制。从某种程度上说，在当前体制之下，项目凭借国家这一权威主体建构了其在高等教育系统中的绝对地位，并几乎决定了高等教育组织和个体的发展命运。在高等教育系统中，谁占有更多、更高级别的项目便意味着谁在高等教育场域内占据一个优势地位。在项目权威背景下，多个中央政府的职能部门都希冀通过项目供给的形式获取在高等教育中的权力，这也就是高等教育中"政出多门"的原因。纵览20世纪90年代以来与高等教育相关的国家项目，来自教育部、科技部、国家自然科学基金委员会、人力资源和社会保障部等多部门的项目在很大程度上操纵了高等教育系统内部秩序，高等学校教学、科研、人才、服务、改革、发展、转型等一系列任务与活动内容均被纳入项目制治理情境中。计划经济时期形成的"条条分割"体制在项目出自多门的约束下得以延续，"新条条"开始形成。在与"新条条"项目供给的互动中，高等教育陷入一种应付系列项目"游戏"规则的场景之中，这也就是我们认为高等学校内部呈现出一片"繁忙"景象的原因。项目缺乏对高等教育整体的通盘考虑，只不过是传递了各项目部门的权威，从而使高等教育在系列项目的应对中走向碎片化。

另一方面，在高等教育项目资源自上而下输出过程中，作为"块块"的地方政府，它们所关注的并非国家实施高等教育项目所希望实现的整体目标，而是在资源有限的情况下为各自利益展开激烈的高等教育竞争，以此彰显地方政府在高等教育领域所取得的绩效。在利益最大化的经济理性考量之下，"块块"政府不断进行高等教育项目的争夺与抢占，缺乏与其他地方政府的协调与合作，高等教育项目的整体目标便分裂为由地方政府各自目标集合而成的系列碎片。因此，高等教育治理的碎片化便由这种"自上而下条块分割的项目制供给方式所致"①。例如，在"985工程""211工程"项目表征高等教育优势地位的背景下，地方政府之间通过各种途径展开激烈竞争，其结果是不同省份在属地高校进入两项工程的数量方

---

① 杜春林、张新文：《项目制动员的碎片化及其治理研究——基于S县后扶项目的实证考察》，《甘肃行政学院学报》2015年第5期。

面具有天壤之别。① 同时，为吸引更高级别的项目人才（如长江学者），各地纷纷在薪酬、住房、子女入学等方面开出诱人条件。实际上，由于"块块分割"客观事实的存在，各"块"进行高等教育竞争而不是合作成为项目制下高等教育资源分配的常态逻辑。在系列项目资源的竞争中，地方政府对中央政府所"发包"出来的项目往往采取"公地"心态而进行资源的瓜分与角逐。因此，由项目供给引致的项目竞争造成的是"块块分割"格局的形成与固化，由此使高等教育及其治理在项目竞争中沦为碎片。

项目制对"条""块"资源整合的设想在现实中招致失败，"新条条""新块块"逻辑在项目制的实践运作中重新确立。在科层制思维专业分工的影响下，政府各部门通过设立不同的项目来实现各自工作的绩效合法性，政府组织中的专业化和分工化倾向得到进一步发展。② 项目制彰显的是多部门的权威，过度强调分工和职能区分将不可避免地造成部门间政策目标与手段的冲突，进而形成官僚体系内部的隔阂，各机关组织朝分立方向发展，组织关系便呈现碎裂化的状态，韦伯式问题便导向碎裂化问题。③因此，项目的"重点在于达到部门的目标而不是整体的目标，各部门的努力被分解了"④，"新条条"开始形成。对于"块块"地方政府来说，为争夺有限的项目资源，不得不展开激烈的高等教育竞争，以彰显政府高等教育的政绩。因此，在"新条条""新块块"利益最大化的经济理性考量之下，高等教育治理的碎片化便由这种"自上而下条块分割的项目制供给方式所致"⑤。

---

① 张应强、彭红玉：《高等教育大众化时期地方政府竞争与高等教育发展》，《高等教育研究》2009 年第 12 期。

② 〔美〕拉塞尔·M. 林登：《无缝隙政府：公共部门再造指南》，汪大海、吴群芳等译，汪大海校，中国人民大学出版社，2002，第 24 页。

③ 杜春林、张新文：《科层制与项目制：农村公共服务供给方式的演变及反思》，《行政科学论坛》2015 年第 6 期。

④ 〔美〕李·G. 鲍曼、特伦斯·E. 迪尔：《组织重构——艺术、选择及领导》（第 3 版），桑强、高杰英译，高等教育出版社，2005，第 60 页。

⑤ 杜春林、张新文：《项目制动员的碎片化及其治理研究——基于 S 县后扶项目的实证考察》，《甘肃行政学院学报》2015 年第 5 期。

（三）高等教育项目整体解构后的碎片

项目的整体性解构是项目运行中"打包"机制的产物。在项目制运行过程中，折晓叶和陈婴婴提出了项目运行所蕴含的"发包"、"打包"和"抓包"三种运作机制。"打包"作为机制之一，是指项目在向下"发包"过程中，下级政府通常不会完全执行上级政府的项目中所规定的要求，而是会将自身的发展规划与意图加以适度甚至更多考量。亦即，下级政府往往借项目之名来实现其发展战略和规划。① 简言之，"打包"意味着行动者不会完全遵照项目规则与目标行动，而是将组织、个体意图与利益掺杂在项目之中，由此开启对一个完整项目进行切分与他用的进程。由于"打包"机制的存在，项目本身便会被异化为各种利益与工具的象征，从而使整个项目被不断解构与割裂，陷入碎片化的危机之中。

理论上讲，在高等教育项目制设计中，政府作为项目"发包方"与高校、教师作为"抓包方"之间以"委托—代理"关系存在，"委托人"将高等教育项目委托给高校、教师代理。但这一"委托—代理"过程须同时解决约束或监督与激励问题才能实现项目目标，既要保证作为"代理人"的高校、教师能够规范行动，又要尽可能地调动高校、教师完成项目的积极性。在项目制框架中，作为高等教育项目"代理人"的高校、教师与作为"委托人"的政府之间构成的是平等、自由的互动关系，即"代理人"可根据自身意愿自由选择是否愿意代理，但这种平等、自由关系无法构成强大的制度能力以调动各行为主体的积极性，而当项目开始与等级、权威、资源占有等发生勾连时，高等教育项目便具有了一种使高等学校、教师积极参与项目互动的制度能力。项目不仅提供了高校、教师发展所需的资金支持，还凭借科层权威建构了项目对于高校、教师地位的重大意义。当项目在某种程度上决定着高校、教师的地位与发展前途时，他们需参与到项目规则中来，否则其发展空间将面临被压缩的可能（可以看成一种"软约束"）；若能成功申报某一项目（如长江学者奖励计划），高校、教

---

① 折晓叶、陈婴婴：《项目制的分级运作机制和治理逻辑——对"项目进村"案例的社会学分析》，《中国社会科学》2011 年第 4 期。

师将会建构起其在高等教育场域中的优势地位。由此便形成一种"双重效应"，即在激励高校、教师时又形成对高校、教师的"软约束"。在"软约束"条件下，当高校、教师开始代理项目时，若不能实现项目目标，便会面临项目撤销等"硬约束"。项目制虽然形成了激励与约束的双重效应，但由于制度本身设计的疏漏、制度手段的困惑等因素，高等教育治理可能产生一系列风险，从高等教育项目、高等教育市场到高等教育本身都在发生着微妙的变化。首先可能面临的就是高等教育项目的解构与再组织。

在高等教育项目"打包"机制运行下，高校、教师作为项目"代理人"，其不会完全执行项目要求，而是通过应付、转化等隐秘低调的行动获取项目利益。一方面，高校、教师表面上会遵照高等教育项目中所设计出来的形式要件，尽可能快地完成高等教育项目中所规定的任务；另一方面，项目逐渐演化为利益、权力与地位的工具被教师私自占有而忘却对基本行动规范的遵从。所谓项目在高等教育场域中作为一种"生计的资本""生意的对象"便是"打包"后项目的一种扭曲与异化形态，我们经常听闻部分高校学者将项目经费挪为己用，这便是这种"打包"机制在高等教育中的现实印证。在"打包"机制作用下，高校、教师由"代理人"（单纯作为高等教育项目的"代理人"完成高等教育项目规定的任务）角色向兼具"代理人"（作为高等教育项目的"代理人"）与"赢利人"（通过高等教育项目获取利益）角色转变，但更有可能为后者所主导。因此，与"块块"地方政府在高等教育项目竞争中所产生的后果一样，在这种自上而下的"项目发包"与自下而上的"项目打包"互动中，作为整体的高等教育项目因国家、高校、教师各自不同的利益追求而日益被肢解为国家意图的项目、高校组织意图的项目以及教师个人意图的项目三种类型，项目的整体性意图不断遭遇解构、分割与碎片化的异变。因此，在"项目治教"进程中，当基层项目"代理人"（指高校、教师）面对这些来自不同方向、不同部门、相互冲突的"项目包"时，这种自上而下的项目代理系统就有可能会陷入崩溃的境地。①

---

① 韩博天、〔美〕奥利佛·麦尔敦：《规划：中国政策过程的核心机制》，《开放时代》2013年第6期。

（四）项目制的协同效应不明显，有组织科研被悬置

新型举国体制强调要以科学统筹、集中力量、优化机制、协同攻关为基本方针。[①] 因此，促进资源整合、集中力量、发挥协同效应是各领域新型举国体制构建的重要途径。当前，在财政项目制领域，这种效应却未能充分彰显出来。主要原因有两个。一是项目资源集中于部分人手中，且"马太效应"明显，这会使通过财政项目制实现"集中力量办大事"的效应难以得到彰显。财政项目制虽然能调动全国高校、学术人员参与竞争的积极性，但从结果上看财政项目资源的分布限定于特定群体，大多数学术人员很难真正参与到项目任务中。所谓的"集中力量"仅仅体现在参与竞争上，而未能将绝大多数人真正纳入项目问题的研究与解决中，也未能体现出项目制中"揭榜挂帅"的真正意涵。二是项目资源与项目建设过程中没有进行跨学科、跨学院乃至跨学校整合，有组织科研并未真正建立起来。从项目立项、项目资源的分配、项目的建设过程可以看出，其运作还是以学科、学院、学校导向为主，对于学科交叉、学院间与学校间的协同性重视程度不够。例如，从部分地方院校的一流学科建设项目来看，其建设往往以某一学科为对象，在学科建设过程中并未充分整合其他学科的力量甚至只是依靠单一学科内部或学院内部的部分教师；从建设成果的内容上看，并未坚持强烈的问题导向与国家需求导向，而更多的是一种指标导向。

（五）技术化的项目建设使项目制未能充分引导高校发展与国家战略需求相对接

新型举国体制新在将为国家服务作为最高战略目标。[②] 在新型举国体制构建的时代背景下，坚持国家导向、面向国家需求是各行各业发展的重要旨归，高校的发展也应做到"想国家之所想、急国家之所急、应国家之所需"，要主动对接国家战略目标、战略任务。如何使高校的发展坚持国

---

① 何虎生：《内涵、优势、意义：论新型举国体制的三个维度》，《人民论坛》2019 年第 32 期。

② 何虎生：《发挥新型举国体制优势的五大重要领域》，《国家治理》2020 年第 42 期。

家导向、面向国家需求，财政项目制于其中可以发挥重要的引导功能。而在现实中，财政项目制实践并未很好地引导高校将其发展尤其是学科发展与区域需求、国家发展需求充分地结合起来。这主要表现在高等教育项目建设过程呈现出技术化的总体特征，缺乏对国家战略目标与任务的考量。在实践中，项目建设往往被分解为系列技术化指标，然后这些技术化指标通过高校的层层加码与分解，最终演变为每一个高校教师的考核任务。例如，在一流学科建设项目中，建设任务完全转化为能否完成系列技术化的指标，如项目级别和项目经费、CSSCI和中文核心期刊论文发表量、获奖数量和级别、著作和教材出版等，很显然，其中存在"项目嵌套"的情形，也即一个项目问题的解决与任务完成需要另外多个项目来支撑和加以实现，而建设内容、建设过程、建设结果缺乏对区域需求、国家发展需求的充分考量，尤其是建设成果对解决区域高等教育问题、国家高等教育问题的适用性较少涉及。与此同时，根据新制度主义的观点，一项政策、制度的"真正意义取决于诠释的过程及谁来诠释"①。这些建设项目往往还被高校"打包"与博士点建设等其他技术性任务或指标结合起来。如此，在财政项目制与高等学校组织的关系上，高校的目的很大程度上变成通过项目获取资源，或者是通过获得项目来获得其他的入场资格（如获得硕士、博士授权点），并未真正考量项目建设对地方、国家的贡献度。也许，这些入选一流学科建设项目的学科颇具学校特色，但一流学科建设的过程很可能会形成"国家缺席"的局面。因此，这种一流学科建设模式的典型特征可以概括为"有特色无国家"。

在技术化的总体特征以及各种"打包"思维与行为的前提下，高校组织、高校教师等行动者往往表现出一种被动式的接项目行为，缺乏对国家战略目标的主动对接。在很大程度上，高校及教师的项目行为呈现出一种被动状态，即高校年复一年地组织项目申报活动与教师年复一年地参与项目申报，更多地表现为一种评价考核约束下的不得已行动。科研人员的项目从申报到实施的全过程行为是基于一种考核、评价以及薪资分配的微观

①〔美〕曼纽尔·卡斯特：《认同的力量》，夏铸九、黄丽玲译，社会科学文献出版社，2003，第7页。

考量，缺乏为国家作出贡献的宏观视野。比如，教师通过项目的申报以及项目成果的产出获得各类考核评价体系中的学术声誉、地位以及丰厚的物质回报等，但项目研究的成果能否实质性地为国家作出贡献，往往被忽视。这就容易造成一种制度性悬浮，即相关的政策制度中没有设置相关的内容和标准去评价为国家作出贡献的程度。

原本，新型举国体制的构建力求超越以往举国体制中单独由政府配置资源的特征，在坚持政府主导的前提下，最大限度地调动、激发各方主体行动的积极性，形成"政产学研用"相结合的"五位一体"的格局。但在高等教育领域，这种格局尚未完全形成。财政项目制的实施及运作使相关行动者过度强调财政项目制的单一作用，忽视对其他资源协同参与高等教育发展机制的构建。表现为以下两点。第一，从资源上看，高校将精力集中于对政府财政项目的获取，与社会资源的合作不够，尤其是一些地方院校，社会资源参与高校"双一流"建设等各项事务的机制并未构建起来。第二，在人们的认知范畴内，项目的概念主要集中于对纵向政府项目的强调，高校组织内部年复一年的项目申报动员与培训等各类政策和行为、评价与薪酬分配等约束和激励机制的建立都紧紧围绕纵向政府项目进行。在此情形下，财政项目制便"溢出财政学内涵"[1]，在高等教育实践中极易被异化。

尽管财政项目制能通过各种激励、约束等机制调动、动员学术人员参与项目竞争，但是这种竞争存在明显的缺陷。一是由于激励、约束等机制的作用，学术人员加入项目竞争的行为更多的是一种被动式参与，他们在激励机制的"诱惑"下通过项目获取各种利益，或者在约束机制的作用下通过项目获取某种资格，如为了评职称不得不去申报项目；二是科研行为往往不是发自内心的，学术活动更受自上而下的制度安排的影响，学术活动不具备可持续性，内生性的科研动力与学术创新力不足。也就是说，这种形式的竞争虽然带有典型的传统举国体制的特征，但其活力主要依靠自上而下的外部约束嵌入的他组织系统激发，学术创新的价值取向、方式、

① 熊进：《财政项目制与高等教育治理多重意蕴——一个财政社会学的理论视域》，《地方财政研究》2019 年第 4 期。

过程等均受到外部约束嵌入的严重影响，创新行为、功能与结构等基本上是靠外部组织实施才能体现出来。这种项目基金形式的学术生产制度，从本质上讲，它所遵循的是工业化时代的生产流程，从课题申请到课题审批再到课题评审等各个环节构成了一个机械而封闭的知识生产系统。在这种生产模式下，我们的知识生产进入一个"规划"时代，即通过国家以"研究项目"、"人才计划"、"学科建设"、"职称评定"、"大学改革"、"筹备资助"和"刊物定级"等名义及相应的制度安排而兑现的"知识规划"时代。①

二 碎片化的缘由

项目制治理的碎片化并非仅仅是项目制原则所导致的结果，而是有其深厚的理论渊源。这一理论渊源可以追溯至现代启蒙以来人类社会理性化进程中所携带的思维与变化，一种所谓的分割主义哲学（或称分割理论）。在分割主义哲学引导下，人类社会的思维、认识与实践开始不断走向碎片化。因此，碎片化的前提是分割主义哲学思维的大行其道。自现代化、理性化进程开启以来，由"人"到"物"的转变是分割主义哲学思维得以产生的根本前提；而专业分工的思维与实践践行了分割主义哲学。从组织安排上说，职能分工、部门利益化等现实需求是项目制治理碎片化的现实理据。

（一）由人到物：分割主义哲学思维的根本前提及其碎片化

现代启蒙以来，人逐渐从宗教、神、自然的束缚中解放出来，获得了前所未有的主体性地位。然而，随着人类社会理性化进程的不断加快，以及价值理性的衰微与工具理性的扩张，人的主体性逐渐被笼罩在工具理性的"牢笼"之中。人的主体地位消逝与物的主体地位彰显成为理性化时代的鲜明特征。由于物是静止的、机械的、任人宰割的、被计算的、易于控制的，所以人类倾向于将所有问题都化约为物的形式进行处理。那么为什

---

① 邓正来：《研究与反思——关于中国社会科学自主性的思考》，中国政法大学出版社，2004，第2页；邓正来：《反思与批判：体制中的体制外》，法律出版社，2006，第51页。

么现代启蒙以来人类习惯于追求一种确定性，对社会与自然进行任意的规划、设计以实现各种主观目标？大抵是因为只有一切被泛化为静止的物，人才能对任何事物进行任意控制与治理。

始料未及的是，这一泛化思维却将人自身也囊括进去，使人的存在转化为物的存在。人类设计的规章、制度等物化形态的存在成为控制人的根本元素，人像物一样被宰制。在一切物化的前提下，自现代启蒙以来，分割主义、机械主义、绩效主义、还原主义、科学主义等各种现代性思潮与实践纷纷上演，成为一种不可阻挡的历史发展趋势，将人牢牢锁控在现代化的宏大架构之中。

在此种背景下，分割主义哲学的出场似乎具备了充分的合法性。这种哲学思维认为，人类能对任何有生命的和无生命的事物进行任意分割，任何事物都具有可分割性，通过在认识层面将世界或事物进行分解细化，加深对客观世界或事物的认识。分割主义哲学在其意识中展示了其对文化整体观念的一种消解运动，它将社会、自然、人的整体性视为一个机械的、封闭的、稳定的客观场域，通过"分割"的方式，将一切固定化、明晰化、逻辑化、有序化，使一切存在具象化、独立化、可操作、易管理。[①]因此，在分割主义哲学观照下，任何社会治理机制治理的对象都是物（人也被泛化为物）而非人。

而对于高等教育来说，其目的在于促成人的生命的自由展开，无论是其中的"人"还是"事"都是一种有生命的存在，这是高等教育及其内在发展最具必然性的存在。然而，物化后的高等教育及其中的"人"和"事"停止了生命运动形式，成为被任意支配的物的存在状态。顺应"物化"这一历史潮流，对于迫切需要控制高等教育的政府抑或其他组织来说，它们更倾向于将高等教育看作一种无生命的物的存在，所谓"见物不见人"，从而易于对高等教育进行任意的控制、分割与治理。因此，作为国家的一种治理体制，项目制以"一事一议"的原则将高等教育进行分割式治理似乎找寻到了顺应历史发展的理论依据与深厚的社会基础，从而最

---

① 杜炜、廖锐、唐松林：《混沌理论视域下的大学课程变革》，《高等教育研究》2016年第7期。

终走进由分割所有泛化为"物"的存在所造成的碎片化的"现代性的后果"之中。

（二）专业分工与部门利益：分割的实践及其碎片化

专业分工的理论思维在行政科层制体系内部便演化为不同部门追求各自利益的行动实践。在政府内部，不同部门在其所辖制的领域内制定、实施各项政策议程，并通过手中所掌握、运用的资源，调动这一领域内的其他行动者来达成初定的政策目标；与此同时，由于部门分工的存在，各个部门也发展出了各具特色的组织个性或组织意识形态。[①] 项目制虽然在高等教育及其他领域中是一种新的治理体制，但项目运作并没有超越科层制的治理模式，科层主导是项目运作的本质特征。[②] 在科层制内部组织专业分工的背景下，项目实际上所扮演的是一个"职能部门巩固自身利益"的角色。围绕不同意图的项目所形成的是不同部门的利益，最终导致的结果是政府内部各部门之间的分割以及政府作为一个整体的碎片化。

高等教育项目的"政出多门"及"各自为政"实际上反映的是在专业分工的环境下，政府各部门通过设立不同的项目来实现各自的绩效合法性，如前所述的来自教育部、科技部、国家自然科学基金委、全国哲学社会科学规划办等部门的项目都与高等教育密切关联，使得专业化、分工化倾向在政府组织中得以巩固和发展[③]，高等教育也成了政府部门通过不同项目实施控制与治理的重要领地。事实上，这种专业分工由于缺乏对事务的整体、通盘考虑而增加了协调的难度，任务的整体性被割裂。各个部门并非秉持一种整体性与一致性的思维与视野，较少考虑组织整体良好运行的条件，更多的是考虑自己所在部门的利益。[④] 从本质上说，在高等教育

---

① 杜春林、张新文：《项目制动员的碎片化及其治理研究——基于 S 县后扶项目的实证考察》，《甘肃行政学院学报》2015 年第 5 期。

② 熊进：《科层制与项目制：高等教育治理"双轨制"的形成研究》，《江苏高教》2016 年第 6 期。

③ 〔美〕拉塞尔·M. 林登：《无缝隙政府：公共部门再造指南》，汪大海、吴群芳等译，汪大海校，中国人民大学出版社，2002，第 24 页。

④ 〔美〕安东尼·唐斯：《官僚制内幕》，郭小聪等译，郭小聪、李学校，中国人民大学出版社，2006，第 169 页。

项目制治理进程中，多部门的权威得以在高等教育领域中建构。对分工、区分观念的过度强调造成部门之间在政策意图、政策手段、政策重叠等方面的诸多困扰，有可能会导致科层制体系内部组织之间的隔阂。在不同目标的导向下，各部门便会努力朝各自不同的方向发展，组织关系也陷入一种碎裂化的状态，韦伯式问题便导向碎裂化问题。① 因此，高等教育项目及其实际运作，重点并非在于高等教育整体目标的实现，而只是作为一种达成部门目标的手段，如此循环，各部门的努力被分解了。② 所以，在戴安娜·利特等人看来，如果政府内部不同部门在面临共同问题时以一种"各自为政"的思维方式行事而缺乏必要的相互理解、协调、沟通与合作，致使政策的整体目标无法顺利实现，那么碎片化政府（Fragmented Government）就极有可能形成。③

（三）项目"委托—代理"关系中信息不对称易造成项目的解构与碎片化

在理论或实践上，任何一种制度设计都必须解决激励与约束机制两个主要问题，既要激励行动者积极行动，又要约束行动者的行为，以免制度执行流于表面、制度理想遭遇落空，项目制亦然。在项目制实践中，作为"委托方""发包方"的政府将高等教育项目"委托""发包"给高校、教师代理，两者之间构成的是"委托—代理"关系。其中所蕴含的激励机制与约束机制是，既要使项目能够激励作为"代理人"的高校、教师尽可能多地参与到项目竞争中来，完成项目规定的要求、实现项目目标，又要保证高校、教师规范按照项目规则行动，以免项目目标与理念的折损。

然而，由于"委托—代理"关系中存在上下级信息不对称，政府无法对高校和教师进行有效监督，在"项目进教"过程中，单纯的"委托—代理"关系并不必然存在，即激励机制与约束机制并非能同时臻至完美。或

---

① 杜春林、张新文：《科层制与项目制：农村公共服务供给方式的演变及反思》，《行政科学论坛》2015 年第 6 期。
② 〔美〕李·G. 鲍曼、特伦斯·E. 迪尔：《组织重构——艺术、选择及领导》（第 3 版），桑强、高杰英译，高等教育出版社，2005，第 60 页。
③ Diana Leat, Gerry Stoker, *Towards Holistic Governance: The New Reform Agenda*, London: Palgrave Press, 2002: 33.

许，项目制较好地激励了高校、教师积极行动，却没能形成强大的约束力，致使项目经费可能被挪作他用。激励机制的完整与约束机制的残缺成为项目制实践运作的悖论。这也就是为何高等教育项目在运作过程中会被高校、教师利用"打包"机制进而转化为自身的利益。由于缺乏完整的约束机制，高等教育项目在高校内部易遭遇多重解构，使项目制运作的实践意义脱离了项目制设计的原初旨意，其制度理想在高等教育世界中早已沦为项目利益、项目权力与项目符号从而剥离了项目制设计的旨趣。

　　"项目进教"的过程使单纯的"委托—代理"关系在高校内部遭遇多重解构，使项目制的制度意义远不及其实践意义，其制度理念在高等教育场域中早已沦为"项目"而剥离了"制度"的精神内涵与制度品性。各类项目被权力与利益关系所绑架使项目制在高等教育实践中表现出极度复杂性及其与项目制精神的偏离，从而异化为利益分配的源泉与工具。在"软约束"的约束下，高等教育项目的输出与接收过程往往不是只有项目"发包"与"抓包"两种行动，其中还裹挟了项目的"打包"意识。

　　事实上，项目制彰显的是政府部门的思维与意图，缺乏对高校、教师"地方性知识"的了解，加之"委托—代理"关系中的困境，导致高校和教师尽可能多地考虑将自身的意图融入其中。各类项目在运作中不断被权力、利益关系所绑架，从而异化为利益分配与权力争斗的工具，所表现出的是一种高校、教师对国家项目的计算与算计。如前所论，高等教育项目的输出与接收过程往往不是只有项目"发包"与"抓包"两种行动，其中还裹挟了项目的"打包"意识。这一"打包"机制意味着，在项目向下"发包"过程中，高校、教师并非作为一个被动行动者，而是以一个更加主动的身份行动，其不可能完全作为"代理人"角色来实现国家项目目标，反而会站在自身利益最大化的立场上[①]，以应付、转化的艺术策略自下而上对项目控制进行"反控制"，从而寻找并构筑起自身在项目体制中的生存策略与空间；而政府又无法对高校、教师的"反控制"行为进行有效的约束。因此，在这种"打包"机制作用下，高等教育项目整体的分割

[①]　桂华：《项目制与农村公共品供给体制分析——以农地整治为例》，《政治学研究》2014年第4期。

便会不可避免地产生，从而陷入项目碎片化的境地。

第五节 项目制与学术锦标赛体制的建构

由莱瑟尔和罗森构建的锦标赛制理论起源于对企业管理领域的研究，用于分析企业管理中委托人与代理人之间的关系，主要观点是强调委托人通过薪酬、职位等级等措施对代理人进行激励，以减少企业因监管而带来的成本，从而最终提高企业效率。随后，这一理论及实践已慢慢从企业管理领域向外溢出至其他学科、领域，从而具备了跨学科的理论内涵与实践意义。一方面，这一理论具有对不同领域的一般性解释能力；另一方面，这一理论却又面临各领域"地方性知识"的实践，从而使这一理论必须根据各领域的情境实践进行重新概念化与理论的解读。因此，其他学科在借鉴这一理论时也会加以适度改造以更契合实践，而本书在分析时也会根据本研究所呈现的事实依据具体阐释晋升锦标赛体制在学术场域中的表现及其与项目制的关联。

在我国，锦标赛制理论主要运用于对政府组织内部关系的解释，一方面与政府官员晋升有关，另一方面与经济发展、社会事务治理等有关。其中，以周黎安、周飞舟等学者为主要代表。在周黎安看来，改革开放几十年来我国经济快速发展的重要根源可以归结为将晋升锦标赛体制作为激励地方政府官员的制度模式，这种制度模式能有效地弥补"中国特色的联邦主义"理论的解释所存在的限度。"中国特色的联邦主义"[1] 理论是钱颖一等人提出的从政府体制的角度解释中国经济快速发展的比较有重要影响力的理论，其中主要涉及政府组织内部集权与分权的关系。该理论认为，中国地方政府发展经济的强劲动力来源于中央政府的分权，这种分权表现在两个维度上：一是行政式分权，强调的是改革开放以来中央将经济管理权限下放给地方，使地方拥有足够的自主决策权限；二是财政式分权，强调的是 20 世

---

① Hehui Jin, Yingyi Qian, Barry Weingast, "Regional Decentralization and Fiscal Incentives: Federalism Chinese Style," *Journal of Public Economics*, 2005, 89 (9 - 10): 1719 - 1742; Gabriella Montinola, Q. B. R. Weingast, "Federalism, Chinese Style: The Political Basis for Economic Success in China," *World Politics*, 1995, 48(1):50-81.

纪 80 年代财政包干制下的地方政府拥有足够的财权，从而使地方经济发展能够打下坚实的经济基础。这一理论对我国经济发展确实具有很强的解释力，但其中的一个条件是必须使分权结构得以稳定与持久，也就是行政分权与财政分权必须是稳定形态，而事实上：一方面，我国体制决定了分权结构是不稳定的，中央政府在集权与分权间能自由决定；另一方面，1994 年分税制改革后在财权集中的情形下我国地方政府经济发展动力也很充足。因此，在周黎安看来，地方政府行动背后还有一种超越了行政分权与财政分权的更基本的激励力量存在，这种力量就是晋升锦标赛体制。

如果说"中国特色的联邦主义"是从体制的角度论说经济快速发展的发生，那么晋升锦标赛体制更像是从一种政府的治理技术或技术治理角度论说，即通过有限的晋升指标、明确的竞赛标准与规则（其实也就是可以量化的指标）等一些以固定、标准化数字为中心的可操作化的制度设计来使晋升锦标赛体制积极运转起来从而使中央政府的预期目标得以实现。因此，在政治体制中，晋升锦标赛体制效能的发挥依赖于几个技术性前提：

第一，上级政府的人事权力必须是集中的，它可以决定一定的晋升和提拔的标准，并根据下级政府官员的绩效决定升迁。

第二，存在一种从委托人和代理人的角度看都可衡量的、客观的竞赛指标。

第三，各参赛主体即政府官员的"竞赛成绩"是相对可分离和可比较的。

第四，参赛的政府官员能够在相当程度上控制和影响最终考核的绩效。

第五，参与人之间不容易形成合谋。①

将上述五个前提进行解读则可以归纳为：第一，资源掌握在上级政府组织手中，且资源十分稀缺；第二，等级机制在其中起作用，不同的等级意味着不同的权力、待遇与掌握的资源；第三，有明确的指标设定；第

---

① 周黎安：《中国地方官员的晋升锦标赛模式研究》，《经济研究》2007 年第 7 期。

四，有明确的承诺回报，即通过努力实现指标要求后上级能兑现承诺（晋升）；第五，人与人之间独立行动。

此外，周飞舟等众多学者从行政系统内的官员行动机制①、环境污染治理②、省级开发区增长③等议题出发进行研究，在一定意义上也印证了周黎安所提出的五个技术性前提，并指出了晋升锦标赛体制所带来的负面影响。

当研究将视野转移至高等教育场域时，晋升锦标赛体制在学术场域内似乎有着类似的表现或携带有这种痕迹，因此渐渐有学者借用这一概念去观测高等教育内部或学术系统内部生态，从而使晋升锦标赛体制内涵溢出进而具有了高等教育学科的内涵与特征。有关学术锦标赛体制的研究集中于阎光才、刘海洋、陈先哲等学者的相关论著中，他们分别从学术等级系统④、学术产出⑤、制度认同—行动选择⑥等角度出发对学术锦标赛体制作了相关阐释。

在研究思路或研究方法上，本书的思维旨趣与陈先哲从组织出发的视角——关注高等学校组织是如何行动的——更为相似，以讨论学术锦标赛体制产生的组织机理。只是，本书更集中于对项目制的关注，通过不同的项目案例来丰富关于学术锦标赛体制的讨论，呈现项目制究竟是如何构建起学术锦标赛体制的。总体来说，虽然有关学术锦标赛体制的研究并不多见，但本书的目的并非首先引入这一概念，而是在于从项目制层面提供更多相关的经验讨论。

当晋升锦标赛体制由其他领域进入高等教育领域时，晋升锦标赛体制便具有了独特表征。基于高校的组织规则与事实呈现，在高等学校组织内部，因高校对项目规则的运作而使得学术制度呈现出几个鲜明特征从而具

---

① 周飞舟：《锦标赛体制》，《社会学研究》2009 年第 3 期。

② 刘伟明：《环境污染的治理路径与可持续增长："末端治理"还是"源头控制"？》，《经济评论》2014 年第 6 期。

③ 李国武、侯佳伟：《锦标赛体制与中国省级开发区的增长：基于省级经验的研究》，《社会》2011 年第 2 期。

④ 阎光才：《学术等级系统与锦标赛制》，《北京大学教育评论》2012 年第 3 期。

⑤ 刘海洋、郭路、孔祥贞：《学术锦标赛机制下的激励与扭曲——是什么导致了中国学术界的高数量与低质量？》，《南开经济研究》2012 年第 1 期。

⑥ 陈先哲：《学术锦标赛制下大学青年教师的制度认同与行动选择》，广东人民出版社，2017，第 48 页。

备了晋升锦标赛体制的意味。

　　第一，学术资源有限。比如在职称评审中，每次评审职位数是有限额的，行政部门掌握着职称评审的权力，包括标准的制定（项目成为评价不可或缺的元素）。

　　第二，明确、可测量的学术竞赛标准。可以明显看到的是，在教师职务任职资格评定中，高校对项目都有明确的底线规定：不同职称对应着不同的项目等级要求、不同职称对应着项目的实施情况（立项还是完成甚或获奖）要求、不同职称对应着不同的项目经费的要求以及职称破格需要满足的项目条件等（以表4-1为例）。无论是常规职称评审中对项目级别、项目实施情况、项目经费数额的要求还是非常规的职称破格对项目的要求等都由高等学校组织设定，各高校都有着一套明确的评价标准且这套标准是容易被测量的，教师所取得的这些"项目成绩"也是可以比较的。高校教师就在这个统一的标准下展开竞赛，去争夺有限的职称指标。

表 4-1　某高校教师职务任职资格申报条件暂行规定

职称	要求
正高	1. 发表 7 篇以上（含 7 篇）CSSCI 来源期刊或 CSCD 来源期刊论文，其中文科至少 3 篇为重要刊物论文（含在 SSCI、A&HCI 源期刊发表的学术论文）并出版学术专著，理工科至少 4 篇为 SCI 或 EI 收录论文且其中 1 篇为 SCI 二区收录论文或 2 篇为 SCI 三区收录论文。 2. 满足下列条件中的任一项： （1）主持国家社会科学基金项目、国家自然科学基金项目、国家级教改项目或主持且完成教育部人文社会科学研究一般项目。 （2）符合下列条件中的任两项： ①主持横向项目或科技成果转化或科技咨询服务项目文科累计入账可支配经费 100 万元以上且单项入账可支配经费 50 万元以上，理工科累计入账可支配经费 200 万元以上且单项入账可支配经费 100 万元以上； ②获国家（国际）授权发明专利（新药、新产品证书）（排名第一）至少 2 项； ③研究成果被省级以上政府或国家级政府部门采纳、应用并产生良好效益； ④获国家级教学、科研奖励（有获奖证书）； ⑤获省部级教学成果一等奖排名前三、二等奖排名前二、三等奖排名第一； ⑥获省部级科研成果一等奖排名前四、二等奖排名前三、三等奖排名前二； ⑦获国家级专业（学科）比赛（展览）三等奖以上奖励排名第一或美术作品被国家美术馆、博物馆收藏； ⑧以指导老师身份（排名第一）指导学生参加国家级专业（学科）比赛（国家各部委主办）获特等奖 1 项或获得 2 项以上（含 2 项）奖励且至少 1 项为一等奖

职称	要求
副高	1. 发表 5 篇以上（含 5 篇）CSSCI 来源期刊或 CSCD 来源期刊论文，其中文科至少 2 篇为重要刊物论文（或学术专著加 1 篇重要刊物论文），理工科至少 2 篇为 SCI 或 EI 收录论文。 2. 满足下列条件中的任一项： （1）主持国家社会科学基金项目、国家自然科学基金项目、国家级教改项目或教育部人文社会科学研究一般项目，或全国教育科学规划项目，或省级重点（重大）科研、教改项目，或主持省级科研、教改项目 2 项目其中 1 项已完成； （2）主持横向项目或科技成果转化或科技咨询服务项目文科累计入账可支配经费 50 万元以上且单项入账可支配经费 25 万元以上，理工科累计入账可支配经费 100 万元以上且单项入账可支配经费 50 万元以上； （3）获国家（国际）授权发明专利（新药、新产品证书）1 项排名第一或 2 项排名前二； （4）研究成果被地市级以上政府或厅局级以上政府部门采纳、应用并产生良好效益； （5）获国家级教学、科研奖励（有获奖证书）； （6）获省部级教学成果一等奖排名前四、二等奖排名前三、三等奖排名前二或获省部级科研奖励一等奖排名前六、二等奖排名前四、三等奖排名前二； （7）获省部级专业（学科）比赛（展览）二等奖以上奖励排名第一或美术作品被省部级美术馆、博物馆收藏； （8）以指导老师身份（排名第一）指导学生参加国家级专业（学科）比赛（国家各部委主办）获一等奖 1 项或二等奖 2 项
讲师	符合下列条件任一条： 1. 发表 2 篇以上（含 2 篇）中文核心期刊论文或 1 篇 CSSCI 来源期刊或 CSCD 来源期刊论文。 2. 以下两项需同时具备： （1）发表 1 篇中文核心期刊论文。 （2）满足下列条件中的任一项： ①主持厅局级及以上科研项目； ②参与省部级及以上科研、教改项目（排名前三）； ③主持校级及以上教改项目或获校级及以上教学奖励； ④获厅局级教学、科研奖励排名前二； ⑤指导学生参加省部级专业（学科）比赛获二等奖及以上奖励任指导教师排名第一
教授破格	条件 A：（仅限学位、继续教育要求破格，即担任副教授职务 5 年及以上，同时满足以下 1、2 两项要求时，学位、继续教育要求可适当放宽。） 1. 文科发表 5 篇以上（含 5 篇）重要刊物论文，其中至少 1 篇为权威刊物论文（含在 SSCI、A&HCI 源期刊发表，被 SSCI、A&HCI 收录，且经学校学术委员会认定的学术论文，下同）且出版学术专著，理工科发表 6 篇以上（含 6 篇）SCI、EI 收录论文，其中至少 1 篇为 SCI 一区收录论文或 2 篇为 SCI 二区收录论文； 2. 主持且完成国家社会科学基金项目、国家自然科学基金项目、国家级教改项目或主持教育部人文社会科学研究一般项目 2 项且其中 1 项已完成；

续表

职称	要求
教授 破格	条件 B：［仅限资历破格，即具备博士学位且担任副教授职务 3 年以上（含 3 年），在符合其他条件的基础上，教学科研成果同时满足以下 1、2 两项要求。］ 1. 文科发表 5 篇以上（含 5 篇）重要刊物论文，其中至少 2 篇为权威期刊论文且出版学术专著，理工科发表 6 篇以上（含 6 篇）SCI 或 EI 收录论文，其中至少 1 篇为 SCI 一区收录论文和 1 篇为 SCI 二区收录论文或 3 篇为 SCI 二区收录论文。 2. 主持且完成国家社会科学基金项目、国家自然科学基金项目、国家级教改项目或主持教育部人文社会科学研究一般项目 2 项且其中 1 项已完成。 条件 C：（教学科研业绩满足以下条件之一者，学位、资历、继续教育要求可不受限制。） 1. 文科发表 5 篇以上（含 5 篇）重要刊物论文，其中至少 3 篇为权威期刊论文并出版学术专著，且主持国家社会科学基金项目或国家级教改项目，理工科发表 6 篇以上（含 6 篇）SCI 或 EI 收录论文，其中至少 1 篇为 SCI-TOP 期刊论文或 3 篇为 SCI 一区收录论文，且主持国家自然科学基金项目或国家级教改项目； 2. 文科发表 5 篇以上（含 5 篇）重要刊物论文且出版学术专著，理工科发表 6 篇以上（含 6 篇）SCI 一区收录论文且至少 1 篇为 SCI-TOP 期刊论文或 ESI 高被引论文或发表 2 篇以上（含 2 篇）SCI-TOP 期刊论文； 3. 在 Science、Nature 及影响因子 20 以上刊物发表论文或在《中国社会科学》发表论文； 4. 获国家级科研成果一等奖及以上排名前三、二等奖排名前二，或获国家级教学成果一等奖及以上排名前二、二等奖排名第一，或获省部级科研教学成果一等奖及以上排名第一； 5. 入选国家级人才项目（如"长江学者奖励计划青年项目"及以上项目、国家自然科学基金优秀青年科学基金及以上项目）；入选省"××学者计划"特聘教授

在一般情况下，上述要求都是学校制度上的规定，也就是一种底线要求，而在实践中，这一情形往往会随着学校要求或者竞争对手实力的变化而变化，比如：

在 H 教师所在的学校，讲师要升为副教授，最低要求是在核心期刊上发表 6 篇以上论文（本领域顶级期刊 2 篇），主持 1 项厅级课题；副教授升为教授的最低要求，是在学校认定的权威期刊上发表 7 篇论文（本领域顶级期刊 3 篇），主持省级以上课题 1 项。但在实际的评审中，标准要高得多，特别是申报教授者，经常被要求主持教育部和国家级课题。

第三，等级性特征鲜明。将学术设计成一个等级模式已成为高等教育组织行动的一种惯习。等级制在高等教育学术体系中大有泛化趋势，论文、项目、获奖等各种元素首先都要进行分等，同时将分等后的各元素与其他各种机制（如等价机制、价格机制）联结在一起，如从助教到教授再到地方性项目人才最后到国家级项目人才，不同级别对应着不同的待遇。

第四，与学术评价、职称评定等约束性条件和物质回报、声誉回报等激励性条件相关。如果教师没有达到规定的项目标准，便不能享受晋升或绩效，这既是一个约束性制度设计又是一个激励性很强的制度设计。在教师收入方面，教师基本（常规性）工资收入十分刚性，因此教师的其他收入就依赖于学校的岗位津贴、学校所采用的绩效奖励办法如科研项目奖励、论文奖励等，有些地方院校的奖励部分甚至超过教师的日常稳定收入，也就是非常规收入超过了常规收入。比如某高校规定：20万元的国家级一般项目按照1∶1的比例给予20万元的现金奖励，而国家级重大、重点项目所给予的奖励额度更大，远远超出了常规性的工资水平。1∶1、1∶1.5、1∶2的配套奖励形成了一个十分强大的制度诱惑。在学校内部，教师若想获得超常规收入，必须按照学校规定的科研奖励办法申报项目。

第五，教师之间不易形成合谋。由于职称评审的竞争性强，在同样需要评职称的情况下，教师之间一般很难结成同盟，一个或几个同时申报职称的教师齐心协力帮助另一个教师申请项目的情形可能很难看见。

这样，由学术资源、学术标准、学术等级、学术约束、学术激励等各要素组合而成的学术场域，使所有人都主动或被动地参与到项目竞赛中，进而使一种围绕科研项目的学术锦标赛体制得以顺利建构。这是在高等学校组织内部上演的学术锦标赛，是从学校与教师的关系上来论述的。这一竞赛体制构建的结果是促使相关行动者（教师）将精力完全集中在可测度的任务上，而忽略不可测度但同样重要的任务，高等学校组织内部"重科研轻教学"现象很大程度上是这种竞赛体制不断建构的产物。

因此，在高等学校组织内部，项目制度下的学术锦标赛体制可被认为是委托人（高等学校）根据自身意图，通过约束与激励相结合的方式，将代理人（主要是教师）的职称评定、薪酬福利等与项目等级、项目数量、项目经费、项目实施情况等挂钩，从而使相关行动者主动或被动地加入项目"游戏"过程中最终实现组织目标的一种制度设计模式。

当我们将高等学校组织内部的锦标赛放置于国家与高校关系的场域中时，同样也存在这种情形。在这种背景下，学术锦标赛体制具有以下五个特点。

第一，项目资源十分有限。项目资源掌握在国家手中，项目资源并非按照均等的原则以指定方式分配，而是每年由国家提供有限的项目资源供所有参赛主体进行竞争，这种竞争性表现得十分强烈。以 2012~2015 年国家社会科学基金项目立项情况为例，见表 4-2、表 4-3。

表 4-2　2012~2015 年国家社会科学基金项目立项情况

年　度	申报数	入围数	入围率（%）	立项数	立项率（%）
2012	25243	5750	22.78	3291	13.04
2013	28678	6049	21.10	3826	13.34
2014	28186	5887	20.89	3816	13.54
2015	27916	6337	22.70	3777	13.53
平均	27505.75	6005.75	21.87	3677.5	13.36

资料来源：全国哲学社会科学规划办公室：《国家社会科学基金年度报告（2012）》，学习出版社，2013；全国哲学社会科学规划办公室：《国家社会科学基金年度报告（2013）》，学习出版社，2014；全国哲学社会科学规划办公室：《国家社会科学基金年度报告（2014）》，学习出版社，2015；全国哲学社会科学规划办公室：《国家社会科学基金年度报告（2015）》，学习出版社，2016。

表 4-3　2012~2015 年国家社会科学基金重点、一般、青年项目立项情况

年　度	重点项目		一般项目		青年项目	
	立项/申报	立项率（%）	立项/申报	立项率（%）	立项/申报	立项率（%）
2012	160/977	16.38	1806/14351	12.58	1325/9915	13.36
2013	272/1145	23.76	2021/15866	12.74	1533/11667	13.14
2014	308/1324	23.26	2465/20137	12.24	1043/6725	15.51
2015	274/1531	17.90	2476/19318	12.82	1027/7067	14.53
平均	253.5/1244.25	20.33	2192/17418	12.60	1232/8843.5	14.14

资料来源：全国哲学社会科学规划办公室：《国家社会科学基金年度报告（2012）》，学习出版社，2013；全国哲学社会科学规划办公室：《国家社会科学基金年度报告（2013）》，学习出版社，2014；全国哲学社会科学规划办公室：《国家社会科学基金年度报告（2014）》，学习出版社，2015；全国哲学社会科学规划办公室：《国家社会科学基金年度报告（2015）》，学习出版社，2016。

另外，据相关研究统计，国家社会科学基金立项率自 2005 年开始才超过 10%。[①]

第二，明确的项目标准。在项目申报中都有明确的规定，必须符合相应规定的程序才能申请项目。

第三，项目与高等教育评估、物质回报、声誉相关。对于组织来说，占有国家级项目能在评估场域中有更大优势，获得国家级科研项目本身就意味着丰厚的资金回报，吸引人才项目获得者能证明在高等教育场域中的地位。中央或者地方政府通过项目掌控高等学校或者高校教师的学术晋升、地位等级、系统声誉和学术资源等；横向竞争使地方政府、高等学校和高校教师在学术晋升与学术资源等的诱惑下，竞相申请各类项目，努力成为项目体制中的一员。

第四，参赛主体间独立展开竞争而不是合作竞争。在这场项目竞争中，高等学校组织间都是独立展开竞争的，不存在哪两个或哪几个学校间合作竞争的情形。

因此，无论是从组织内部还是整个高等教育系统来看，项目制都引发出了一个锦标赛的竞争体制。以项目为评价核心的政策导向和学界风气，使学术研究直接成为按照组织既定框架裁剪学术的学术锦标赛，而这些都是出自掌权方的主观诉求。投机的问题意识与研究旨趣、等级崇拜的学术痼疾、金钱诱惑下的学术实践、被功能化了的研究设计，呈现出政府部门、学校组织、学人都乐于享受的"学术繁荣"与科研政绩。

第六节　项目制下的高校组织与教师个体

一　高校自身人才政策可能会陷入依附状态

一般意义上，我们讲的高校人才政策自主权不足主要是指高校的人事自主权不足。站在这个角度，有研究通过调查某省不同层次、不同类型的

[①] 吕国光：《我国社会科学学术生产力布局研究——国家社科基金项目立项课题的视角》，《武汉理工大学学报》（社会科学版）2008 年第 4 期。

地方本科高校发现，这些高校的人事自主权不足主要表现在人才引进、人才使用、人事评聘、人员辞退四个方面：由省人社厅统管的人才引进，在程序上显得十分复杂而且死板；定编、定岗的政府部门式的人才政策则使得高校在人才的使用上不够灵活；高校职称评定的权力受到限制，评定的条件也过于死板，评定的指标体系等相关规定不尽合理；缺乏对不合格人员进行辞退的权限。最终，造成的结局是高校难以招到合适的、高水平的人才，从而影响高校教学科研水平的提升。由于地方高校拥有的博士、教授比例偏低，这就难以增强其综合实力。①

从上可知，高校在人事或人才政策自主权上的缺失是由相关部门直接造成的。但人才项目制的实施却有着不一样的性质，它既包含了政府的"压力"，也蕴藏着高校的自愿跟随。在人才项目制的政策驱动效应下，高校纷纷推出了与政府人才政策相互匹配、相互衔接的人才政策。在这种背景下，一方面，政府部门要求高校实施相应的人才政策；另一方面，高校也愿意实施符合政府部门要求的人才政策。以长江学者奖励计划为例，教育部每年都会下发通知组织高等学校执行《"长江学者奖励计划"实施办法》（2011—2017 年）和《"长江学者奖励计划"管理办法》（2018 年后），而高校也乐此不疲地推荐本校教师成为"长江学者"或者高校也评选出相应的"××学者"作为"长江学者"的后备军。因为"长江学者"作为政策的产物具备了政策上的优势，它代表了高校人才队伍链条中的顶端，是高校展示自身实力的一个重要符号，所以高校在人才政策的执行上往往陷入依附状态。而这种依附状态的生成，可以说，应该是高校与政府达成"共识"的结果。"大学作为一类特殊的社会组织，既有着较高的专业技术要求和市场依赖，又有着明显的制度合法化要求和资源依附。"② 在我国，获得制度上的合法性远比获得专业技术上的合法性更具诱惑力，因为赢得制度上的承认带来的各种利益远远超越了单一专业技术上取得的诸多利益。从某种意义上讲，高校实施某种人才政策来激励大学教师无可厚

---

① 中南大学课题组、张尧学：《地方本科高校内涵式发展的主要制约因素及改革建议——以某省 20 所地方本科高校为例》，《现代大学教育》2014 年第 2 期。

② 刘献君、张晓冬：《"少年班"与"精英学院"：绩效诉求抑或制度合法化——基于组织理论的新制度主义分析》，《现代大学教育》2011 年第 5 期。

非，但以"长江学者"为代表的人才项目制却表现出"国家—地方—学校"这一人才链所具有的顺序性与层级性，使高校逐渐在人才政策上主动或被动地失去了部分自主权。也许，从表面上看，人才项目制确实起着促进高校人才激励手段多样化的作用，但实际上却又使高校的人才政策被牢牢地捆绑在这种井然有序的人才等级链条之中。

二 高校人才成长途径与目的的异化

这里所讲的高校人才成长主要是指高校教师的学术职业发展。马克斯·韦伯将学术职业分为"物质意义上的职业"和"一种志业"[1] 两种，后者更为符合学术职业的本质规定。从学术职业的发展来看，思想和传授思想[2]、高深知识等是学术职业的题中应有之义。从高校与学术职业的关系看，高校为学术职业的发展提供了组织保障，学术职业也成为高校的中心议题。同时，在高校场域内，学术职业发展的成就需得到学术共同体的确认，学术职业的发展完全朝着纯学术方向行进。因此，追求学术自由、探究高深学问等成为高校教师的最初使命，也是高校教师学术职业发展的终极指向。然而，随着政府对高等教育的干预，高校学术职业发展的认可由一元变为二元，逐渐呈现出由内部认可发展为外部认可的趋势。在政府作为高校学术职业成就的外部认可的强势进攻下，高校学者也逐渐希望得到政策上的优势来获取更多利益。"从 19 世纪中叶开始，教授也越来越多地以专家身份参与国家、地方和社区事务"，造成学术职业的"政治化"。[3]学者们正是通过参与各种各样的社会事务获得了体制上的认可与优势，并希望在学术职业阶梯上位居高层。"随着大众化高等教育的逐步实现，各国学术职业阶梯的变化越来越频繁"，其中国家权力的影响非常

---

① 〔德〕马克斯·韦伯：《学术与政治》，钱永祥等译，广西师范大学出版社，2004，第155、160 页。

② 李志峰、沈红：《学术职业发展：历史变迁与现代转型》，《教师教育研究》2007 年第1 期。

③ 阎光才：《文化乡愁与工具理性：学术活动制度化的轨迹》，《北京大学教育评论》2008年第 2 期。

突出。①

在我国，高校学术职业的发展颇具特色。除了积极参与社会事务外，政府通过实行特殊的人才政策构建了多样化的人才等级体系。因此，在我国高校内部，除了助教、讲师、副教授、教授这种常规的学术职称外，还有"长江学者"等项目人才称号。在高校人才等级体系中，这些称号是"高"于常规的教授级别的，因为他们获得了政策上的优势，是高校对外宣传的资本。关于这一点我们从前述高校人才简介等对人才称号的表述中可见一斑。高校对人才称号的重视使高校教师产生一种项目崇拜的情结。

事实上，项目崇拜的背后实质上是对一套井然有序的项目符号编码的崇拜，项目符号编码本身就是一套蕴含着国家意识形态的普遍性知识，它迅速而轻易地将改革开放后尚未得到充分发展的高等教育与学术中的"地方性知识"击垮，以至于高等教育与学术中的"地方性知识"似乎天然要沦为项目文化的附属知识。几乎所有涉及高等教育事务的项目行动逻辑，无论是这里所述的人才项目，还是"双一流"建设项目或是"对口支援西部地区高等学校计划""地方本科院校转型发展"等项目，都是国家治理文化自上而下单向度嵌入的过程，而每一种项目实践行动作为一种标签式认定背后的根本理据则是对"治理绩效"的考量。

三　高校人才学科间分布严重失衡

由于高校自身的发展历史、目标定位不同以及经济社会发展的需求，高校的学科发展及学科人才分布严重失衡是一种正常的现象，也是一种自然发展的产物。但相关政策的介入使这种自然发展现象被打破，人才在各门学科间的分布失衡加剧。人为的不均衡替代了自然发展的不均衡，应该说并不符合事物发展的逻辑，至少刻意或过多的人为安排并不必然能使事物发展具备充分性。由此造成的是学科发展极为不平衡，一些学科在相应学者的带领下加速发展，另一些学科则缓慢前进甚至停滞不前，自然科学

---

① 别敦荣、陈艺波：《论学术职业阶梯与大学教师发展》，《高等工程教育研究》2006 年第 6 期。

学科与社会科学学科、人文学科之间的差距与对立加剧。笔者统计了 2013 年、2014 年"长江学者"的学科分布，自然科学学科约占 70%，社会科学学科、人文学科约占 30%。① 在"长江学者即为准院士"的所谓权威逻辑下，由人才项目制遴选出来的学者象征着学科的实力，意味着能获得更多的资源，学科也更受国家重视。这种现象的出现类似于国家重点学科在学科间的分布状况。在国家重点学科分布上，自然科学学科比社会科学学科、人文学科更具集中优势。社会科学学科、人文学科扮演着衬托者的角色。大学学科之间普遍存在一种分层现象。在这种背景下，国家重点学科不仅表征着学科之间地位的差别，还意味着国家对学科的态度有所差别，即自然科学学科备受青睐，社会科学学科、人文学科饱受冷落，从而拉大了两者之间的差别以及造就了社会对两者的态度与倾向的差别。② 笔者以为，人才项目制的实施在一定程度上也起着某种催化作用，学科间人才集聚与学科发展都呈现"马太效应"的情形。

四 学科知识生产与创新的动力机制外在化

高校确立它的地位的主要途径有两种，即存在两种主要的高等教育哲学：一种哲学主要是以认识论为基础，另一种哲学则以政治论为基础。③ 作为高校里的主要活动内容，学科知识生产与创新——从历史和实践的角度看——也存在两种相对应的哲学，本书将基于认识论的学科知识生产与创新称为"内生型"模式，将基于政治论的学科知识生产与创新称为"外生型"模式。两种模式的动力机制分别是"为学术而学术"的高校内在的纯学术追求与满足、呼应政治、经济等外在需求的大学研究。前者是高校行动的前提和基础，是高校的本质规定。

---

① 该数据经笔者统计得出。笔者虽然只统计了 2013 年、2014 年两年的情况，但其他年份反映出来的整体状况与此类似，只是比例大小有所不同。《教育部关于公布 2013、2014 年度长江学者特聘教授、讲座教授名单的通知》，福建省教育厅网站，2015 年 2 月 6 日，http://jyt.fujian.gov. cn/xxgk/zywj/201502/t20150206_3179505.htm？eqid=aefacaa500018dda00000004648dc639。

② 周守军、陈佩佩、孙来文：《国家重点学科分布及其象征意义分析》，《中国高教研究》2009 年第 1 期。

③ 〔美〕约翰·S. 布鲁贝克：《高等教育哲学》，王承绪、郑继伟、张维平等译，浙江教育出版社，2001，第 13 页。

然而，政府实施的各种政策逐渐干预高校的本质规定，使高校知识生产与创新的外部动力机制取代内部动力机制而成为主导机制。以长江学者奖励计划为例，其重点突破的研究方向和研究任务，需与国家重大科研和工程项目结合，与创新平台和创新基地建设结合，与重点学科、重点实验室和新兴交叉学科建设结合，突出的是国家需求的逻辑思维。在这种国家需求的逻辑思维的导引下，由于自然科学学科更能与国家需求相契合，自然科学学科发展与人才分布要优于社会科学学科、人文学科。从某种程度上说，只有在与国家需求相呼应的学科领域进行知识生产与创新才能拥有更多机会获得政策上的人才称号与相关利益。

另外，人才项目制反映的自上而下的人才等级链，使高校人才成长的动机与目标指向由内在追求转为外在驱动，自然而然地影响大学学科知识生产与创新力的转换。有学者将这种自上而下的学术生产动力机制称为"国家行动"下的学术生产模式与框架。在这种学术生产模式与框架之下，由"国家到地方再到学校"的时空维度和制度运作方式为我们呈现了一幅鲜明的、清晰的自上而下的学术创新的画面，它遵循的不是"认识论的法则"，而是基于国家（地方）行动、国家（地方）需要、国家（地方）计划的总体性要求，是一种以"政治论"为基调的外生型的知识生产模式。

五　重科研轻教学现象加剧

历史地看，高校教学、科研职能的出现及其相互关系是历史演化的产物。中世纪高校公开的职能是教学，至文艺复兴到 18 世纪时高校的主要职能还是教学，而 19 世纪柏林大学的出现则实现了教学与科研的统一，此后科研的地位日益提高，到 20 世纪中叶以后教学与科研相统一的原则遭到破坏，出现了分离的状况。对此，伯顿·克拉克教授认为："永不静止的科研朝着很多方向走出传统大学环境，建立新的前哨基地，它们的成员以全部时间勘探知识前线的各等黄金。教学和学习落在后面，被固定在古老的驻地，在那里，探索的果实最终被巩固适合于系统传递和全部消化的形式。""纯粹的教学型高校有意地和以科研为中心的高校分开"，克拉克将这一过程描述成"科研的漂移"和"教学的漂移"。① 在这个过程中，科研的地位被突出强调，并逐渐超越教学而成为高校的主要职能。

在推动科研成为高校主要职能的过程中，政府的行为无疑发挥着至关重要的作用。在美国，政府在第二次世界大战期间改变了政府与研究型高校的关系，不断提高高校的研究能力，在高校建立了很多国家研究室并使其承担了很多大的研究项目。② 而在世界范围内，在对于高校知名度的兴趣与追逐的过程中，许多国家强化了对高校科研活动与高校科研地位的关注，从而造成各国高校过度看重高校教授的科研能力和水平，并将此作为最重要的方面来衡量他们的实力，这种情况随着时间的推移变得越来越明显。③ 自此以后，教学被远远甩在科研之后，"教学重于科研"或"教学与科研并重"的时代似乎一去不复返了。厄内斯特·博耶在 20 世纪末提出了"教学学术"（The Scholarship of Teaching）的概念，以求使教学获得与科研同等的地位，但实际的情况并未如其所愿，教学的地位似乎一直被悬置，"科研重于教学"现象似有不可逆转之势。

在我国，政府以国家社会科学基金、国家自然科学基金等项目制的形式提高了科研的地位。相关政策中虽然未直接规定科研的重要性，但实际的运行却起到了这个效果。为何会出现重科研轻教学现象，更确切地说，项目制是如何促使或加剧重科研轻教学现象的？首先得明确高校内部重科研轻教学的原因，其原因可以从高校和教师两方面来思考。

于学校而言，其"办学经费主要来源于国家教育经费拨款和科研经费。前者只与学生的数量有关，而与培养质量无关，教学质量高的学校并未因此而多获得国家的经费拨款"④。而政府又是高校科研经费供给的主体，因此，高校不得不鼓励教师申请各种国家级、省级课题项目。这主要是因为各种项目特别是国家级项目能够提供巨大的资金支持，能减轻高校筹措科研经费的压力。有学者曾对某些高校对科研投入的行为作过较为形

---

① 〔美〕伯顿·克拉克：《探究的场所——现代大学的科研和研究生教育》，王承绪译，浙江教育出版社，2001，第 223、227 页。
② 吴洪富：《大学教学与科研关系的历史演化》，《高教探索》2012 年第 5 期。
③ O. Fulton, M. Trow, "Research Activity in Higher Education," *Sociology of Education*, 1974 (1)：29.
④ 徐君：《我国高校教学与科研失衡原因及协调对策》，《现代远距离教育》2009 年第 6 期。

象的描述：一所地方高校，仅重点学科建设经费支出一项每年逾千万元，而教学业务费年生均不过 500 元，万人学校每年不超过 500 万元。学校还为博士点、硕士点审批和科研项目立项设立专项攻关经费。高校内部科研投入名目繁多，有科研设备费，纵、横向课题匹配经费，科研获奖匹配经费，著作论文奖励，校内科研基金和课题立项等。① 于教师个人而言，很多时候实属无奈之举。职称评定、论文发表及生活压力迫使其不得不重视科研。在这一过程中，如前文提到的，项目特别是高级别项目的申请能起到"一箭多雕"之效。关于职称评定，一些高校将项目的级别与结题的数量作为教师职称评定和奖金发放的重要考量标准。而期刊编辑部特别是一些核心期刊的编辑部往往将基金项目作为论文质量高低的重要衡量指标。同时，各种项目基金能成为教师隐性收入来源的一个重要渠道。《科技日报》的记者曾采访过参加全国"两会"的人大代表和政协委员，其中有人直言："为什么会'重科研、轻教学'？教师们得生活，得赚钱养家啊！"目前高校对于教师的考核大多量化为工作量，普通高校教师从事专业课程教学所获得的工作量大约只占总工作量的 10%。教师通过上课所获得的报酬很少，尤其是上专业课、人数少的小课（如研究生课程）收入更少，与项目经费和社会上一些科研人员的收入相比，简直微不足道。② 因此，科研项目基本上关乎教师的职称评定、论文发表，甚至生活水平，从而使他们不得不重视科研而轻视教学。此时的项目也远远偏离了为科研、学术提供资金支持的初衷，而日益演化为"生计的资本""生意的对象"。这种由各种项目导致的"重科研轻教学"现象是不是能使我们真正重视科研，具备了为科研而科研的情怀？事实恐怕并非如此。谢志浩指出，事实上，"我们又何尝拥有过真正的科学情怀呢？弥漫在大学校园的仅仅是'技术情结'而已"③。

---

① 解飞厚：《非研究型大学科研与教学关系的思考》，《高等教育研究》2004 年第 1 期。

② 《大学"重科研、轻教学"，谁之过？》，科学网，2010 年 3 月 5 日，https://news.sciencenet.cn/htmlnews/2010/3/229155.shtm。

③ 谢志浩：《现代大学理念的思考》，载刘少雪、张应强主编《高等教育改革：理念与实践》，上海交通大学出版社，2007，第 61 页。

六 项目制下的"学术竞争" 使高校自治与学术自由的本质特征难以彰显

纯粹意义上的学术竞争是一种良性的竞争形式，是一种学术与学术之间不夹带任何外部因素干扰的竞争。用经济学术语表示的话，纯学术竞争应该是学术的"完全市场竞争"。这种竞争是自由的，是符合高校本性的。从理论上讲，学术竞争是学术自由的重要向度之一，学术的"完全市场竞争"是高校学术发展的基础，是高校学术勃发与兴盛的重要助推力。因此，任何其他的学术"非完全市场竞争"形式（指学术受政治、经济等外部因素的干扰）都会遮蔽高校自治、学术自由的本质特征。

项目制的出现应该说是国家治理机制的一大进步，它绕过了"行政或单位体制的壁垒"，"推进了各种教育要素的重新组合"，逐渐采用竞争等具有市场经济特征的办法。"任何单位或个人要获得纵向项目，必须参与项目立项竞争"，申请自愿，获批形式公平。① 由于国家是这一改革行动的主体，加上市场因素的介入，这一格局可以被形象地表述为：国家主导下的带有市场竞争特色的机制。"从某种意义上来说，之所以这么强调中国特色社会主义市场经济的特殊性，在很大程度上源于我们坚持了改革中基于'国家行动'的总体特征。"②

对此，还有学者认为，我国高等教育总体上运行在一种双重体制（计划体制和市场体制）之中。从资源配置角度来看，既有政府计划配置方式又有市场竞争性配置方式；就高等教育管理而言，既有行政管理机制又有市场调节机制；就高等教育质量评价而言，既有政府主导的评价也有市场和社会的评价。在双重体制之下，以高校办学质量和办学水平评价为例，在哪些领域实行政府评价、哪些领域实行市场评价、是政府评价多一点还是市场评价多一点，都是由政府教育主管部门确定的。③

---

① 陈廷柱：《"项目体制"与全面深化高等教育改革》，《苏州大学学报》（教育科学版）2014年第3期。
② 徐永：《区域高等教育非均衡发展的形成机制及其检视：一个"国家行动"的解释框架》，《教育发展研究》2013年第19期。
③ 张应强：《从完善大学制度来抓高等教育质量》，《大学教育科学》2012年第5期。

　　所以说，这种背景下的市场竞争并不是完全的市场竞争，而是政府主导下的"有限市场竞争"，它造成的是学术竞争的失范。各种项目"借用民主之名，这些评审和裁决，往往形式上合法合规，程序也绝对做到公正，却独独忽视了对学术自由的敬畏和保护，高校教师的自主权就这样被稀释了"①。对于高校来讲，各种基金项目的实施使高校完全背离了高校自治、学术自由的本质特征。主要表现在以下三个方面。一是高校竞争的目标指向获得项目所能带来的利益，如获得科研经费、学校实力（项目的级别高低从某种程度上表征着学校实力的强弱）等。就像曾经轰轰烈烈进行的部分地方高校向应用技术类转型一样，这些高校之所以愿意转型是因为它们"寄希望于通过转型发展政策获取政策红利"②。而能否获得政策支持是衡量高校地位高低、发展前景是否广阔的最重要的指标，因此，高校竞争都指向符合政策意图的方向。二是高校与高校之间竞争的要素发生改变，主要看有没有国家级项目、重点学科、重点实验室、获得人才称号的人才。三是高校教师之间的学术竞争更是以能否获得国家级科研项目为标志。"某某老师有多少项国家自然科学基金，某某老师只有一项省级自然科学基金"等将高校教师作对比的言论不绝于耳。经此，原本应存在于高校之中的自由竞争变成了由政府引导的项目竞争，高校自治与学术自由的本质特征也丧失在激烈的项目竞争中。

　　由于高校、教师被绑定在各色项目里，科学研究的主题、目标、性质和环境等均发生了重大的变化。这意味着：传统上高校所推崇的个人独立自主和自由研究，正逐步让位于外部政府和社会营利机构需求的意向。这种变化不仅在根本上扭曲了高校智识自由的传统价值，使研究带有越来越浓厚的功利性，而且为满足外部意图和完成研究任务的要求，这种研究越来越具有任务取向，研究活动呈现出结构化、组织化甚至运行方式科层化和官僚化的特征。③ 这样，研究的整个过程几乎被牢牢地把控着，科学研究被一系列的程序（从项目的申请到结题）"规划"着，而

---

① 董云川、罗志敏：《尊重"内生需求"，方能提升大学品质》，《现代大学教育》2014年第6期。
② 张应强：《从政府与大学的关系看地方本科高校转型发展》，《江苏高教》2014年第6期。
③ 阎光才：《学术团队的运作与人才成长的微环境分析》，《高等教育研究》2013年第1期。

非指向"为学术而学术"的纯学术目标。在我国,"从科研规划、课题指南、项目招标到论文发表、著作出版、成果评价,权力规划的影子无处不在"。在这种背景下,"知识的自主性会被有用性所替代,个人性也会被集体性所替代"。① 有学者以教育知识生产为例,分析了全国教育科研规划对教育知识生产的影响。应该说,改革开放以来,国家以教育科研规划的形式所安排的教育知识生产制度进行的教育知识生产,为改革开放初期教育学的恢复和重建作出了积极贡献。教育科研规划在教育实践与理论等多个领域都发挥了重大作用,在推进教育决策科学化、民主化,加强教育理论研究与教育实践之间的联系等方面都产生了不同程度的影响。② 然而,通过项目基金形式制定的教育知识生产制度,从本质上讲,它所遵循的是工业化时代的生产流程,从课题申请到课题审批再到课题评审等各个环节构成了一个机械而封闭的教育知识生产系统。在这种生产模式下,存在一种将知识生产与物质生产、教育知识生产与工业产品制造等同起来的危险。③

邓正来将这种背景下的知识生产时代称为"知识规划时代"——通过"研究项目"、"人才计划"、"学科建设"、"职称评定"、"大学改革"、"筹备资助"和"刊物定级"等方式及其相应的制度安排而兑现的"知识规划"时代。这种"知识规划"时代所具有的最为根本的特征,便在于它是以政治性的权力和由它所确定的学术制度安排为基础的,而这在根本上意味着这种政治性的权力和学术制度安排在很大程度上不仅会确定我们的知识生产方式,而且还有可能形构我们知识产品的具体内容。④

总体而言,包括高校、教师在内的各参与方几乎完全被捆绑在各种项目里。在资源日益紧缺的时代里,在国家成为高校科研经费来源主体的背

---

① 王建华:《知识规划与学科建设》,《高等教育研究》2013 年第 5 期。
② 王永斌:《知识社会学视域中的教育知识生产——基于国家社会科学基金教育学立项课题的统计分析》,《西北师大学报》(社会科学版) 2011 年第 6 期。
③ 谢延龙、王澍:《现实反思与理想图景:论我国教育知识生产》,《现代大学教育》2009 年第 5 期。
④ 邓正来:《研究与反思——关于中国社会科学自主性的思考》,中国政法大学出版社,2004,第 2 页;邓正来:《反思与批判:体制中的体制外》,法律出版社,2006,第 51 页。

景下，高校自治、学术自由频繁遭受侵害。或许在很大程度上，项目治理与学术治理存在内在冲突，学术发展所要求的高校自治正在被项目制所牵动的大量资源所消解，资源消解高校自治成为提升我国高校办学自主权的一大瓶颈。

第五章

项目制与中国高等教育发展的推进策略

作为一项已存在三四十年、在实践中发挥强大影响力且承载着国家战略意图的制度安排，项目制将会在未来很长一段时期内继续发挥作用。在此前提下，进一步思考项目制与中国高等教育未来发展的问题必须从两个维度加以把握：第一，将过去几十年来项目制实践所累积的绩效合法性及其蕴含的发展经验抑或发展模式传承下去；第二，将过去几十年项目制实践中所显现的问题通过某些方式加以解决。在这两个维度上，项目制对中国高等教育发展的支撑作用或许会更加明显。

第一节　项目制实践经验的传承

从第三章的分析中可以看出，在过去的历史进程中，项目制实践为中国高等教育发展积累了不少值得传承的经验。主要表现在以下两个方面。

一　坚持国家主导的总体性框架，借助项目制通道调动资源

我国是一个集发展型国家、后发国家等多重身份于一体的国家，包括高等教育在内的重大事务只有在国家主导的框架中才能寻找到发展的合法性、有效性与优越性。一方面源自过去几十年的实践所累积的绩效合法性，另一方面无论是在理论上还是在实践中，国家主导都有其独特的优势。改革开放以来，中国高等教育发展的进程始终坚持正确处理国家与市场的关系，基本上形成"国家主导+有效市场"的制度架构和基本经验。

20 世纪 80 年代以来，中国高等教育改革与发展始终坚持市场取向的思路与方向，使市场在高等教育资源配置等事务中发挥基础性作用；同时，为了更好地体现出国家的主导作用，国家制定了一系列高等教育宏观战略、规划、计划、政策、标准等，使中国高等教育在后发赶超和转型升级等方面实现了跨越式发展。经过系列变革，我国高等教育在时间和数量上完成了其他国家所没能完成的任务（如高等教育大众化和高等教育普及化），在质量上也大大缩小了和世界一流大学之间的差距。因此，国家主导在中国高等教育发展过程中起决定性作用，不仅是由我国的基本经济制度决定的，还是由我国高等教育处于赶超、转型等发展阶段的客观情形决定的。因为在一个强国家推动的社会转型历史进程中，只有理解了社会组织所面临的制度性激励、约束以及机会结构，才能从总体上把握其发展特征以及未来走向。这些思路遵循"国家—社会"的宏观理论逻辑，展现了清晰的线性因果机制，也暗合当前中国社会组织发展中的一些组织现象。根据这种视角，一旦更为宽松的制度环境出现，中国社会组织发展中的多数问题都将迎刃而解。[1]

在高等教育项目制场域，项目制对国家主导和有效市场的诠释更是淋漓尽致。项目制中的国家主导至少表现在以下三个方面：一是项目中都蕴含着特定的国家高等教育发展的战略意图，从宏观"211 工程"、"985 工程"、"双一流"建设项目到微观科研、教学、人才等项目的实施，都饱含着国家在特定时期的高等教育发展愿望，从而指引着宏观高等教育的发展方向；二是项目制贯穿高等教育发展的方方面面，如前所述，现如今高等教育的各项事务无不打上项目制的烙印，这也就意味着国家从始至终都在为高等教育发展保驾护航；三是国家是高等教育发展绩效的最终评估者，在各类国家项目的申报中，项目周期都有很明确的时限约束和终期任务约定。从项目的申报到项目的完成，全程由国家来监督，项目负责人最终是否完成了任务也由国家来确定，并会影响下一次项目申报的机会。由此可以看出，国家主导的优势体现在：国家不仅将高等教育的大多数工作以项目的形式开展，并提供了大量的资金，还能调动全国上下政府组织、高校

---

[1]　黄晓春：《当代中国社会组织的制度环境与发展》，《中国社会科学》2015 年第 9 期。

组织和教师个体等多方行动者的积极性。这也就充分体现出国家能通过一定的制度安排"集中力量办大事",在实现国家高等教育战略目标的基础上形成项目制的"举国体制"。正如有学者所言,这种"举国体制"产生的基础至少包括四个方面:处于发展型国家的相对落后状态;以公有制为基础;具备强大的组织能力和动员能力;对大工程、大项目的大量资源投入。① 因此,在未来的高等教育改革与发展过程中,在坚持国家主导的前提下,应通过项目制的形式更加积极地调动更多可调动的资源(尤其是社会资源)来实现中国高等教育现代化与建设高等教育强国的战略目标。

二 统筹考虑高等教育发展全局,实现高等教育的均衡发展

在高等教育项目制产生与发展的前期,由于资源有限,其更多地体现为一种重点建设的投入模式。尔后,在资源增加、高等教育发展提出新要求等背景下,项目制被赋予了减少高等教育发展的区域、层次、类型、要素等差异的使命与任务,这一过程也确实对促进高等教育的全方位发展起到了积极作用。在新的时代背景下,项目制应继续发挥其原有作用,并要以各种形式来实现高等教育的均衡发展,为全社会的共同富裕贡献力量。要想实现高等教育的均衡发展,项目制应继续在以下三个方面发力。

第一,在解决区域高等教育发展不均衡问题上,项目制还应加大力度支持中西部地区高等教育发展。中西部经济、社会、教育等多个方面与东部地区相比仍有较大差距,"马太效应"越发明显,长期以来受到政府、学界、媒体等多方主体的关注。就目前的情况来看,项目在东中西部高等学校之间的分配相差较大,还是有必要继续加大对中西部地区项目设立的支持力度。例如,在国家自然科学基金和国家社会科学基金以及各类人才项目的资助中,要大幅度地增加西部地区项目的数量。像国家社会科学基金教育学项目,每年立项数量仅在 10 项左右,对于数量不少的西部高校来说,这个立项数是远远不够的。另外,在很多情形下,关于中西部地区高等教育发展落后的问题,学界习惯于从人力物力财力资源、观念和意识、

① 唐任伍:《赋能更具活力的新型举国体制》,《国家治理》2020 年第 42 期。

地理位置、历史遗留、政策扶持等多个角度加以讨论。很显然，前三个方面是在强调内部因素，后两个方面则强调外部要素。

第二，在解决高等教育层次、类型等差异问题上，项目制应加大对地方高等学校、高等职业教育的支持力度。事实上，虽然项目制在支持地方高等院校和高职院校时都有专项资金，如支持地方高校发展专项资金、国家示范性高等职业院校建设计划、国家骨干高职院校建设计划、中国特色高水平高职学校和专业建设计划等，但和部属高校以及普通高等院校相比，从项目类型和项目建设经费来看，都呈现出很明显的差距。虽然大多数国家级项目的竞争都面向所有不同层次、不同类型的高等院校，但是大型的高等教育项目或者是经费额度巨大的项目往往都是由部属高等学校和普通高等学校获得的。例如，从"211工程"到"985工程"再到"双一流"建设的入选高校几乎都是部属高校或者部省合（共）建高校。又如，国家自然科学基金和国家社会科学基金作为两大国家级项目，在实践中分别代表着自然科学、社会科学的最高水平，这两大项目的竞争也是面向所有不同层次和类型的高等院校，但是从每年的立项结果中可以看出，部属高校和普通高校占据了绝大多数。例如，在2022年的国家社会科学基金教育学项目立项中，高职院校的立项数仅为7项，2023年这一数字仅为6。这种差距十分明显的结果实质上有着更为根本的结构性因素，这些部属高校自新中国成立以来就一直由于制度的倾斜被大量地注入资源，原始的制度资本积累非常雄厚，因此在国家级科研项目竞争中，"马太效应"只会被无限放大。再如，在人才项目的遴选上，地方高校所占比例极小，而高职院校的入选者几乎很少看到。这种差异形成后，会营造一种氛围和假象，即部属高校的发展模式是所有地方高校和高职院校所应遵循的路径。

第三，除了加大投入支持力度之外，项目制还应该引导高校找到属于自己的发展方向和特色。那么，这种不同层次、不同类型的高等院校的差距是否可以缩小呢？项目制在其中能否发挥作用？答案是肯定的。为了解决先赋性因素带来的结构性困境，项目制所能发挥的作用是，在"双一流"建设背景下，引导支持地方高校、高职院校办出各自的特色和一流，将高等教育办学类型的多样化落到实处。为了丰富高等教育的办学类型，项目制也必须进行变革，让国家级项目的设立能引导不同的高校办出特色、办出水平。例如，科研型院校设立科研项目，教学型院校设立教学项目，应用型高校设立应用型项目，职业类院校设立职业教育项目等，这些项目之间彼此独立，每种类型院校都只能申报相对应的项目类型，不能交叉申报。同样，在人才项目的遴选上，每种类型的高校都应遴选出相对应的项目人才。当然，在促进高等教育办学类型多样化上，项目制也不是独立发挥作用的，需借助评估等制度来共同引导。当我们将项目作为评估的重要指标时，只需看高校各自的项目在立项上是否取得较高的位次。在高等教育场域中，中西部地区高等院校尤其是地方高等院校所面临的竞争对手不应是重点高校和东部高校，而应是自身。项目制在其中所发挥的作用，除了提供资助支持外，还有一个重要的功能就是引导，这个引导功能主要体现为激励和支持这些高校办出属于自己的特色和水平。甚至可以规定，这些高校在申报国家项目时，只能申报体现该校特色和水平的项目等。

以上主要是从经验的角度展开论述，下面开始思考一些现实问题的解决方案。

现代民族国家的兴起使国家在其与社会、自然的互动关系中成为支配性的主导角色，这意味着现代国家将根据自身的目标与逻辑来重塑自然和社会。① 同时，在历史发展中，国家以其不断增强的制度能力获得了独特的审视"人、社会与自然"的"清晰化和简单化"的视野，它倾向于"将极其复杂的、不清晰的和地方化的社会实践取消"。② 就高等教育而言，项目制凭借国家逻辑对复杂的、整体的高等教育开始了简单化、粗略化、标准化与格式化的过程。当高等学校简介、对外宣传的资本、人才引进、职称评定、论文发表等以项目为轴时，当高等教育竞争以项目为中心时，当高等教育声望、地位靠项目维持时……项目制已全方位渗透进高等教育领域。然而，这种"一事一议""专款专项"规则所蕴含的简单思维与国

---

① 荀丽丽：《再造"自然"：国家政权建设的环境视角——以内蒙古 S 旗的草原畜牧业转型为线索》，《开放时代》2015 年第 6 期。
② 〔美〕詹姆斯·C. 斯科特：《国家的视角——那些试图改善人类状况的项目是如何失败的》（修订版），王晓毅译，社会科学文献出版社，2012，第 2 页。

家逻辑企图将国家力量发挥到极致①，完全罔顾高等教育中的"地方性知识"这一本质性命题。"现代国家机器的基本特征就是简单化，它们并未成功地表达它们所要描述的真实社会活动，它们目的也不在此；它们只表达了官方观察员所感兴趣的片段。"② 项目规划的致命弱点是它不仅自傲，还不尊重自治的目标和"当地"的主观性。③ 因此，当项目规划越详细时，留给高校自主和经验的机会就越少。最终造成如下后果。项目嵌入与高等教育、学术本真的悬浮；高等教育项目逻辑替代高等教育逻辑，学术项目逻辑替代学术逻辑；高等教育的通行规则与普遍主义正在加速崩解，特殊主义大行其道。高校、教师也不得不在疲于应付学术项目逻辑并在解构项目与再组织项目过程中寻找生存空间。

依凭项目制成就，国家不仅确立了自身的合法性，还不断地强化支配高等教育的自主性与必然性。回顾历史，当我们在呼吁高校自治、学术自由30多年以后，当我们试图"走出计划下的'无自由'，走入市场下的'有自由'"时，项目实践中的"资源消解自治"却不得不让我们感到疑惑：高等教育中的自治、自由等本真逻辑是否很难在国家体系中找到被肯定的空间？在项目不断扩张的时代背景下，项目而非人、行政而非学术、国家而非高等学校成为高等教育的中心。当我们一直在进行项目规划时，我们却一直在被规划着；当我们试图不断找回国家时，我们似乎再也找不回高校了。对于高校来说，如果自治、自由必不可少，那么我们是否应试图走出国家、找回社会、回归高等教育。

为更好地回归高等教育以及化解高等教育项目制治理所产生的可能风险，下面几个方面可以成为我们思考的方向。

---

① 叶敏：《从政治运动到运动式治理——改革前后的动员政治及其理论解读》，《华中科技大学学报》（社会科学版）2013年第2期。

② 〔美〕詹姆斯·C. 斯科特：《国家的视角——那些试图改善人类状况的项目是如何失败的》（修订版），王晓毅译，社会科学文献出版社，2012，第3页。

③ 〔美〕詹姆斯·C. 斯科特：《国家的视角——那些试图改善人类状况的项目是如何失败的》（修订版），王晓毅译，社会科学文献出版社，2012，第181页。

第二节　明确项目制的定位，遵循高等教育逻辑

作为政策工具的项目制对高校学术事务的干预虽然具备了合法性，但这并不代表这种行为具有完全的合理性与正当性。我们不能用逻辑的事物替代事物的逻辑。正如，"对科学的任何外部指导，在其有效性方面都绝对有害，这样做根本就无济于事；砍断一根手指会比砍掉整条手臂疼得轻，可这证明不了其举动的正当"[①]。那么，究竟该如何定位项目制在高校治理中的功能？以人才项目为例，各种人才项目在高等教育系统中所彰显出来的强势给高校的学术发展造成了一定程度上的混乱。作为一种政策工具，人才项目在高等教育领域中究竟该扮演何种角色？对此，阎光才指出，在事关高校学术发展的问题上，它最多只能作为一种功能补偿性的身份存在，而不应该成为一种功能替代。因为不论从哪个角度来看，以设立国家学术等级系统来弥补甚至替代现存的机构内部等级系统都不是长久之计。[②] 为此，关于项目制的变革，可以从以下几个方面来思考。

一　从项目制主导转为项目制辅导

从现实运作来看，需要思考以下四个问题。第一，是否应该将高等教育的所有事务项目化？也即是否应该考虑缩小项目制在高等教育中的应用范围？第二，如果缩小项目制的应用范围，那么常规的教学、科研等活动所需经费应怎样得到保障？第三，在制度变革上，如何引导高等教育场域中的各类宏观、中观、微观的评价、激励、约束等不再以项目为前提性条件？第四，关于项目制中的竞争特征，是否该考虑哪些项目需要竞争，哪些项目不需要竞争？

正如经济学、社会学研究对项目制变革的思考：政府应该大幅度缩小项目制的应用范围，逐步从支持重点产业、支柱产业、特色产业等竞争性领域退出，着重促进基础设施和公共事业发展；应减少或取消地方政府的

---

① 〔美〕迈克尔·博兰尼：《自由的逻辑》，冯银江、李雪茹译，吉林人民出版社，2002，第83~84页。
② 阎光才：《学术等级系统与锦标赛制》，《北京大学教育评论》2012年第3期。

项目资金配套等附加条件，充分发挥专项维护基本公共服务均等化的功能；政府应该从抓"点"的项目制逐步向抓"面"的普惠制转型，通过带有普惠性的企业减税，提高社会保障、医疗保障、教育、公共设施水平等来履行政府职能，着力打造优质均等化的公共服务环境。[①] 对高等教育项目制而言，其变革应做到以下两点。第一，应该弱化教学、科研等活动围绕项目竞争的行为，转变为一种常规性的制度支持，让更多教师享受更多的资源支持。很多时候，虽然激励机制确实能调动积极性，但也极有可能导致行动者行动的功利性和内卷化。当然，这种常规性的支持不是将资源平均分配给教师，而是设置一定的资格条件（如学历、职称等）或者根据他们自身的能力（前期成果）给予相应的经费支持。第二，引导高校改变设立项目经费配套的惯常做法，将原有用于配套的经费转变为常规性的经费支持。国家项目对于教师而言已经具有相当强的激励效果和足够的经费支持，设立项目经费配套的做法只会使学校内部教师之间的经费差距越拉越大，且项目经费配套的安排不会产生很强大的边际效应。如果将绝大多数经费都集中在少部分人手上，会影响学校整体科研实力的提升。对于学校而言，既需要一批顶尖的学术带头人，也需要绝大多数较高水平的普通教师作为学校发展的中坚力量。

这种思路的整体意思就是将项目制的主导地位变革为辅导地位，使教师不再日复一日、年复一年地围绕项目开展活动，使教师的教学、科研等工作能得到常规性的支持。当然，将项目制的主导地位变革为辅导地位，并不是要弱化项目制在中国高等教育发展中的作用，而是以一种新的形式使项目制与常规性的支持共同发挥作用。

二　作为政策工具的项目制：补偿支持性质的功能定位

对高校及高校教师有着一套按照学术发展的逻辑进行激励的机制，这种激励机制应超越其他任何激励措施而成为主要激励方式。在高校内外，大致存在三种手段来激励高校及其教师：法律激励、政策激励、学术激

---

① 郑世林、应珊珊：《项目制治理模式与中国地区经济发展》，《中国工业经济》2017 年第 2 期。

励。法律激励是通过法律法规的形式进行的激励，如知识产权法。现如今，法律也是一种社会治理工具。有学者指出："法律是社会控制的一种工具。"[1] 而知识产权法为何能对高校及其教师产生激励作用？王建华对此进行了论述。他认为，"在增强大学为经济社会发展服务能力的名义下，获得专利的多少甚至与大学财政拨款挂钩"。"在以知识为基础的社会中，知识成了利润的重要来源，企业的核心竞争力就集中在了知识产权上。为了能够拥有更具市场优势的知识产权，大学成了企业最佳的合作伙伴，知识产权是大学回报企业的重要筹码。"[2] 政策激励主要是行政部门通过制定各种形式的政策来激励高校与高校教师，人才项目与科研项目都具有激励的功能。然而，"机构的学术等级晋升应当是学术系统内部最为核心的激励机制"[3]，也就是说学术激励应居于最核心的地位，其他两种手段只能是补偿性质的。

政策激励作为一种补偿性的激励手段，是指政策激励不能超越学术激励而成为激励高校与教师的主导手段。虽然某些政策出台之时的出发点是好的，但在执行过程中却招致异化，且异化后的思维占据了主导地位。而政策之所以在执行过程中会招致异化，是因为政策本身附带了其他的利益。正因政策携带了诸多利益，或者说这些利益超越了纯学术研究所获得的利益，从而造就了政策激励挤占学术激励的现实。对高校来说，政策工具是不能附带任何其他利益的或者说附带过多的利益，如项目、级别等，否则有损高校的本质。换句话说，必须将政策工具的激励功能保持在荣誉性这个唯一的维度，不与评奖、待遇等挂钩。我国现行的政策有一种特别的"魅力"，其"魅力"之处就在于被高校所称的"政策红利"。这种"政策红利"既能为高校提供巨大的物质支持，又能彰显高校在高等教育场域内的地位。因此，为了获得"政策红利"，高校不得不乐此不疲地按照政府规定的方向前进。政策的激励功能经此逐渐异化，成了高校争夺各种利益的平台，获得政策携带的利益也成了高校的重要工作。

---

① 〔美〕B. 盖伊·彼得斯、弗兰斯·K. M. 冯尼斯潘：《公共政策工具——对公共管理工具的评价》，顾建光译，中国人民大学出版社，2007，第 12 页。
② 王建华：《知识产权视野中的大学》，《大学教育科学》2013 年第 3 期。
③ 阎光才：《学术等级系统与锦标赛制》，《北京大学教育评论》2012 年第 3 期。

关于荣誉性，国外的一些经验可以给我们启示。以院士为例，在美国、英国等国家，工程院、科学院都属于纯学术、纯荣誉性机构，增选出的院士也不与任何资金、资源等挂钩。它们以服务学术为使命，同样也能为国家作贡献。以美国国家科学院（National Academy of Sciences，NAS）为例。美国国家科学院作为荣誉性机构每年都会选拔部分不同领域杰出成就者，授予院士头衔。但无论是大学、专业学会还是科学院所授予的头衔，都不与薪酬、研究资源挂钩，仅仅是象征性的学术认可而已。国家极少会通过将头衔作为标准并使其与薪酬、研究资源挂钩的方式来介入学术，这充分体现了美国学术系统的内外部结构特征：美国学术由共同体内部认可，国家仅仅关注与公共利益、国家利益相关的学术资助，两者分而治之。①

因此，从国际惯例与我国部分专家学者对于类似于院士这种头衔的"政策人才"的态度来看，对于各种在高等教育领域中实施的政策，应主要注重其荣誉性质，以荣誉激励高校与教师，不与其他各种项目、资金等"牵扯不断"。总之，应"减少过多过密的政府奖励性项目，弱化学术研究中过强的功利性导向，使学者能够潜心研究学术，关注学术研究及其成果的长期生命力和影响力"②。

将项目定位为荣誉性、支持性的角色。如前所论，高等教育项目制在高校系统内部招致解构与再组织，日益演化为不同行动者追逐利益的手段与工具。其根本原因在于各种项目都与地位等级、权威、资源占有等密切关联，如拥有国家杰出青年科学基金获得者、长江学者等头衔便意味着在高等教育场域内具有显赫地位，在高校人才招聘、各种项目申请、论文发表等方面都颇具"优先权"。这种功利导向逻辑极易造成高等学校、教师为追逐这些名号而展开学术研究从而挤占、背离了真正的学术研究旨趣。因此，荣誉性、支持性的角色是项目的一种较为恰当的定位，其目的在于为高校教师开展学术研究提供大力支持，而非塑造一个由权力、利益所构成的功利性、工具性学术生态。当项目失去其功利导向后，项目遭遇解构

---

① 阎光才：《学术等级系统与锦标赛制》，《北京大学教育评论》2012年第3期。
② 刘振天：《高校"教学型研究"及其超越》，《大学教育科学》2014年第6期。

与再组织的空间将会被大大压缩。以荣誉激励高校与教师，不与各种权力、资源等"牵扯不断"，弱化学术研究中过强的功利导向，使学者能够潜心开展学术研究，关注学术研究及其成果的长期生命力和影响力①，才是项目制的题中应有之义。

三　释放国家能力，以保证高校自治与学术自由

高校治理的基本问题是什么？对此，张维迎作出了解答，高校治理的基本问题即用什么样的制度才能保证高校的目标和理念的实现。② 这里的制度既包括宏观上政府与高校关系的制度，也包括大学内部的制度。从宏观上来看，必须进行顶层制度的设计，"这种顶层制度设计是在高等教育理念和大学理念支配之下的总体性和基础性制度设计"③，它旨在构建一个能充分体现高校自治、学术自由的制度。

现行的各种项目、计划对高校进行无孔不入的渗透，有可能会干扰高校自治与学术自由。项目制下的高校治理是国家治理社会的机制在高等教育领域的表现，它所注重的是数量、效率等一些技术性指标。"自 20 世纪90 年代以来，在强调放权的基调下，政府对高校以及教师的管理带有越来越浓厚的效率化色彩，逐渐从传统上资源分配的平均主义取向转向了以竞争性项目为支持手段的效率主义取向。"④ 在项目规定的各项规则以及将项目与其他各项事务如评职称等联系起来后，高校学术系统逐渐呈现出"锦标赛制"⑤ 的特征。在这种"锦标赛制"下，高校自治与学术自由已黯然失色。这种"锦标赛制"采取利益捆绑机制，将国家目标、高校组织目标

---

① 刘振天：《高校"教学型研究"及其超越》，《大学教育科学》2014 年第 6 期。
② 张维迎：《大学的逻辑》，北京大学出版社，2004，第 4 页。
③ 张应强：《从完善大学制度来抓高等教育质量》，《大学教育科学》2012 年第 5 期。
④ 阎光才：《学术等级系统与锦标赛制》，《北京大学教育评论》2012 年第 3 期。
⑤ 关于大学学术系统的"锦标赛制"除了前面提到的阎光才教授的论述外，还有刘海洋、王晋、卢晓中、陈先哲等学者作了相关研究。参见刘海洋、郭路、孔祥贞《学术锦标赛机制下的激励与扭曲——是什么导致了中国学术界的高数量与低质量？》，《南开经济研究》2012 年第 1 期；王晋《教师专业成长的晋升锦标赛制度探究——从吉尔兹的地方性知识理论说开去》，《教育发展研究》2013 年第 22 期；卢晓中、陈先哲《学术锦标赛制下的制度认同与行动逻辑——基于 G 省大学青年教师的考察》，《高等教育研究》2014 年第 7 期；陈先哲《捆绑灵魂的卓越：学术锦标赛制下大学青年教师的学术发展》，《教育发展研究》2014 年第 11 期。

和高校教师个体目标三者统一起来捆绑了高校教师的灵魂，使他们部分放弃了培养人才的使命和学术责任，学术行为趋于急功近利，从而妨碍了真正的学术创新。[①] 在高校渐失自治和学术自由的背景下，当政府、企业等主体都成为它们自己本身时，只有高校渐渐不成为其本身。这个道理就像：如果政府、企业等主体按照高校的理念、制度等运行，政府和企业可能也就不是政府和企业了，反之亦然。

国家实施某种科研项目或人才项目总是以实现特定目标为出发点的。为了实现某个政策目标，使国家实施的某种项目或计划能够贯彻下去的能力可以被称为国家能力。[②] 为了实现高等教育质量提高的政策目标，国家实施的人才项目与科研项目已被高校很好地贯彻下去。就高校科研来说，已在很大程度上被锁定在各种项目里面，这体现了十分强大的国家治理高校科研的能力。这种十分强大的能力所带来的影响早已显现出来。更为严重的是，在项目制实施的过程中，高校与教育行政部门之间往往形成"讨价还价""上有政策，下有对策"的"反控制"关系，这不仅使各项资源的配置失效抑或低效，还使国家的战略意图无法得到有效落实。比如项目投入与产出不对称，项目制下高校盲目跟风严重、高校发展自主性与特色化降低、高校系统内部结构紊乱、整体竞争力得不到提高。[③]

既然这种十分强大的国家能力带来的好处少于坏处，那么应该适当释放国家能力。有学者将这种国家能力的释放称作国家能力的流失，并且区分了国家能力流失的两种类型。一是"不利流失"，即国家能力的某项或者某几项内容的流失将会导致整个国家能力系统的崩溃和效力的严重缺损。二是"有利流失"或称"合理流失"，当国家某项或某几项内容的流失属国家能力结构与社会体制结构的正常调整时，这种流失对国家能力并

---

① 陈先哲：《捆绑灵魂的卓越：学术锦标赛制下大学青年教师的学术发展》，《教育发展研究》2014 年第 11 期。

② 国家能力是指为实现国家职能规范的目标和任务，国家所具有的保证其政策和一致的有效性，维持自身的稳定和存在，高效治理社会的能量和力量的总和。参见孙明军《对当前中国国家能力的若干思考》，《南京社会科学》2000 年第 5 期。本部分借助此概念，将其运用到高等教育治理中，试图探讨国家能力在高等教育领域是否应该流失，在何种程度和意义上应该、可以流失。

③ 姚荣：《大学治理的"项目制"：成效、限度及其反思》，《江苏高教》2014 年第 3 期。

没有负面影响，甚至有时还有利于提高总体国家能力，如在一些需要自主、自由的社会领域内。① 对于高校这种特殊的社会组织而言，对自主、自由的呼声应该是所有社会组织里面最高的。因此，在高等教育领域内，国家可以放心地将其能力适当释放给高校。因为在多数场合中，这种能力的释放无碍于国家能力的有效发挥，反而能提升国家的能力。若非如此，高校的办学品质必会受到侵害。"无论具有哪种制度背景的国家，政府对于大学的管理与指挥都是有边界的，一旦越界深入到院校内部的教学、科研等真正属于教育自身的领域，其办学品质必然会受到干扰。"② 历史与实践地看，还高校以自由、自主的权力不仅是还原高校的本来面目，体现了国家对于高校的胸怀，还体现了国家在高校治理中的能力，这种能力也许更有利于实现"科教兴国"等国家想要高校为其实现的任何其他目标。因为无论是在历史上还是在当今时代，这种能力在德国、美国等国家都被证明过是对的。

总而言之，让国家能力适当流失点给高校（主要是让高校拥有自治和学术自由的权力），创设一个保障高校学术自由发展的制度环境，才是提升国家在高校治理中能力的较好选择。在科研创新上，国家可以做很多事，如给予适当的政策扶持，给科研创业者提供一个公平的市场环境等。要激发人的智慧，国家就要给他以环境，给他以信任，让他能在这个环境中觉得自己能够最大限度地开发大脑。③ 必须尽可能降低国家对科研的过度规划以及规划前提下的价值过度介入、过度导向与过度附加，要真正尊重教学规律、学科规律和科研规律，反对御用学术，还学术本身的价值和魅力。④

如果说，"事物发展是内外因共同作用的结果，内因是事物发展的根本原因，外因是事物发展的第二位原因，外因通过内因起作用"是我们这个社会共同坚守的准则和价值观念，那么，高等教育政策实践过程似有悖

① 孙明军：《对当前中国国家能力的若干思考》，《南京社会科学》2000年第5期。
② 董云川、罗志敏：《尊重"内生需求"，方能提升大学品质》，《现代大学教育》2014年第6期。
③ 唐静、王建湘：《张尧学谈科研创新：中国人要有科研自信》，中南大学新闻网，2015年1月9日，https://news.csu.edu.cn/info/1002/65859.htm。
④ 刘振天：《高校"教学型研究"及其超越》，《大学教育科学》2014年第6期。

逆这一准则之嫌。面对如今的形势，有学者指出：一直以来，中国大学从宏观生存环境到微观的教育科研活动，被领导、被指挥、被规划、被安排的状况到了不得不面对、不得不改良的时候了。[①] 如此，既能实现高校发展的目标，又能实现国家的战略目标，让高校成为一个"需要"（need）和"想要"（want）的结合体。

四　回到项目制本身

作为 20 世纪 80 年代尤其 90 年代中期以后成长起来的高等教育项目制，其原初旨意乃是作为一种特定的经费与制度安排来支持高等学校在科研、教学、人才、学科等各个方面的发展，从而提升中国高等教育的整体实力。例如，《"长江学者奖励计划"实施办法》中明确规定："长江学者奖励计划"是国家重大人才工程的重要组成部分，与"海外高层次人才引进计划""青年英才开发计划"等共同构成国家高层次人才培养支持体系，由中央财政专项拨付一定的奖金（特聘教授每人每年 20 万元，讲座教授每人每月 3 万元）支持他们在高等学校课程、教师与学生指导、学科发展、科学研究、学术梯队建设等方面作出贡献。高等学校与"长江学者"之间通过合同确立聘任关系，明确双方各自权利与义务。[②] 也就是说，这些教授被遴选出来作为人才项目只是一种经费支持，使其为高等学校发展服务。

然而，经过高校的诠释后，在整个高等教育场域内建立起了项目制与财政经费支持之外功能的某种关联。项目制在实践中成为一个发挥着资源获取、利益分配、学术评价、地位区隔、符号意义等多重功能的制度实体。这种功能被无限放大的项目制也构成了高等教育的总体性、高等学校与高校教师发展的一个结构性存在，从而使项目制走向"项目化"，并给高校学术发展等带来负面影响。面对"项目化"

---

① 董云川、罗志敏：《尊重"内生需求"，方能提升大学品质》，《现代大学教育》2014 年第 6 期。

② 《教育部关于印发〈"长江学者奖励计划"实施办法〉的通知》，中华人民共和国教育部网站，2011 年 11 月 28 日，http://www.moe.gov.cn/srcsite/A04/s8132/201112/t20111215_169948.html? eqid = db5831c400126e2e00000002647f39ea。

给高校学术发展带来的负面影响，应渐进性地进行改革，促使"项目化"回到项目制。

第一，加强以成果为中心的同行评价与考察。在高校组织内部，项目制之所以走向"项目化"就在于近乎"一刀切"地将项目与学术晋升、薪资分配、人才评定等重要事项关联在一起，将项目等同于成果、水平、学问、影响。① 在"项目化"评价带来诸多问题的背景下，总体的思路是要强化同行评议在学术评价中的作用，加强以学者成果为中心的评价与考察，而非单一根据项目及其级别来判定，即尽可能地抑制项目的符号效应。不论成果以何种形式存在，即便没有拿到项目，只要经过严格的同行评议便可赋予学者相应的学术资格及其他荣誉。因此，无论是学术晋升还是人才引进，都不能单纯凭借项目这个符号意指来决定。事实上，加强以成果为中心的同行评议改革，意在减弱项目的关联功能。中共中央办公厅、国务院办公厅印发的《关于分类推进人才评价机制改革的指导意见》就对项目等要素与评价的关联作出了明确规定：着力解决评价标准"一刀切"问题，合理设置和使用论文、专著、影响因子等评价指标……避免简单通过各类人才计划头衔评价人才。实行代表性成果评价，突出评价研究成果质量、原创价值和对经济社会发展实际贡献。改变片面将论文、专利、项目、经费数量等与科技人才评价直接挂钩的做法，建立并实施有利于科技人才潜心研究和创新的评价制度。② 可以说，这为高校学术评价改革，促进高校学术发展指明了方向。

第二，促进与加强学术评价的弹性改革。一是扩大学术评价的指标范围，为高校学者学术发展提供多种可能性。当前，在多数学术评价中，项目、论文、奖项等元素是主要的评价指标，而项目更是一种"硬通货"，这会使学术因受限于这些指标而形成一种技术化的学术样态。因此，应尽可能地扩大学术评价的指标范围，包括那些非项目的学术成果，更确切地

① 范军：《比"四唯"危害更大的是"唯项目"》，搜狐网，2019 年 1 月 8 日，http：// www.sohu.com/a/287383037_176210。

② 《中共中央办公厅 国务院办公厅印发〈关于分类推进人才评价机制改革的指导意见〉》，中央政府门户网站，2018 年 2 月 26 日，http：//www.gov.cn/zhengce/2018-02/26/content_5268965.htm。

说非公开发表的论文、非奖项皆可作为评价的指标，避免学者认为做学术或学术成果的目标和价值仅仅是拿到项目、发表论文、获取奖项等，以促成一种自由学术空间的形成。二是在项目与其他评价指标之间建立多种可选择与相互替代的条件，而非以项目为唯一条件。这就要求在实践中对不同学科、不同岗位、不同事务等区分对待。例如，南京理工大学 2019 年的职称评定改革意在打破各种"唯"，根据学科、岗位等特征，改变了"唯项目""唯论文"的评价理念与实践①，让教师有更多的选择空间。事实上，不论是哪一个指标，在制度设计时都不能变成一种"刚性"指标，否则都会异化为一种"化""唯"的理念。可以说，任何一个指标的设定都应该只是"有更好，没有也可自由选择其他元素"，对项目而言亦如是。譬如，在职称评定时，无论是自然科学学科还是社会科学学科、人文学科，不能因为教师没有项目而无法评定，而应参考其他指标来综合决定。

因此，无论是在理论上还是在实践中，我们所要加以深刻省思的不是项目制本身，而是一种"项目化"的评价思维、理念与认识。就当下而言，只有推进以成果为中心的同行评议改革，并进行学术评价的弹性设置，改变"项目化"的评价思维，高校学术才不会轻易陷入技术化的情结中；学者与学术的本质才有可能被彰显，而不是被项目及其符号效应所遮蔽；学术的"好"与"不好"也才更有可能被严格地区分出来而不被项目及其符号效应所混淆。总而言之，这些都是力图使"项目化"作为一种评价的理念与认识回到项目制的制度支持功能，切切实实发挥项目制在促进高校发展与变革中的作用。

与此同时，应尊重高等教育中的"地方性知识"，综合考虑项目的国家意图与高等教育特性。"地方性知识"是文化人类学家吉尔兹提出的一个概念，从一般意义上讲，它是指事物或组织自身独特的逻辑。因此，普适性的知识不能代替"地方性知识"，地方性的"制度惯例"和"思考逻辑"往往决定着事情发生发展的走向。② 对于高等教育来说，其"地方性

---

① 《不再"唯项目、唯论文"，南理工为体育、美育老师评职称"另辟蹊径"》，搜狐网，2019 年 5 月 23 日，http://www.sohu.com/a/315992972_613653。

② 王晋：《教师专业成长的晋升锦标赛制度探究——从吉尔兹的地方性知识理论说开去》，《教育发展研究》2013 年第 22 期。

知识"就是高等教育自身的独特逻辑,任何其他组织的逻辑规则都不可替代高等教育组织的逻辑规则。然而,在项目制实践中,我们看到的是项目似乎一直在代表国家意图、执行国家意志,项目的产生往往也只是国家单方面考虑的结果,缺乏与高等教育组织的沟通与协商,从项目指南到项目申报程序无一不将国家作为中心而对高等教育进行任意的规划与设计,完全忽视了高等教育自身的独特逻辑。所以,类似于高等教育市场被高等教育项目市场替代的所谓国家逻辑替代高等教育逻辑的情形频繁发生。因此,站在高等教育内在逻辑的立场上,高等教育项目的设计不仅要考虑国家意图,而且要将高等教育本身带入其考察的中心,从而实现双赢。

第三节　以整体性思维构建高等教育项目制治理模式

面对社会治理的碎片化问题,以佩里·希克斯为代表的诸多学者对此高度关注并提出了整体性治理理论,它所观照的核心诉求是:重视整体思考,强调从整体上应对社会问题;重视整体人,强调从整体人的角度来设计政府的治理模式;重视整合行动,强调整合不同的行动机构和主体。[1]概而言之,整体性治理理论所强调的治理态度包含了用整体观念对待人与事、整合行动主体的行动两个维度。因此,在此理论指导下,对高等教育项目制治理碎片化的治理也必须做到观念和实践上的双重变革。

一　观念变革:以整体性、生命性思维对待高等教育中的"人"和"事"

以整体性思维和生命性思维观照高等教育必须实现高等教育由"物"到"人"的根本性变革。作为一项整体性、生命性事业,高等教育无法简约为"物"的形式而进行肆意、简单地切分,从而使高等教育世界日益破碎、分裂,丧失了作为整体性、生命性的高等教育与整全的、生命的"人"的存在。在历史印象中,高等教育最初是以一种整体性样态存在的,

---

[1]　孙志建:《论整体性政府的制度化路径与本土化策略》,《广东行政学院学报》2009年第5期。

这种整体性表现为一种高等教育知识的整体性。从中世纪到 20 世纪初叶，高等教育的内容和过程自始至终都是围绕一个核心的理念或者核心价值来设计的。无论是早期对宗教信仰的执着还是近代对人的理性的推崇，都表现为大学对一种精神统一性的高度关注，而这种精神的统一性又与知识的整体性存在逻辑的一致性。[①] 如今在西方高校开展的通识教育等教育改革无一不希望复归高等教育知识的整体性与人的整全性。只有以尊重生命的自然态度和整体性思维为出发点，"由物到人"，才能促进人的生命的自由发展与高等教育、学术生命的绵延。对于国家治理机制来说，当以物化静止的思维简单地、肆意地对高等教育进行人为切割与治理而忽视高等教育内部要素的规律性联系、人的整全性与生命性时，无疑是用"外因"替换了"内因"，将不可避免地阻滞高等教育的长久发展，高等教育的发展将永远无法走出工具理性的"囚牢"。

二　实践变革：加强项目资源整合及协同发展，实现高等教育项目制治理的整体目标

在整体性治理理论启示下，高等教育项目制治理由碎片化走向整体性必须做到以下两点。首先，以整体性思维应对高等教育中的"人"和"事"。项目制所坚持的"一事一议"原则隐藏的逻辑是，将高等教育整体分割为无数片段并对每一个片段进行治理，只要每一个片段被治理好似乎就能实现高等教育的整体性发展。在这种片段式治理中，高等教育中"人"的发展不得不依附于各种片段（如教学项目中的"人"、科研项目中的"人"），从而将"人"进行不断分割与治理，使高等教育世界日益破碎、分裂，丧失了作为整体性的高等教育与整全的"人"的特性。因此，项目制设计必须通盘考虑高等教育内部要素的规律性联系与人的整全性，不能简单地、肆意地进行人为分割与治理。其次，加强项目整合。项目的繁杂不仅未能带来高等教育的整体性发展，反而造成治理的碎片化，因此需加强整合行动，将繁多的项目与项目中各行为主体统合起来，以降

---

① 阎光才：《整体性坍塌之后——当代知识格局变迁与大学普通教育改革》，《比较教育研究》2003 年第 4 期。

低项目治理碎片化的危险。针对项目"政出多门"与"项目分立"的现实，需加强整合行动。这一整合行动既包括整合某一部门内部繁杂的项目又内含对不同部门所实施的项目进行统合，以尽可能多地降低项目制治理的碎片化风险。一是加强"条条"部门的项目资源整合。比如科技部 2016年初开始的科技计划管理改革，开启了整合各种项目资源的进程：为解决原有科技计划体系的重复、分散、封闭、低效等问题，进一步提高财政资金使用效益，国务院于 2014 年部署国家科技计划管理改革，计划在 2016年底前完成改革主体任务，将原有的 100 多个科技计划整合成国家自然科学基金、国家科技重大专项、国家重点研发计划、技术创新引导专项（基金）、基地和人才专项五大类。① 二是加强"块块"政府的协同发展。虽然"块块"政府竞争有利于激发高等教育发展活力，但"块块"政府对高等教育项目资源的过度竞争忽视或损害了国家和社会的共同利益，使国家层面的高等教育协调发展只能沦为一句空话，整个国家呈现出"权力碎片化"② 的特征。当前，在高等教育发展过程中，区域协同发展的制度建设滞后抑或协同发展制度践行不力，造成地方政府的分割式竞争动机和行为缺乏有效规制和约束，助长了地方政府的非合作标尺竞争行为，高等教育"块块"分割似乎愈演愈烈。③ 因此，应当如整体性治理理论所提出的那样，要加强协同发展制度建设并促进其实施，使目标共享、整体化成为高等教育发展与治理的基本理念。建设协调型政府（Joined-up Government）成为应对碎片化、空心化政府问题的重要途径，其核心是通过不同行政区政府相互合作、协同配合，打破行政区划壁垒，建设统一开放和竞争有序的网络化系统。④

因此，整体性治理理论为项目制下高等教育治理碎片化的治理提供了

---

① 《"973""863"等整合为新国家重点研发计划》，中新网，2016 年 2 月 17 日，https://www.chinanews.com/gn/2016-02-17/7761020.shtml。

② 蒋华林：《我国高等教育"块块分割"的效应及制度分析》，《高等教育研究》2016 年第4 期。

③ 蒋华林：《从"条块分割"到"块块分割"——我国高等教育发展转型中的地方政府竞争研究》，博士学位论文，华中科技大学，2015，第 181 页。

④ 蒋华林：《从"条块分割"到"块块分割"——我国高等教育发展转型中的地方政府竞争研究》，博士学位论文，华中科技大学，2015，第 225 页。

理论指导。在其所倡导的协调、整合、信任等机制中我们可以不断挖掘出部门内部及不同部门之间整合的路径，这不仅是对科层制结构中过度分工的回应，而且是以项目制为纽带建立各主体之间的联动机制、建设整体性政府的必然路径。[①] 另外，应以整体性思维、生命性思维为指导，充分尊重高等教育中的"地方性知识"，由"见物不见人"向"见人不见物"的实质转变，加强项目中各行动者的协调与整合，实现高等教育的整体协调发展，使高等教育成为一个生命的、整体的存在而不仅仅是以一个静态"物"的身份被任意割分与治理。"由于多种原因，需要不断强调的是，'项目制'不是万能的，它具有自身的适用条件。在现实中，无效、低效项目的存在不能简单地推导出'项目制'本身是有问题的，它们往往反映出供给方与需求方的对接困难等实施层面问题，有待进一步分析。此外，项目毕竟具有临时性，如何使项目长期、有效发挥作用，破解'重建轻管''建易管难'等问题，需要与其他制度，如科层制与市场制度等厘定边界的同时互相支撑。"[②]

除此之外，财政项目制考核中还需强化对满足国家战略需求的考核，使项目建设真正做到"国家在场"。作为高等教育领域中的一项重要制度安排，财政项目制往往都携带有巨大的资金额度，其投入应要产生实实在在的效应。项目负责单位和个人不能简单地将重点集中在一些项目建设指标任务的完成上，而应将项目建设过程、成果与解决重大高等教育问题结合起来。为此，对财政项目制建设任务的考核需全方位考虑定量与定性。一方面，在定量维度，从指标上考核立项项目对于学术人员、学科能力和水平等方面的贡献度，即考核立项项目负责人或相关组织是否完成项目协议中约定的任务；另一方面，要增加并强化定性维度的考核，即考核项目建设成果对于解决区域、国家重大高等教育问题的价值，真正使"双一流"建设等项目建设过程既能体现出高校特色又能使国家真正"在场"。通过财政项目制将高校发展与国家战略相结合，实现新型举国体制构建中对国家导向的强调。发挥财政项目制的协同引导效应，促成有组织科研的

① 杜春林、张新文：《项目制动员的碎片化及其治理研究——基于 S 县后扶项目的实证考察》，《甘肃行政学院学报》2015 年第 5 期。

② 史普原：《中国政府项目的运作逻辑：一个组织学分析》，天津人民出版社，2017，第 128 页。

发生。一是高等教育领域要主动对接"揭榜挂帅"制度，用好用活这一制度形式，让更多真正优秀的学术人员参与进来。[①] 为此，应放开项目建设过程在年龄、资历、门槛、出身等方面的限制，进一步彰显财政项目制中的自由、平等、竞争等市场要素的优势，让真正有能力的科研人员脱颖而出，为不同类型的人才营造机会平等的氛围，以调动全员力量攻关国家项目。二是整合学校间、学院间、学科间资源，促进各类项目的建设。在获取国家项目资源过程中，高校传统的利用科研成果的数量和等级取胜的方法将不再占据优势，学术人员内耗式的单打独斗的科研模式也难以产出符合国家需求的重大成果。这就要求高等教育项目建设过程必须整合跨校、跨学科资源，促成研究在选题、工具、主体等方面的协同创新。高校在推进一流学科建设时，应突破学科界限，将与立项学科相关的学科力量进行整合，以国家和地区需求为指引，构建起有组织科研的具体的制度化安排，强化力量整合对于解决国家、区域重大问题的贡献。这也是高等教育新型举国体制构建中对"集中力量办大事"的一般诉求。

第四节　降低项目等政策工具的精细化干预度

如今，我们的高等教育可能面临一个困境，即"过度治理"或"治理化"。总体来说，高等教育改革与发展只有依赖于政府治理行动才能向前推进，而其哲学理念与实践操作并未进行深刻的检省。在很大程度上，以项目制为代表的高等教育治理方式可能会使高等教育呈现出一种治理化或过度治理的状态。

大体上而言，项目等系列高等教育政策工具对高校造成影响是因为其"太多"和"太细"。因为政策工具"太多"，所以高校呈现一片"繁忙"的景象；因为政策工具"太细"，所以高校与教师被绑定、束缚在某些"链条"之中。因此，必须降低项目等政策工具的精细化干预程度，使高校与教师不再"繁忙"和"被锁定"。

---

① 高旭东：《健全新型举国体制的基本思路与主要措施》，《人民论坛·学术前沿》2023年第1期。

首先，从项目等政策工具的多样性来说，在我国高等教育领域内，最易深切感受到的就是来自上级部门的各种政策文件给高校带来的影响。为了做好上级部门安排的工作，高校内部从年头到年尾都是一片"繁忙"的景象。也正因如此，现如今，"信步走进任何一个大学校园，很难再看到20世纪八九十年代惬意闲暇的画面。取而代之的是北京大学中文系教授陈平原口中的'赶地铁'：'现在的状态，即便是在北大校园，大家都急匆匆赶路，像在赶地铁。'"以至于很多"青椒"（对大学青年教师的一种戏称）发出"恨不得一天48个小时"的无奈感叹。①

政策工具的多样性主要有两个表现。一是政策工具涉及高校内部各个方面，从教学、科研到就业等。以评估为例，有调研指出，高校考核评价名目繁多、频次过高。考核评价涉及科研水平、教学质量、安全保卫、水电、节能、学生管理、党风廉政建设、军事教学、就业指导、综合管理、计划生育等不同方面。地方高校文件一个接一个，搞不完的评估评审，送不完的材料。教授走路小跑步，学校一些博士都是"才子""才女"，几年后都变成了"材子""材女"。由"才子""才女"演变成写材料、送材料的"材子""材女"，是频繁评估给高校带来的"悲剧"，这种"悲剧"不应该发生。② 事实上，在某些治理领域我们似乎更加偏爱以运动式治理的政策工具和治理逻辑来实现治理目标，常规治理并没有逐步取代运动式治理成为我国国家建设与治理的主要形式。常规治理往往不是通过制度化的形式而是需要通过运动的形式进行推动，而运动式治理也越来越丢弃其异于常规治理的"光环"，需要逐渐在国家治理版图中重新寻求自己新的稳定的地位。③ 二是高校内部某一种活动也具有多样性。比如在高校的人才管理方面，就包括各种"人才计划"和"××学者"项目；在科研方面，更是有各种规划课题、项目层出不穷，其影响前文已述。

既然各种各样的项目等政策工具给高校带来一定的负面影响，那么，

---

① 《关注高校青年教师》，《光明日报》2013年8月13日，第5版。
② 中南大学课题组、张尧学：《地方本科高校内涵式发展的主要制约因素及改革建议——以某省20所地方本科高校为例》，《现代大学教育》2014年第2期。
③ 倪星、原超：《地方政府的运动式治理是如何走向"常规化"的？——基于S市市监局"清无"专项行动的分析》，《公共行政评论》2014年第2期。

只有减少其繁杂冗余才能很好地解决这一问题。当然,影响高校发展不仅仅是由于项目政策工具的多样性,解决的办法也绝不仅仅是减少项目政策工具的繁杂与冗余就行,但从政府与高校关系的角度来看,多样化的政策工具至少表明相关部门已通过各种手段干预了高校自治,其造成的影响也绝不仅仅是上述的几个方面。因此,必须减少政策工具多样性所带来的繁杂事宜,特别是在事关高校学术的问题上更应如此。比如,在高校教师成长与发展上,可以思考的是是否需要那么多的人才项目才能促进高校学科发展,是否只有建设一流学科、世界一流大学和高水平大学,才能真正为国家作贡献。因为在实践中,这些人才项目往往会变成一个"帽子"、一种"符号"。而在科研上,如何在学术自由与有组织科研之间实现平衡?如若只考虑其中一个方面,那么高校最终取得的成果也只是符合某些组织、群体的要求,高校自身的综合发展也可能会受此影响。

人才项目、科研项目等项目制的实施是基于国家的特定需要而产生的。有学者将此种情形称为"打补丁"式的高等教育建设模式。意即,哪里有需要,哪里出了问题、有了漏洞,就在哪里打个补丁。比如,教授不给本科生上课,就出台要求教授上讲台的严厉措施;教师不重视教学、不安心教学,就出台评选国家级教学名师等激励措施;毕业生就业困难,就把就业率作为评价学校工作的指标,并与招生指标挂钩。[①] 实际上,"打补丁"式的高等教育建设模式本质上是以政府的逻辑替代高校的逻辑。由于我们想要提高高校的学科实力和世界影响力、想要提高高校的人才培养素质、想要高校为国家作贡献、想要高校助力实现"科教兴国"与"人才强国"的梦想,所以各种人才项目、科研项目连续不断地被提出。对此,有学者深刻地指出,"那些所谓的世界一流大学只是政府和企业想要(want)的大学,而非我们需要(need)的大学"[②]。在我们这个时代里,若要构建一个外部社会想要的大学,则显得十分容易;而要构建一个返璞归真的大学,则相对较难。

其次,从项目等政策工具的精细化程度来看,政策工具的精细化是在

① 张应强:《从完善大学制度来抓高等教育质量》,《大学教育科学》2012 年第 5 期。
② 王建华:《我们需要什么样的大学》,《高等教育研究》2014 年第 2 期。

多样性的基础上对某一具体事务规划得非常紧密、细致，使一切都井井有条。比如高校的科研，从教师科研的动机、科研的开始、科研的过程到科研的结果、科研的目标等都被项目紧紧地安排在"评职称—项目申报—论文发表、著作出版—评职称"这样一个循环往复的学术链条中。而人才的成长与发展路径也被锁定在"国家—地方—高校"这样一个人才等级链条中。可以说，细致化是多样化的微观表现形式，它对事务进行无孔不入的渗透。

2023 年部分中央高校"双一流"建设专项资金

单位：万元

序号	学校名称	资金额度
1	西安交通大学	45910.00
2	武汉大学	39710.00
3	南开大学	29580.00
4	天津大学	29001.88
5	中南大学	27290.00
6	吉林大学	24630.00
7	同济大学	23900.00
8	大连理工大学	20600.00
9	重庆大学	20470.00
10	华南理工大学	19130.68
11	西北农林科技大学	13780.00
12	北京科技大学	11610.00
13	华中农业大学	11470.00
14	中国海洋大学	10770.00
15	东北大学	10610.00
16	南京农业大学	10250.00
17	中国地质大学（武汉）	9090.00
18	西安电子科技大学	8680.00
19	江南大学	8590.00
20	西南大学	8060.00

续表

序号	学校名称	资金额度
21	陕西师范大学	7969.98
22	中国政法大学	7600.00
23	武汉理工大学	7420.00
24	北京化工大学	7250.00
25	中国传媒大学	6797.96
26	对外经济贸易大学	6630.00
27	华中师范大学	6620.00
28	中国矿业大学	6600.00
29	西南交通大学	6410.00
30	中国石油大学（华东）	5910.00
31	北京林业大学	5870.21
32	合肥工业大学	5290.00
33	北京外国语大学	5190.00
34	东华大学	5080.00
35	长安大学	5010.00
36	华北电力大学	4880.00
37	北京中医药大学	4876.21
38	中国药科大学	4850.00
39	上海财经大学	4640.00
40	中央财经大学	4300.00
41	东北林业大学	4170.00
42	西南财经大学	3930.00
43	中国矿业大学（北京）	3670.00
44	中央美术学院	3060.00
45	中央音乐学院	3030.00
46	中南财经政法大学	2970.00
47	北京体育大学	2868.95

资料来源：表中数据均为学校公布的数据。

2023 年部分地方高校"双一流"建设专项资金

单位：万元

序号	学校名称	资金额度
1	新疆大学	25200.00
2	海南大学	24052.33
3	福州大学	24000.00
4	贵州大学	21920.00
5	广西大学	15100.00
6	内蒙古大学	13500.00
7	湘潭大学	12400.00
8	湖南师范大学	12242.00
9	宁夏大学	10000.00
10	太原理工大学	4575.85
11	延边大学	4164.62
12	天津工业大学	3832.30
13	山西大学	3821.91
14	青海大学	3800.00
15	天津医科大学	3756.70
16	东北农业大学	3400.00
17	天津中医药大学	3202.00
18	首都师范大学	2500.00
19	北京工业大学	2500.00
20	中国音乐学院	1000.00
21	西南石油大学	2000.00
22	成都理工大学	2000.00

资料来源：表中数据均为学校公布的数据。

一 著作类

Anthony Giddens, *Central Problems in Social Theory*：*Action*，*Structure and Contradiction in Social Analysis*，London：The Macmillan Press LTD，1979.

B. Guy Peters, *Institutional Theory in Political Science*，London and New York：Wellington House，1999.

〔美〕B. 盖伊·彼得斯：《政治科学中的制度理论："新制度主义"》，王向民、段红伟译，上海人民出版社，2011。

〔美〕B. 盖伊·彼得斯、弗兰斯·K.M. 冯尼斯潘：《公共政策工具——对公共管理工具的评价》，顾建光译，中国人民大学出版社，2007。

Diana Leat Perri, Kimberly Seltzer, *Towards Holistic Governance*：*The New Reform Agenda*，London：Palgrave Press，2002.

〔美〕D. 古斯通、D. 萨雷威策主编《塑造科学与技术政策——新生代的研究》，李正风等译，北京大学出版社，2011。

E. Ostrom, *Institutional Rational Chioce*：*An Assessment of the Insititutional Analysis and Development Framework*，S. Paul，*Theories of the Policy Process*，Boulder，CO：Westview Press，2007.

Geertz Clifford, *Agricultural Involution*：*The Process of Ecological Change in Indonesia*，Berkeley and Los Angeles：University of California Press，1963.

Harvey S. Rosen, Ted Gayer, *Public Finance*（*Tenth Edition*），NewYork：McGraw-Hill International Edition，2013.

〔德〕H. 哈肯：《协同学导论》，张纪岳、郭治安译，西北大学出版社，1981。

John Commons, *Institutional Economics*: *Its Place in Political Economy*, New York: Macmillan, 1934.

Karl Polanyi, "The Economy as Instituted Process," in Conrad Aresberg, Harry Pearson, *Karl Polanyi Trade and Market in the Early Empires*: *Economics in History and Theory*, Chicago: Henery Regnery Company, 1957.

Lawrence Harrison, Samuel Huntington, *Culture Matters*: *How Values Shape Human Progress*, New York: Basic Books, 2000.

Philip Altbach, "Gigantic Peripheries: India and China in the International Knowledge System," in R. Hayhoe, J. Pan eds, *Knowledge Across Cultures CERC Studies in Comparative Education* 11, Hong Kong: The University of Hong Kong, 2001.

〔美〕R. 科斯、A. 阿尔钦、D. 诺斯等:《财产权利与制度变迁——产权学派与新制度学派译文集》，刘守英译，上海三联书店、上海人民出版社，1994。

V. 奥斯特罗姆、D. 菲尼、H. 皮希特编《制度分析与发展的反思——问题与抉择》，王诚等译，商务印书馆，1992。

〔美〕W. 理查德·斯科特:《制度与组织——思想观念与物质利益》（第3版），姚伟、王黎芳译，中国人民大学出版社，2010。

《当代中国》丛书编辑部编辑《当代中国的科学技术事业》，当代中国出版社，1991。

《中国教育年鉴》编辑部编《中国教育年鉴（1949~1981）》，中国大百科全书出版社，1984。

〔美〕爱德华·希尔斯:《学术的秩序——当代大学论文集》，李家永译，商务印书馆，2007。

〔美〕安东尼·奥罗姆:《政治社会学导论》（第4版），张华青、何俊志、孙嘉明等译，倪世雄校，上海人民出版社，2006。

〔美〕安东尼·唐斯:《官僚制内幕》，郭小聪等译，郭小聪、李学校，中国人民大学出版社，2006。

〔葡〕安吉拉·吉马良斯·佩雷拉、〔美〕西尔维奥·芬特维兹编

《为了政策的科学：新挑战与新机遇》，宋伟等译，上海交通大学出版社，2015。

包亚明主编《文化资本与社会炼金术——布尔迪厄访谈录》，上海人民出版社，1997。

〔美〕彼得·布劳、马歇尔·梅耶：《现代社会中的科层制》，马戎、时宪民、邱泽奇译，学林出版社，2001。

别敦荣、杨德广主编《中国高等教育改革与发展30年》，上海教育出版社，2009。

别荣海：《财务绩效视角下高校管理制度创新研究》，中国社会科学出版社，2012。

〔美〕伯顿·克拉克：《探究的场所——现代大学的科研和研究生教育》，王承绪译，浙江教育出版社，2001。

〔美〕伯顿·克拉克主编《高等教育新论——多学科的研究》，王承绪、徐辉、郑继伟等译，浙江教育出版社，2001。

〔美〕查尔斯·T. 吉葛德赛尔：《为官僚制正名——一场公共行政的辩论》，张怡译，竺乾威校，复旦大学出版社，2007。

陈共：《财政学》（第7版），中国人民大学出版社，2012。

陈共：《财政学》，中国人民大学出版社，1998。

陈万灵、郑春生主编《中国高等教育发展报告（2019）》，社会科学文献出版社，2019。

〔美〕戴维·奥斯本、彼得·普拉斯特里克：《摒弃官僚制：政府再造的五项战略》，谭功荣、刘霞译，谭功荣校，中国人民大学出版社，2002。

〔美〕道格拉斯·C. 诺思：《制度、制度变迁与经济绩效》，杭行译，格致出版社、上海三联书店、上海人民出版社，2014。

〔美〕道格拉斯·诺思、罗伯特·托马斯：《西方世界的兴起——新经济史》，厉以平、蔡磊译，华夏出版社，1989。

〔美〕邓穗欣：《制度分析与公共治理》，张铁钦、张印琦译，复旦大学出版社，2019。

邓正来：《反思与批判：体制中的体制外》，法律出版社，2006。

邓正来：《研究与反思——关于中国社会科学自主性的思考》，中国政法大学出版社，2004。

狄金华：《被困的治理——河镇的复合治理与农户策略（1980—2009）》，生活·读书·新知三联书店，2015。

〔美〕杜赞奇：《文化、权力与国家》，王福明译，江苏人民出版社，2010。

范文曜、马陆亭编《国际视角下的高等教育质量评估与财政拨款》，教育科学出版社，2004。

房剑森：《高等教育发展论》，广西师范大学出版社，2001。

〔法〕菲利普·柯尔库夫：《新社会学》，钱翰译，社会科学文献出版社，2000。

〔荷〕弗兰斯·F. 范富格特主编《国际高等教育政策比较研究》，王承绪等译，浙江教育出版社，2001。

高培勇主编《财政学》，中国财政经济出版社，2004。

郭振乾、白文庆、尚明等主编《金融大辞典》，四川人民出版社，1992。

国家教委办公厅编《改革中的中国教育——中国教育发展改革的实践与经验》（2），高等教育出版社，1993。

国家统计局、科学技术部编《中国科技统计年鉴-2009》，中国统计出版社，2009。

国家统计局、科学技术部编《中国科技统计年鉴-2011》，中国统计出版社，2011。

国家统计局、科学技术部编《中国科技统计年鉴-2012》，中国统计出版社，2012。

〔韩〕河连燮：《制度分析：理论与争议》（第2版），李秀峰、柴宝勇译，中国人民大学出版社，2014。

胡重明：《资源依赖与医疗服务组织生存的制度逻辑》，人民出版社，2020。

蒋达勇：《现代国家建构中的大学治理——基于中国经验的实证分析》，中国社会科学出版社，2014。

教育部科学技术司编著《中国高等学校科技50年》，高等教育出版社，1999。

金耀基：《大学之理念》（增订版），生活·读书·新知三联书店，2008。

〔德〕康德：《判断力批判》，邓晓芒译，杨祖陶校，人民出版社，2002。

柯政：《理解困境：课程改革实施行为的新制度主义分析》，教育科学出版社，2011。

〔美〕孔飞力：《叫魂：1768 年中国妖术大恐慌》，陈兼、刘昶译，上海三联书店、生活·读书·新知三联书店，2012。

〔美〕拉塞尔·M. 林登：《无缝隙政府：公共部门再造指南》，汪大海、吴群芳等译，汪大海校，中国人民大学出版社，2002。

〔美〕李·G. 鲍曼、特伦斯·E. 迪尔：《组织重构——艺术、选择及领导》（第 3 版），桑强、高杰英译，高等教育出版社，2005。

李津石：《"教育工程"研究：基于政策工具理论视角》，北京大学出版社，2015。

李侠：《喧嚣与凝视：透视转型期的科技政策与公共生活》，科学出版社，2007。

李祖佩：《分利秩序——鸽镇的项目运作与乡村治理（2007—2013）》，社会科学文献出版社，2016。

林尚立等：《制度创新与国家成长：中国的探索》，天津人民出版社，2005。

刘晖主编《高等教育发展的"中国模式"》，中国社会科学出版社，2013。

刘克崮、贾康主编《中国财税改革三十年：亲历与回顾》，经济科学出版社，2008。

刘少杰：《后现代西方社会学理论》，社会科学文献出版社，2002。

刘少雪、张应强主编《高等教育改革：理念与实践》，上海交通大学出版社，2007。

刘圣中：《历史制度主义——制度变迁的比较历史研究》，上海人民出版社，2010。

卢现祥主编《新制度经济学》（第 2 版），武汉大学出版社，2011。

〔美〕罗伯特·H. 贝斯等：《分析性叙述》，熊美娟、李颖译，中国人民大学出版社，2008。

〔德〕马克斯·韦伯：《学术与政治》，钱永祥等译，广西师范大学出版社，2004。

〔美〕迈克尔·博兰尼：《自由的逻辑》，冯银江、李雪茹译，吉林人民出版社，2002。

〔美〕曼纽尔·卡斯特：《认同的力量》，夏铸九、黄丽玲译，社会科学文献出版社，2003。

毛亚庆、吴合文：《全球化进程中我国高等教育自主发展模式研究》，北京师范大学出版社，2018。

〔法〕帕特里夏·H. 桑顿、〔加〕威廉·奥卡西奥、〔加〕龙思博：《制度逻辑：制度如何塑造人和组织》，汪少卿等译，浙江大学出版社，2020。

潘伟杰：《制度、制度变迁与政府规制研究》，上海三联书店，2006。

〔法〕皮埃尔·布迪厄、〔美〕华康德：《实践与反思——反思社会学导引》，李猛、李康译，邓正来校，中央编译出版社，1998。

〔英〕齐格蒙特·鲍曼：《全球化——人类的后果》，郭国良、徐建华译，商务印书馆，2013。

〔英〕乔尔·S. 米格代尔：《社会中的国家：国家与社会如何相互改变与相互构成》，李杨、郭一聪译，江苏人民出版社，2013。

施远涛：《历史、制度与乡村治理现代化转型：基于中国家户制与印度村社制的比较研究》，中国社会科学出版社，2017。

史普原：《中国政府项目的运作逻辑：一个组织学分析》，天津人民出版社，2017。

〔挪〕斯坦因·U. 拉尔森主编《社会科学理论与方法》，任晓等译，上海人民出版社，2002。

汪丁丁：《制度分析基础讲义 I：自然与制度》，上海人民出版社，2005。

王莉华：《中英高等教育绩效拨款研究》，浙江大学出版社，2008。

王绍光：《分权的底限》，中国计划出版社，1997。

王绍光、胡鞍钢：《中国国家能力报告》，辽宁人民出版社，1993。

〔美〕沃尔特·W. 鲍威尔、保罗·J. 迪马吉奥主编《组织分析的新制度主义》，姚伟译，上海人民出版社，2008。

吴晗、费孝通等：《皇权与绅权》，天津人民出版社，1988。

吴合文：《高等教育政策工具分析》，北京师范大学出版社，2011。

武中哲：《劳动力市场中的性别差异：制度变迁的视角》，中国政法大学出版社，2017。

〔美〕项目管理协会：《项目管理知识体系指南（PMBOK® 指南）》（第 4 版），王勇、张斌译，电子工业出版社，2009。

〔美〕项目管理协会：《项目管理知识体系指南：PMBOK® 指南》（第 5 版），许江林等译，电子工业出版社，2013。

谢立中主编《结构—制度分析，还是过程—事件分析?》，社会科学文献出版社，2010。

新世纪教学研究所、《中国高等教育教学质量发展报告》编委会编《中国高等教育教学质量发展报告（2008）高等学校本科教学质量研究》，高等教育出版社，2008。

薛晓源、陈家刚主编《全球化与新制度主义》，社会科学文献出版社，2004。

阎光才、曹妍、李梅等：《中国高等教育发展年度报告（2019）：聚焦高校"双一流"建设》，华东师范大学出版社，2019。

杨会良：《当代中国教育财政发展史论纲》，人民出版社，2006。

〔美〕伊曼纽尔·沃勒斯坦：《知识的不确定性》，王昺等译，郝名玮校，山东大学出版社，2006。

〔美〕约翰·S. 布鲁贝克：《高等教育哲学》，王承绪、郑继伟、张维平等译，浙江教育出版社，2001。

〔美〕詹姆斯·C. 斯科特：《国家的视角——那些试图改善人类状况的项目是如何失败的》（修订版），王晓毅译，社会科学文献出版社，2012。

〔美〕詹姆斯·G. 马奇、〔挪〕约翰·P. 奥尔森：《重新发现制度：

政治的组织基础》，张伟译，生活·读书·新知三联书店，2011。

张军：《"双轨制"经济学：中国的经济改革（1978~1992）》，上海人民出版社，2006。

张乐天：《高等教育政策的回顾与反思（1977—1999）》，南京师范大学出版社，2008。

张林：《新制度主义》，经济日报出版社，2006。

张男星等：《中国高等教育发展报告2012》，教育科学出版社，2013。

张男星等：《中国高等教育发展研究》，科学出版社，2018。

张维迎：《大学的逻辑》，北京大学出版社，2004。

张维迎：《市场与政府：中国改革的核心博弈》，西北大学出版社，2014。

张应强主编《精英与大众——中国高等教育60年》，浙江大学出版社，2009。

郑永年：《保卫社会》，浙江人民出版社，2011。

郑永年、黄彦杰：《制内市场：中国国家主导型政治经济学》，邱道隆译，浙江人民出版社，2021。

中国高等教育学会组编《改革开放30年中国高等教育发展经验专题研究》，教育科学出版社，2008。

中国高等教育学会组编《高等教育改革发展专题观察报告》，北京理工大学出版社，2019。

中国教育年鉴编辑部编《中国教育年鉴2012》，人民教育出版社，2013。

中国社会科学院社会学研究所编《中国社会学》（第2卷），上海人民出版社，2003。

中华人民共和国教育部办公厅直属机关党委编《邓小平理论指引下的中国教育二十年》，福建教育出版社，1998。

周飞舟：《以利为利——财政关系与地方政府行为》，上海三联书店，2012。

周雪光：《组织社会学十讲》，社会科学文献出版社，2003。

二　论文类

Ellen M. Immergut, "The Core of the New Institutionalism," *Politics and Society*, 1998, 26 (1).

Hehui Jin, Yingyi Qian, Barry Weingast, "Regional Decentralization and Fiscal Incentives: Federalism Chinese Style," *Journal of Public Economics*, 2005, 89 (9-10).

L. Niklasson, "Quasi-makets in Higher Education—A Comparative Analysis," *Education Policy and Management*, 1996, 18 (1).

O. Fulton, M. Trow, "Research Activity in Higher Education," *Sociology of Education*, 1974 (1).

Peter Hall, Rosemary Taylor, "Political Science and the Three New Institutionalism," *Potitical Study*, 1996, 44 (4).

Philip Altbach, "Chinese Higher Education: 'Glass Ceiling' and 'Feet of Clay'," *International Higher Education*, 2016 (86).

Philip Altbach, "One-third of the Globe: The Future of Higher Education in China and India," *Prospects*, 2009, 18 (39).

Pierson, T. Skocpol, "Historical Institutionalism in Contemporary Political Science," *Political Science State of the Discipline*, 2002.

Yingyi Qian, Chenggang Xu, "Why China's Economic Reforms Differ: The M－Form Hierarchy and Entry/Expansion of the Non－State Sector," *The Economics of Transition*, 1993, 1 (2).

Yingyi Qianm, Chenggang Xu, "The M-form Hierarchy and China's Economic Reform," *European Economic Review*, 1993, 37 (2-3).

鲍威、吴红斌：《象牙塔里的薪资定价：中国高校教师薪资影响机制》，《北京大学教育评论》2016 年第 2 期。

〔美〕彼得·豪尔、罗斯玛丽·泰勒：《政治科学与三个新制度主义》，何俊智译，《经济社会体制比较》2003 年第 5 期。

毕宪顺、张峰：《改革开放以来中国高等教育的跨越式发展及其战略意义》，《教育研究》2014 年第 11 期。

别敦荣、陈艺波：《论学术职业阶梯与大学教师发展》，《高等工程教育研究》2006 年第 6 期。

别敦荣、易梦春：《中国高等教育发展的现实与政策应对》，《清华大学教育研究》2014 年第 1 期。

蔡昉：《中国改革成功经验的逻辑》，《中国社会科学》2018 年第 1 期。

蔡礼义：《科研资助是学科发展的必要条件》，《中国科学基金》1989 年第 3 期。

曹龙虎：《作为国家治理机制的"项目制"：一个文献评述》，《探索》2016 年第 1 期。

陈长虹、黄祖军：《从运动式到项目化：论基层政府动员转型》，《经济与社会发展》2014 年第 1 期。

陈诚、包雷：《内卷的产生机制与教育内卷的破解》，《中国考试》2022 年第 2 期。

陈国华、张旭：《教育治理社会学的理论与方法初探》，《当代教育论坛》2016 年第 1 期。

陈家建：《项目制与基层政府动员——对社会管理项目化运作的社会学考察》，《中国社会科学》2013 年第 2 期。

陈家建、边慧敏、邓湘树：《科层结构与政策执行》，《社会学研究》2013 年第 6 期。

陈家建、张琼文、胡俞：《项目制与政府间权责关系演变：机制及其影响》，《社会》2015 年第 5 期。

陈水生：《项目制的执行过程与运作逻辑——对文化惠民工程的政策学考察》，《公共行政评论》2014 年第 3 期。

陈廷柱：《"项目体制"与全面深化高等教育改革》，《苏州大学学报》（教育科学版）2014 年第 3 期。

陈先哲：《捆绑灵魂的卓越：学术锦标赛制下大学青年教师的学术发展》，《教育发展研究》2014 年第 11 期。

陈艺波：《中美德高校教师制度理念探析》，硕士学位论文，华中科技大学，2007。

陈宇波：《"内涵式发展"进程中高校组织化风险探析及防治研究》，硕士学位论文，广西民族大学，2020。

程树磊、陈建东、陈建涛：《财政投入、教师产出与收入差距——来自中国四川省高校的实证分析》，《教育与经济》2016年第4期。

程瑛：《竞争条件下大学资源集中现象形成的实证分析——以国家社会科学基金立项为例》，《现代大学教育》2013年第5期。

程瑛：《社会转型期我国大学资源竞争研究》，博士学位论文，华中科技大学，2011。

狄金华：《项目制中的配套机制及其实践逻辑》，《开放时代》2016年第5期。

狄金华、钟涨宝：《从主体到规则的转向——中国传统农村的基层治理研究》，《社会学研究》2014年第5期。

董云川、李雪：《好大学与好老师实乃偶遇》，《湖南师范大学教育科学学报》2016年第1期。

董云川、罗志敏：《尊重"内生需求"，方能提升大学品质》，《现代大学教育》2014年第6期。

杜春林、张新文：《从制度安排到实际运行：项目制的生存逻辑与两难处境》，《南京农业大学学报》（社会科学版）2015年第1期。

杜春林、张新文：《科层制与项目制：农村公共服务供给方式的演变及反思》，《行政科学论坛》2015年第6期。

杜春林、张新文：《项目制动员的碎片化及其治理研究——基于S县后扶项目的实证考察》，《甘肃行政学院学报》2015年第5期。

杜炜、廖锐、唐松林：《混沌理论视域下的大学课程变革》，《高等教育研究》2016年第7期。

杜占元：《高校科技改革发展40年回顾与展望——纪念"科学的春天"40周年》，《中国科学院院刊》2018年第4期。

段宇波：《制度变迁的历史与逻辑——历史制度主义的视角》，博士学位论文，山西大学，2016。

方长春：《趋于隐蔽的再生产——从职业地位获得看阶层结构的生成机制》，《开放时代》2009年第7期。

冯兴元：《哈耶克的竞争观》，《学海》2014 年第 5 期。

付淑琼：《改革开放以来我国中央政府的高校科研资助政策研究》，《高教探索》2013 年第 5 期。

付伟、焦长权：《"协调型"政权：项目制运作下的乡镇政府》，《社会学研究》2015 年第 2 期。

高东燕、胡科：《70 年高等教育的发展历程、成就与挑战》，《江苏高教》2019 年第 10 期。

高校教师薪酬调查课题组：《高校教师收入调查分析与对策建议》，《中国高等教育》2014 年第 10 期。

桂华：《项目制与农村公共品供给体制分析——以农地整治为例》，《政治学研究》2014 年第 4 期。

郭琳琳、段钢：《项目制：一种新的公共治理逻辑》，《学海》2014 年第 5 期。

郭忠华：《主客体关系的对立与融通——诠释吉登斯的"结构化理论"》，《东方论坛》2008 年第 2 期。

韩博天、〔美〕奥利佛·麦尔敦：《规划：中国政策过程的核心机制》，《开放时代》2013 年第 6 期。

郝文斌：《高校教师满意度差异分析与应对策略》，《中国高教研究》2015 年第 1 期。

何虎生：《发挥新型举国体制优势的五大重要领域》，《国家治理》2020 年第 42 期。

何虎生：《内涵、优势、意义：论新型举国体制的三个维度》，《人民论坛》2019 年第 32 期。

侯志阳、张翔：《公共管理案例研究何以促进知识发展？——基于〈公共管理学报〉创刊以来相关文献的分析》，《公共管理学报》2020 年第 1 期。

胡德鑫：《"双一流"战略下地方高校的发展困境与治理路径研究——基于多重制度逻辑的解析》，《教育科学》2018 年第 3 期。

胡放之：《试析我国工资水平对劳动力配置的影响》，《理论导刊》2005 年第 9 期。

胡仁东：《权力与市场：两种高等教育资源配置模式》，《高等工程教育研究》2006 年第 2 期。

胡咏梅、易慧霞、唐一鹏：《高校教师收入不平等——基于中国和加拿大高校教师工资性年收入的比较研究》，《中国高教研究》2016 年第 11 期。

黄科：《运动式治理：基于国内研究文献的述评》，《中国行政管理》2013 年第 10 期。

黄晓春：《当代中国社会组织的制度环境与发展》，《中国社会科学》2015 年第 9 期。

黄宗智：《发展还是内卷？十八世纪英国与中国——评彭慕兰〈大分岔：欧洲，中国及现代世界经济的发展〉》，《历史研究》2002 年第 4 期。

蒋华林：《从"条块分割"到"块块分割"——我国高等教育发展转型中的地方政府竞争研究》，博士学位论文，华中科技大学，2015。

蒋华林：《我国高等教育"块块分割"的效应及制度分析》，《高等教育研究》2016 年第 4 期。

蒋梓莹：《项目制的常规化何以可能?》，《社会发展研究》2016 年第 4 期。

解飞厚：《非研究型大学科研与教学关系的思考》，《高等教育研究》2004 年第 1 期。

景安磊、周海涛：《加强高校教师队伍建设的关键任务和路径探析》，《国家教育行政学院学报》2019 年第 3 期。

康宁、张其龙、苏慧斌：《"985 工程"转型与"双一流方案"诞生的历史逻辑》，《清华大学教育研究》2016 年第 5 期。

赖诗攀：《中国科层组织如何完成任务：一个研究述评》，《甘肃行政学院学报》2015 年第 2 期。

李博：《项目制扶贫的运作逻辑与地方性实践——以精准扶贫视角看 A 县竞争性扶贫项目》，《北京社会科学》2016 年第 3 期。

李福华：《从单位制到项目制：我国高等教育重点建设的战略转型》，《高等教育研究》2014 年第 2 期。

李函颖、徐蕾：《工科师生关系会受科研项目类型的影响吗？——对高水平大学工科博士生与导师基于科研项目交往的质性考察》，《学位与研究生教育》2022 年第 4 期。

李路路、钟智锋：《"分化的后权威主义"——转型期中国社会的政治价值观及其变迁分析》，《开放时代》2015 年第 1 期。

李妮：《高职教育"项目制"治理的非预期效应及其优化策略》，《广东技术师范大学学报》2020 年第 5 期。

李强、孟蕾：《"边缘化"与社会公正》，《天津社会科学》2011 年第 1 期。

李飒飒、马广荣：《政府对高校实施契约管理研究》，《齐齐哈尔大学学报》（哲学社会科学版）2016 年第 12 期。

李盛兵：《中国成为世界教育中心八问——与菲利普·阿特巴赫教授的对话》，《教育发展研究》2018 年第 17 期。

李有学：《反科层治理：机制、效用及其演变》，《河南大学学报》（社会科学版）2014 年第 1 期。

李政：《项目制下的高职院校同质化：作用机制、问题表征与改革路径》，《高校教育管理》2022 年第 2 期。

李志峰、沈红：《学术职业发展：历史变迁与现代转型》，《教师教育研究》2007 年第 1 期。

李祖佩：《项目进村与乡村治理重构：一项基于村庄本位的考察》，《中国农村观察》2013 年第 4 期。

李祖佩：《项目制基层实践困境及其解释——国家自主性的视角》，《政治学研究》2015 年第 5 期。

李祖佩、钟涨宝：《分级处理与资源依赖——项目制基层实践中矛盾调处与秩序维持》，《中国农村观察》2015 年第 2 期。

郦菁：《历史比较视野中的国家建构——找回结构、多元性并兼评〈儒法国家：中国历史的新理论〉》，《开放时代》2016 年第 5 期。

林尚立：《在有效性中累积合法性：中国政治发展的路径选择》，《复旦学报》（社会科学版）2009 年第 2 期。

林曾：《从寒门走进象牙塔：中美大学教授社会流动之比较研究》，《中国高教研究》2013 年第 9 期。

刘宝存、彭婵娟:《中华人民共和国成立以来我国来华留学政策的变迁研究——基于历史制度主义视角的分析》,《高校教育管理》2019年第6期。

刘成良:《"项目进村"实践效果差异性的乡土逻辑》,《华南农业大学学报》(社会科学版)2015年第3期。

刘海洋、郭路、孔祥贞:《学术锦标赛机制下的激励与扭曲——是什么导致了中国学术界的高数量与低质量?》,《南开经济研究》2012年第1期。

刘世定、邱泽奇:《"内卷化"概念辨析》,《社会学研究》2004年第5期。

刘威:《"行动者"的缺席抑或复归——街区邻里政治研究的日常生活转向与方法论自觉》,《南京社会科学》2010年第7期。

刘献君、张晓冬:《"少年班"与"精英学院":绩效诉求抑或制度合法化——基于组织理论的新制度主义分析》,《现代大学教育》2011年第5期。

刘振天:《高校"教学型研究"及其超越》,《大学教育科学》2014年第6期。

龙宝新:《学科内卷化时代的教师教育学科建设》,《华东师范大学学报》(教育科学版)2021年第8期。

卢威:《我国高校需要什么样的聘任制改革》,《教育发展研究》2020年第3期。

卢晓中、陈先哲:《学术锦标赛制下的制度认同与行动逻辑——基于G省大学青年教师的考察》,《高等教育研究》2014年第7期。

鲁建坤、李永友:《超越财税问题:从国家治理的角度看中国财政体制垂直不平衡》,《社会学研究》2018年第2期。

罗红艳:《我国公立大学治理政策变迁的制度逻辑——基于历史制度主义的分析》,《中国高教研究》2014年第3期。

马良灿:《项目制背景下农村扶贫工作及其限度》,《社会科学战线》2013年第4期。

孟溦、张群:《科研评价"五唯"何以难破——制度分析的视角》,

《中国高教研究》2021 年第 9 期。

倪星、原超：《地方政府的运动式治理是如何走向"常规化"的？——基于 S 市市监局"清无"专项行动的分析》，《公共行政评论》2014 年第 2 期。

潘懋元、朱乐平：《高等职业教育政策变迁逻辑：历史制度主义视角》，《教育研究》2019 年第 3 期。

彭泽平、金燕：《我国优质高等教育资源分布格局的百年演变——基于民国以来的历史考察》，《教师教育学报》2015 年第 3 期。

齐亚强、梁童心：《地区差异还是行业差异？——双重劳动力市场分割与收入不平等》，《社会学研究》2016 年第 1 期。

钱大军、薛爱昌：《司法政策的治理化与地方实践的"运动化"——以 2007—2012 年的司法改革为例》，《学习与探索》2015 年第 2 期。

乔春华：《再论高校财务高质量发展——高校财务领域去"内卷化"研究》，《会计之友》2022 年第 2 期。

渠敬东：《项目制：一种新的国家治理体制》，《中国社会科学》2012 年第 5 期。

渠敬东、周飞舟、应星：《从总体支配到技术治理——基于中国 30 年改革经验的社会学分析》，《中国社会科学》2009 年第 6 期。

申超：《供给不足与制度冲突——我国大学中跨学科组织发展的新制度主义解析》，《高等教育研究》2016 年第 10 期。

沈红、熊俊峰：《职业性别隔离与高校教师收入的性别差异》，《高等教育研究》2014 年第 3 期。

沈黎勇、齐书宇、费兰兰：《高校产教融合背景下人才培育困境化解：基于 MIT 工程人才培养模式研究》，《高等工程教育研究》2021 年第 6 期。

盛洪：《关于中国市场化改革的过渡过程的研究》，《经济研究》1996 年第 1 期。

石丹、李涛：《浙江省高校教师工资收入影响因素分析》，《经济论坛》2012 年第 7 期。

史普原：《科层为体、项目为用：一个中央项目运作的组织探讨》，《社会》2015 年第 5 期。

史普原：《项目制治理的边界变迁与异质性——四个农业农村项目的多案例比较》，《社会学研究》2019 年第 5 期。

孙丽芝、陈廷柱：《大学教学项目制治理：逻辑困境、特殊问题及风险防控》，《江苏高教》2022 年第 3 期。

孙明军：《对当前中国国家能力的若干思考》，《南京社会科学》2000 年第 5 期。

孙明军：《政治发展进程中的国家能力及其限度分析》，《社会科学战线》1999 年第 3 期。

孙志建：《论整体性政府的制度化路径与本土化策略》，《广东行政学院学报》2009 年第 5 期。

唐任伍：《赋能更具活力的新型举国体制》，《国家治理》2020 年第 42 期。

唐小平、曹丽媛：《我国高等教育重点建设政策的评估与重构——基于公平与效率的视角》，《中国地质大学学报》（社会科学版）2013 年第 4 期。

田孟：《项目体制与乡村治理的"内卷化"》，《地方财政研究》2015 年第 6 期。

王广庆、刘玲玲、冯懿男：《我国专项转移支付变迁及动因分析》，《中国经济问题》2011 年第 2 期。

王建华：《我们需要什么样的大学》，《高等教育研究》2014 年第 2 期。

王建华：《知识产权视野中的大学》，《大学教育科学》2013 年第 3 期。

王建华：《知识规划与学科建设》，《高等教育研究》2013 年第 5 期。

王晋：《教师专业成长的晋升锦标赛制度探究——从吉尔兹的地方性知识理论说开去》，《教育发展研究》2013 年第 22 期。

王天夫、王丰：《中国城市收入分配中的集团因素：1986-1995》，《社会学研究》2005 年第 3 期。

王晓升：《论学术表演》，《江海学刊》2016 年第 2 期。

王旭初、黄达人：《关于"双一流"建设若干关系的思考》，《高等教育研究》2018 年第 5 期。

王雅静：《教育项目制：高职教育的项目治理逻辑》，《现代教育管理》2020 年第 2 期。

王永斌：《知识社会学视域中的教育知识生产——基于国家社会科学基金教育学立项课题的统计分析》，《西北师大学报》（社会科学版）2011 年第 6 期。

王雨磊：《村干部与实践权力——精准扶贫中的国家基层治理秩序》，《公共行政评论》2017 年第 3 期。

王雨磊：《农村精准扶贫中的技术动员》，《中国行政管理》2017 年第 2 期。

王志丰：《人力资本参与收入分配：高校教师收入分配制度创新研究》，《国家教育行政学院学报》2009 年第 8 期。

吴洪富：《大学教学与科研关系的历史演化》，《高教探索》2012 年第 5 期。

吴愈晓、杜思佳：《改革开放四十年来的中国高等教育发展》，《社会发展研究》2018 年第 2 期。

〔美〕西蒙·马金森：《为什么高等教育市场不遵循经济学教科书》，孙梦格、覃文珍译，《北京大学教育评论》2014 年第 1 期。

郤海霞：《改革开放三十年我国高校人才培养目标的变迁》，《中国高教研究》2009 年第 3 期。

肖瑛：《作为治理术的科研项目制》，《云梦学刊》2014 年第 4 期。

谢冬平：《单位制、项目制、混合制：我国高等教育重点建设的制度选择及审思》，《黑龙江高教研究》2017 年第 7 期。

谢文新、张婧：《中、美、德三国高校教师薪酬制度比较与思考》，《高教探索》2013 年第 4 期。

谢小芹、简小鹰：《从"内向型治理"到"外向型治理"：资源变迁背景下的村庄治理——基于村庄主位视角的考察》，《广东社会科学》2014 年第 3 期。

谢延龙、王澍：《现实反思与理想图景：论我国教育知识生产》，《现代大学教育》2009 年第 5 期。

邢翔：《作为规范性与政治性活动的城市规划》，《开放时代》2012 年第 4 期。

邢志杰、闵维方：《影响高校教师岗位津贴分配的因素分析》，《教育与经济》2006 年第 2 期。

熊飞、甘海琴：《乡村振兴视域下农村职业教育内卷化破解路径》，《职教论坛》2020 年第 4 期。

徐君：《我国高校教学与科研失衡原因及协调对策》，《现代远距离教育》2009 年第 6 期。

徐鹏、周长城：《性别、学术职业与高校青年教师收入不平等》，《青年研究》2015 年第 1 期。

徐永：《国家行动与中国教育发展的动力机制——基于改革开放以来的实践经验》，《现代教育管理》2018 年第 10 期。

徐永：《区域高等教育非均衡发展的形成机制及其检视：一个"国家行动"的解释框架》，《教育发展研究》2013 年第 19 期。

荀丽丽、包智明：《政府动员型环境政策及其地方实践——关于内蒙古 S 旗生态移民的社会学分析》，《中国社会科学》2007 年第 5 期。

阎光才：《文化乡愁与工具理性：学术活动制度化的轨迹》，《北京大学教育评论》2008 年第 2 期。

阎光才：《学术等级系统与锦标赛制》，《北京大学教育评论》2012 年第 3 期。

阎光才：《学术团队的运作与人才成长的微环境分析》，《高等教育研究》2013 年第 1 期。

阎光才：《整体性坍塌之后——当代知识格局变迁与大学普通教育改革》，《比较教育研究》2003 年第 4 期。

杨善华、苏红：《从"代理型政权经营者"到"谋利型政权经营者"——向市场经济转型背景下的乡镇政权》，《社会学研究》2002 年第 1 期。

杨志军：《运动式治理模式研究：基于三项内容的考察》，《厦门特区党校学报》2013 年第 2 期。

杨志军、彭勃：《有限否定与类型化承认：评判运动式治理的价值取向》，《社会科学》2013 年第 3 期。

叶敏：《从政治运动到运动式治理——改革前后的动员政治及其理论解读》，《华中科技大学学报》（社会科学版）2013 年第 2 期。

尹利民：《也论项目制的运作与效果——兼与黄宗智等先生商榷》，《开放时代》2015 年第 2 期。

于华阳、于良春：《行政垄断形成根源与运行机制的理论假说——基于制度需求供给视角》，《财经问题研究》2008 年第 1 期。

于君博、童辉：《项目制：一种新的国家治理模式的文献综述》，《南京农业大学学报》（社会科学版）2016 年第 3 期。

余荔、沈红：《我国高校教师收入差距状况及其决定因素——基于2007 年和 2014 年调查数据的比较分析》，《高等教育研究》2017 年第10 期。

袁亚兵、齐冰：《家校合作内卷化及突破路径》，《河北师范大学学报》（教育科学版）2021 年第 5 期。

苑津山、幸泰杞：《"入局与破局"：高校学生内卷参与者的行为逻辑与身心自救》，《高教探索》2021 年第 10 期。

臧雷振、徐湘林：《理解"专项治理"：中国特色公共政策实践工具》，《清华大学学报》（哲学社会科学版）2014 年第 6 期。

张良：《"项目治国"的成效与限度——以国家公共文化服务体系示范区（项目）为分析对象》，《人文杂志》2013 年第 1 期。

张青根、沈红：《出国进修如何影响高校教师收入？——基于"2014中国大学教师调查"的分析》，《教育与经济》2016 年第 4 期。

张新文：《典型治理与项目治理：地方政府运动式治理模式探究》，《社会科学》2015 年第 12 期。

张雪霖：《涉农资金项目供给模式及其内卷化治理》，《湖南农业大学学报》（社会科学版）2015 年第 1 期。

张应强：《从完善大学制度来抓高等教育质量》，《大学教育科学》2012 年第 5 期。

张应强：《从政府与大学的关系看地方本科高校转型发展》，《江苏高教》2014 年第 6 期。

张应强、彭红玉：《高等教育大众化时期地方政府竞争与高等教育发展》，《高等教育研究》2009 年第 12 期。

赵炬明：《精英主义与单位制度——对中国大学组织与管理的案例研究》，《北京大学教育评论》2006 年第 1 期。

赵祥辉：《博士生发表制度的"内卷化"：表征、机理与矫治》，《高校教育管理》2021 年第 3 期。

赵岩、谭向阳：《中国高等教育高质量发展的动力机制研究》，《中国高等教育》2018 年第 Z3 期。

折晓叶、艾云：《城乡关系演变的研究路径——一种社会学研究思路和分析框架》，《社会发展研究》2014 年第 2 期。

折晓叶、陈婴婴：《项目制的分级运作机制和治理逻辑——对"项目进村"案例的社会学分析》，《中国社会科学》2011 年第 4 期。

郑世林：《中国政府经济治理的项目体制研究》，《中国软科学》2016 年第 2 期。

郑世林、应珊珊：《项目制治理模式与中国地区经济发展》，《中国工业经济》2017 年第 2 期。

中南大学课题组、张尧学：《地方本科高校内涵式发展的主要制约因素及改革建议——以某省 20 所地方本科高校为例》，《现代大学教育》2014 年第 2 期。

周成海、孙启林：《教师知识分享意愿低落的成因与应对》，《教育发展研究》2006 年第 19 期。

周飞舟：《财政资金的专项化及其问题——兼论"项目治国"》，《社会》2012 年第 1 期。

周飞舟：《分税制十年：制度及其影响》，《中国社会科学》2006 年第 6 期。

周黎安：《"官场+市场"与中国增长故事》，《社会》2018 年第 2 期。

周黎安：《中国地方官员的晋升锦标赛模式研究》，《经济研究》2007 年第 7 期。

周守军、陈佩佩、孙来文：《国家重点学科分布及其象征意义分析》，《中国高教研究》2009 年第 1 期。

周雪光:《基层政府间的"共谋现象"——一个政府行为的制度逻辑》,《社会学研究》2008年第6期。

周雪光:《项目制:一个"控制权"理论视角》,《开放时代》2015年第2期。

周雪光:《运动型治理机制:中国国家治理的制度逻辑再思考》,《开放时代》2012年第9期。

周雪光、艾云:《多重逻辑下的制度变迁:一个分析框架》,《中国社会科学》2010年第4期。

周燕、郑晓齐、李汉邦:《差异化战略与大学竞争优势的构建》,《高等工程教育研究》2005年第6期。

朱富强:《"蟑螂性生存"还是"优胜劣汰"?——基于现实收入分配之决定机制的思考》,《社会科学战线》2012年第12期。

朱富强:《不确定情形下的市场定价机制:基于心理-权力框架对新古典价格理论的审视》,《财经研究》2018年第5期。

朱浩:《财政分权、政府治理与中国经济增长》,博士学位论文,重庆大学,2014。

朱亚鹏、丁淑娟:《政策属性与中国社会政策创新的扩散研究》,《社会学研究》2016年第5期。

三 网络文献、报纸类

《1956—1967年科学技术发展远景规划纲要(修正草案)》,中华人民共和国科学技术部网站,2005年8月31日,https://www.most.gov.cn/ztzl/gjzcqgy/zcqgylshg/200508/t20050831_24440.html。

《1963—1972年科学技术发展规划纲要》,中华人民共和国科学技术部网站,2005年8月31日,https://www.most.gov.cn/ztzl/gjzcqgy/zcqgylshg/200508/t20050831_24439.html。

《2018年全国教育事业发展统计公报》,中华人民共和国教育部网站,2019年7月24日,http://www.moe.gov.cn/jyb_sjzl/sjzl_fztjgb/201907/t20190724_392041.html。

《"973""863"等整合为新国家重点研发计划》,中新网,2016年2

月 17 日，https://www.chinanews.com/gn/2016/02-17/7761020.shtml。

《昂首阔步迈向高等教育强国——党的十八大以来我国教育改革发展述评·高等教育篇》，中华人民共和国教育部网站，2018 年 9 月 6 日，http://www.moe.gov.cn/jyb_xwfb/xw_zt/moe_357/jyzt_2018n/2018_zt18/zt1818_jgcj/201809/t20180907_347689.html。

《不再"唯项目、唯论文"，南理工为体育、美育老师评职称"另辟蹊径"》，搜狐网，2019 年 5 月 23 日，https://www.sohu.com/a/315992972_613653。

《财政部、国家发展改革委、教育部关于印发〈"211 工程"专项资金管理办法〉的通知》，中华人民共和国教育部网站，2003 年 8 月 1 日，http://wap.moe.gov.cn/jyb_xxgk/gk_gbgg/moe_0/moe_7/moe_14/tnull_266.html。

《财政部关于印发〈中央本级项目支出预算管理办法〉的通知》，中华人民共和国财政部网站，2008 年 5 月 22 日，http://yss.mof.gov.cn/zhengceguizhang/200805/t20080522_33871.htm。

《改革开放 30 年来中国高校科技体系取得六大成就》，央视网，2008 年 12 月 17 日，http://ent.cctv.com/20081217/105916.shtml。

《关注高校青年教师》，《光明日报》2013 年 8 月 13 日。

《国家统计局发布改革开放 40 年经济社会发展成就报告》，中央政府门户网站，2018 年 8 月 29 日，https://www.gov.cn/xinwen/2018-08/29/content_5317294.htm。

《国家中长期教育改革和发展规划纲要（2010—2020 年）》，中华人民共和国教育部网站，2010 年 7 月 29 日，http://www.moe.gov.cn/srcsite/A01/s7048/201007/t20100729_171904.html。

《教育部关于印发〈"长江学者奖励计划"实施办法〉的通知》，中华人民共和国教育部网站，2011 年 11 月 28 日，http://www.moe.gov.cn/srcsite/A04/s8132/201112/t20111215_169948.html?eqid=db5831c400126e2e00000002647f39ea。

《教育部实施"长江学者奖励计划"成效显著》，中央政府门户网站，2014 年 6 月 5 日，https://www.gov.cn/govweb/xinwen/2014-06/05/content_2694189.htm。

《科技部等 6 部门印发〈关于扩大高校和科研院所科研相关自主权的若干意见〉的通知》，中央政府门户网站，2019 年 8 月 22 日，https://www.gov.cn/xinwen/2019-08/22/content_5423254.htm。

《中共中央、国务院关于加速科学技术进步的决定》，中华人民共和国科学技术部网站，1996 年 5 月 6 日，https://www.most.gov.cn/ztzl/jqzzcx/zzcxcxzzo/zzcxcxzz/zzcxgncxzz/200512/t20051230_27321.html。

《中共中央办公厅 国务院办公厅印发〈关于分类推进人才评价机制改革的指导意见〉》，中央政府门户网站，2018 年 2 月 26 日，https://www.gov.cn/zhengce/2018-02/26/content_5268965.htm。

《中央本级基本支出预算管理办法（试行）》，中华人民共和国财政部网站，2012 年 3 月 22 日，http://www.mof.gov.cn/mofhome/ningbo/lanmudaohang/zhengcefagui/201203/t20120322_636986.html。

董洪亮：《"长江学者奖励计划"十六年：出人才出成果出机制》，人民网，2014 年 6 月 6 日，http://edu.people.com.cn/n/2014/0606/c1006-25110831.html。

范军：《比"四唯"危害更大的是"唯项目"》，搜狐网，2019 年 1 月 8 日，https://www.sohu.com/a/287383037_176210。

李立国：《高校人事制度改革的走向》，《光明日报》2014 年 6 月 3 日。

王晓震、刘嘉欣：《高等教育新变化"三高、三新、两加强"》，中华人民共和国教育部网站，2017 年 9 月 29 日，http://www.moe.gov.cn/jyb_xwfb/xw_fbh/moe_2069/xwfbh_2017n/xwfb_20170928/mtbd/201709/t20170929_315706.html。

王壹霖：《温家宝：教育行政化的倾向需要改变 让教育家办学》，央视网，2010 年 2 月 27 日，http://news.cntv.cn/china/20100227/102692.shtml。

张端鸿：《中国高等教育如何真正跻身世界一流》，《解放日报》2016 年 8 月 30 日。

赵婀娜、吴月：《创造更为公平的受教育机会 党的十八大以来，514 万建档立卡贫困学生接受高等教育》，中央政府门户网站，2021 年 3 月 2 日，https://www.gov.cn/xinwen/2021-03/02/content_5589585.htm。

　　本书为国家社会科学基金教育学西部项目"项目制支持中国高等教育发展的基本经验与推进策略研究"（项目编号：XIA190300）的研究成果。

　　近年来，高等教育领域中的项目制已日渐引起学界关注，既有从一般意义上讨论高等教育项目制的形成，项目制实践对高等学校、高校教师等主体的影响以及高等教育项目制的成效的研究，也有分门别类地对高等职业教育领域中的项目制、普通高等教育领域中的教学项目制和科研项目制等项目制的分支展开的研究。这基本上构成了当前高等教育领域中项目制研究的总体轮廓。

　　在阅读高等教育项目制研究的相关文献以及观察并体验到高等教育领域中存在的一些项目现象与问题后，我的脑海中遂产生一些微妙的学理之思：有没有一种可能性是，基于高等教育领域中项目制实践的经验、现象和问题，将项目制研究统摄进一个或几个理论框架中，或者是提炼出一个或几个理论命题来统领我们凭经验能切身感受到的高等教育项目现象。

　　要实现此目标，对作为一种政策、一种制度、一种机制的高等教育项目制作教育学、高等教育学的解读可能不太利于抓住其中的核心议题与问题本质。基于此种缺憾，我便开始进行较长时段的跨学科文献阅读，并渐渐地养成一种从社会学、经济学、政治学、财政学、财政社会学等学科知识中找寻灵感的倾向和惯习。我对高等教育项目制的研究大体上可以分为两个阶段。第一阶段，在财政学的发展脉络及财政社会学的智识启示下，试图将高等教育场域中项目制的实践变迁过程（从项目制作为一种宏观高等教育制度安排到高等学校这一微观世界中项目制的运作机制）纳入财政社会学的理论视野中，由此提出"溢出高等教育财政内涵"这一命题。这一阶段的研究是我攻读博士学位期间所作的思索与尝试。第二阶段，源自社会学、经济学等学科中关于制度及其与发展关系的研究所带来的启发。近年来，有关中国经济社会发展逻辑尤其是经济快速发展成就背后逻辑的研究颇受学界关注，其中绕不开的议题是制度安排及其运作究竟在其中起到何种作用。道格拉斯·诺思等制度学派的代表人物关于制度与发展关系的研究可以说为此提供了一条学术启示之路。基于制度与发展间的关联机制，社会学、经济学等学科根据中国现实渐渐提出各种命题用以解释中国发展经验与模式，如行政发包制、项目制、国家主导与地方竞争机制等，形成一支颇具中国特色的哲学社会科学研究队伍。这实际上又能为高等教育领域中的项目制研究提供异样的启发。于此，第二阶段的研究以学界关于制度与发展关系的论述为思考的初始理论背景，试图从宏观上把握项目制与中国高等教育发展间的某种关联机制。这也是本书及上述国家课题选题思路的重要来源。

上述两个阶段的思考方式构成了当前我对高等教育领域中项目制研究的整体把握。不过，遗留的问题是：不论是对于高等教育领域中项目制的一般讨论还是对各个类型项目制的分析，研究究竟该如何展开？是按照传统的研究路径"就事论事"，还是需要构建方法论的意识与路径？在国内高等教育学界，对于高等教育问题的分析以及研究方法的争论往往要多于对方法论的讨论。因此，在高等教育任意一个问题的研究中，方法论的议题如研究范式、研究思维等都留下了一个省思的空间。在社会科学界内部，研究范式的转换成为很多学者"就事论事"前需做的一个核心工作，由此将研究中的"事"刻画得淋漓尽致。这种研究态度与结局除给人一种意犹未尽之感外，更重要的是在学术对话的基础上能实现研究的实质性创新。因此，关于未来的高等教育项目制研究，其首要的思路是有必要作一个研究方法论上的讨论，以明确这一研究议题所存在的理论创新空间究竟在何处，同时结合新的高等教育项目现象或将原有的高等教育项目现象统合在新的研究方法论讨论后所诞生的理论范式或视角中。

熊　进

2024 年 1 月 1 日

图书在版编目（CIP）数据

项目制与中国高等教育发展 / 熊进著. -- 北京：
社会科学文献出版社，2024.11. -- ISBN 978-7-5228
-3699-7

Ⅰ.G649.21

中国国家版本馆 CIP 数据核字第 202459NU65 号

项目制与中国高等教育发展

著　　者 / 熊　进

出 版 人 / 冀祥德
责任编辑 / 吕霞云
文稿编辑 / 胡金鑫
责任印制 / 王京美

出　　版 / 社会科学文献出版社·马克思主义分社（010）59367126
　　　　　　地址：北京市北三环中路甲 29 号院华龙大厦　邮编：100029
　　　　　　网址：www.ssap.com.cn
发　　行 / 社会科学文献出版社（010）59367028
印　　装 / 三河市尚艺印装有限公司

规　　格 / 开　本：787mm×1092mm　1/16
　　　　　　印　张：15.75　字　数：248 千字
版　　次 / 2024 年 11 月第 1 版　2024 年 11 月第 1 次印刷
书　　号 / ISBN 978-7-5228-3699-7
定　　价 / 98.00 元

读者服务电话：4008918866